eye

守望者

——

到灯塔去

通向巴塔耶

张生 著

南京大学出版社

自知的精神不仅知道它自己，同样还知道自己的否定，或者它的界限：去知道它的界限就是去知道如何把自己献祭。[1]

——黑格尔

假定我们愿意求真理，为什么不是宁求非真理？ 非确定性？ 甚至无知？ 真理的价值的疑问曾出现在我们面前，或者，我们曾出现在这疑问的面前？ 我们中的谁在这里是俄狄浦斯？ 谁是斯芬克斯？[2]

——尼采

献给把生命的体验带到尽可能远的地方的人……

我不是要表达我的思想，而是想帮助你搞清楚你自己的思考模糊的地方……[3]

——巴塔耶

---

[1] G. W. F. Hegel, *Hegel's Phenomenology of Spirit*, Translated by A. V. Miller, Oxford University Press, 1977, p.492.

[2] 尼采：《论道德的谱系 善恶之彼岸》，谢地坤、宋祖良等译，桂林：漓江出版社，2007年，第121页。(后文出自同一著作的引文，将随文标出该著作者名、书名及引文出处页码，不再另注。)

[3] Georges Bataille, *Théorie de la religion*, *Œuvres complètes*, Tome 7, Paris: Gallimard, 1976, p.351.

目 录

绪　言 ··· 1
　　第一节　黑格尔的启迪：从寻求承认到成为至尊 ········ 14
　　第二节　尼采的激励：从权力意志到机运意志 ············ 34
第一章　巴塔耶的耗尽思想：花费、耗尽与普遍经济学 ········ 59
　　第一节　"花费"及其秘密 ································ 63
　　第二节　从普遍经济学到普遍历史 ······················ 82
　　第三节　苏联的工业化与美国的马歇尔计划 ············ 109
第二章　巴塔耶的色情思想：色情、禁忌与越界 ············ 129
　　第一节　色情的概念 ···································· 133
　　第二节　色情的生产 ···································· 148
　　第三节　越界的理论 ···································· 166
第三章　巴塔耶的至尊性思想：至尊、至尊性与国家批判 ····· 185
　　第一节　至尊与至尊性 ·································· 188
　　第二节　至尊性的国家批判之一：封建制度 ············ 211
　　第三节　至尊性的国家批判之二：资本主义 ············ 226
　　第四节　至尊性的国家批判之三：社会主义 ············ 239

第四章　巴塔耶的文艺思想:孩童、献祭与共通……………… 261
　第一节　眼睛的故事……………………………………… 265
　第二节　何为作家,抑或何为诗人?……………………… 284
　第三节　文学与恶………………………………………… 301
　第四节　艺术与梵高……………………………………… 316

第五章　巴塔耶及其他:启蒙、罗兰·巴特与鲍德里亚……… 331
　第一节　超越启蒙,敢于非知……………………………… 333
　第二节　是罗兰·巴特,还是巴塔耶·巴特?……………… 347
　第三节　鲍德里亚的大写的"花费"……………………… 366

参考文献………………………………………………………… 384
法汉术语对照…………………………………………………… 389
后　记…………………………………………………………… 392

绪 言

绪 言

在我们这个时代，法国思想家乔治·巴塔耶[1]（Georges Bataille, 1897—1962）很可能被看成一个谜一样的人。从他的职业来看，终其一生，他都只是个不起眼的图书管理员。可就像很多图书管理员都心有旁骛一样，他实际上还是个色情小说家和诗人。同时，他也是个百科全书式的学者，所从事的学术研究横跨多个学科，从纹章学、人类学、社会学、经济学，到哲学、宗教、艺术都留下了自己的痕迹。对于这样一个人，或许我们只能冠之以"思想家"的称号。尽管他生前并没有享受到这个名头，但从20世纪后期起，随着法国的福柯、罗兰·巴特、德里达、鲍德里亚、让-吕克·南希，德国的哈贝马斯，意大利的阿甘本，以及美国的苏珊·桑塔格等人对其思想的推介，他逐渐受到人们的重视，并开始产生越来越重要的影响。今天，甚至有人称其为"后现代主义之父"。[2]

巴塔耶于1897年9月10日生于法国多姆山省的比隆，四岁时举家迁居兰斯。1916年，他曾参军入伍，但第二年即因肺结核退伍。1918年11月他进入国立文献学校就读。这所学校虽为培养图书和档案管理人员而设，却专注于在历史以及古文献方面对

---

[1] 巴塔耶的生平，参考了以下几种书籍及相关网络资源，为方便行文，后文将不再一一注明出处。Michel Surya, *Georges Bataille: An Intellectual Biography*, Trans. by Krzysztof Fijalkowski and Michael Richardson, New York: Verso Books, 2002；汤浅博雄:《巴塔耶:消尽》，赵汉英译，石家庄：河北教育出版社，2001年。
[2] 莎蒂亚·德鲁里:《亚历山大·科耶夫:后现代政治的根源》，赵琦译，北京：新星出版社，2007年，第170页。

学生进行训练,巴塔耶对历史、人类学的兴趣在这里得到了良好的培养。1922年6月,他毕业后至国立图书馆任管理员。从此,直至1962年7月8日去世,他的生命几乎都是在图书馆员这个岗位上度过的。这会让人想当然地以为他的生活和思想就像图书馆的一排排书架一样井井有条,事实上完全相反。巴塔耶交游广泛,并热衷于发起和参加各种学术及文艺活动。1924年,巴塔耶与作家米歇尔·莱里斯、画家安德烈·马松相识,后又与安德烈·布勒东等人成为朋友,立即被卷入超现实主义运动。但后来因他与布勒东观点不同,两人不欢而散。布勒东1930年在《第二次超现实主义宣言》中公开对巴塔耶进行了刻薄的嘲讽:

> 应当指出:巴塔耶先生疯狂地滥用形容词,诸如:污秽的、年迈的、薰臭的、肮脏的、高高兴兴的、烂污的,等等。而这些词不仅不能帮助他诋毁他所不能容忍的一种状态,而且还非常含情脉脉地道出了他的情趣之所在。……他在白天的时间里,以图书馆馆员(大家知道,他在国立图书馆充任此职)的身份,用谨小慎微的手指,查阅古旧的,有时是可爱的手稿。到了夜晚,他便大量吞食污秽不堪的东西,然后他又按照自己的形象,要使这些手稿也充斥着污物。[1]

巴塔耶当然对此也不以为然,他认为布勒东脑子进了水。而其实,这一切是因为1929年巴塔耶担任新创刊的《文献》(*Documents*)杂志的主编,团结了一批对超现实主义及布勒东有

---

[1] 布勒东:《第二次超现实主义宣言》,丁世中译,见柳鸣九主编《未来主义　超现实主义　魔幻现实主义》,北京:中国社会科学出版社,1987年,第330页。

意见的人,并在杂志上发文批评后者。他20世纪40年代又和萨特爆发过同样激烈的争吵。但巴塔耶并不因此而偃旗息鼓,他紧接着参与和创办了《社会批评》(La Critique sociale)以及《阿赛法尔》(Acéphale)等杂志。1937年,巴塔耶和朋友还创办了社会学学院。1946年他创办了《批评》(Critique)杂志。他的个人生活同样充满了喧嚣,因其早年为了进行一种越界体验,经常涉足色情场所,其妻西尔维娅·玛克丽怒而与其分手,后来西尔维娅嫁给了拉康。这或许是拉康几乎不在自己的著作中提起巴塔耶名字的原因,虽然他们曾一起在科耶夫的黑格尔研讨课堂上同窗共读过。1939年他与丹尼丝·霍兰同居,1943年两人分手后,后者又成为布朗肖的情人。可想而知,对巴塔耶来说,这并不意味着他感情生活的结束。

当然,巴塔耶最主要还是通过自己的著述对同时代和后来的人发挥着作用。他勤于写作,从1928年他以笔名出版小说《眼睛的故事》开始,一直到1962年去世前不久出版的最后一本著作《爱神之泪》,始终没有停下自己手中的笔。而在他身后,伽利玛出版社推出了他的12卷本的厚厚的全集。即便如此,还有许多文章没有收入全集。因此,1992年,米歇尔·索亚所撰写的权威的巴塔耶传记的名字即为"在著述中死亡"(La mort à l'œuvre)。

就像情感生活一样,他思想的形成也相当丰富与驳杂。概而言之,他思想的来源主要有三个方面,即哲学、人类学与社会学,以及文学。首先在哲学方面,柏格森、尼采与黑格尔的思想对他影响最大。1920年9月,他前往伦敦查阅资料时与亨利·柏格森结识。他特地在与其共进晚餐前阅读了后者的《笑》,虽然柏格森的研究让他失望，柏格森对笑的思考却成为他学习哲学的契机，"但是这个问题——笑被隐藏的意义——从那时起在我眼中就成了关键的问题（与高兴的、亲密的笑相联系，我立即感到我被它缠住了），它是我将不惜任何代价要解开的谜（如果解决了这个问题本身，将会解决一切）"[1]。柏格森的思想也就因此成了他进入哲学领域的敲门砖。虽然柏格森对笑的解释不能让他接受，但柏格森对意识的绵延、内在的生命体验以及时间性的强调深深地影响了他，使其把对人的主体的内在体验放在了理论的核心位置。

1922年，他阅读了尼采的《超善恶》，感叹尼采已经写出了自己的思想，从此他对尼采著作的阅读就再也没有停止过。而尼采的思想自此也逐渐渗入他的思想的每一个角落。1923年，他又结识了列奥·舍斯托夫，并在其指导下进一步阅读尼采、帕斯卡尔、克尔凯郭尔、陀思妥耶夫斯基等人的著作。这其中，帕斯卡尔对巴塔耶的影响主要在他对笛卡尔的理性主义的怀疑上，"在笛卡尔高扬理性，开创理性主义和科学的时代之时，帕斯卡尔敏锐地看出了理性的局限和科学的无能，强调了直觉、感情和本能等非理性因素的作用，一方面克服笛卡尔的理性独断论，另一方面要建立笛卡尔哲学力所不及的关于人的哲学，并且将哲学和宗教联系起来，为基督教做辩护"[2]。显然，巴塔耶虽然也对"直觉、感情和本能等非理性因素"青睐有加，却并未像帕斯卡尔那样为基督教辩护，而是将其摒弃。这也可看出对巴塔耶影响更深的是尼采。他与舍斯托夫一起将后者的《托尔斯泰与尼采学

---

[1] Georges Bataille, *L'Expérience intérieure*, Paris: Gallimard, 1954, p.80.
[2] 冯俊：《法国近代哲学》，上海：同济大学出版社，2004年，第112页。

说中的善》翻译成法文。尼采对基督教道德的批评,对理性与科学的质疑,对希腊罗马思想的推崇,让他过往的思想也渐渐发生了动摇,他甚至放弃了自己的天主教信仰。而正是因为尼采的影响,巴塔耶继承了其反"犹太-基督"(Judeo-Christian)的传统,而接受了"希腊-罗马"(Greco-Roman)传统。[1] 但他比尼采走得更远,因为他更多地从"希腊-罗马"传统之前的原始社会汲取思想,形成了他的理论的基本精神走向。尼采曾认为自己是一个重大奥秘的发现者,那就是把希腊思想理解为代表理性和节制的阿波罗与散发着挥霍气息的狄奥尼索斯的冲突及互补,特别是对后者的发现启发了巴塔耶的花费(dépence,也有人译为"耗费")思想,"我是第一人,为理解那较为古老的,仍然丰盛甚至充溢而出的希腊本能,而认真看待那名为狄奥尼索斯的奇妙现象:这唯独从力的过剩出发才能得到解释"[2]。这就是酒神狄奥尼索斯的"力的过剩"的现象,而从巴塔耶的理论的双重性可以看出尼采的这方面影响,诸如生产与花费、积蓄与耗尽,其背后就是尼采的狄奥尼索斯和阿波罗的对立与协调。阿波罗或生产赋予事物理性与秩序,而狄奥尼索斯或花费让人迷醉和越界。

当然,他在哲学学习上所迈出的最重要的一步,就是在1934年起参加的由科耶夫组织的黑格尔研讨班,他在这个班上的同学日后大都成为法国思想界和文化界的重要人物,如雷蒙·阿隆、拉康、梅洛-庞蒂、艾瑞克·韦伊、雷蒙·格诺、罗杰·盖洛等。在科耶夫长达六个学年的讲座中,巴塔耶注册听讲了三次,

---

[1] Stuart Kendall "Translator's Introduction," 参见 Georges Bataille, *Inner Experience*, Albany: State University of New York Press, 1988, p.9。
[2] 尼采:《我感谢古人什么》,见《偶像的黄昏》,卫茂平译,上海:华东师范大学出版社,2007年,第186页。

而其他几次他也同样参加。虽然之前巴塔耶已经看过黑格尔的《历史哲学》等书，可科耶夫对黑格尔《精神现象学》的解读还是不可抗拒地吸引了他，使他得以将黑格尔的主奴关系改换成自己的至尊性概念的框架。

其次，是巴塔耶对人类学与社会学的学习。这其中最为重要的是马赛尔·莫斯关于"礼物"的思想。1925年，巴塔耶就开始阅读莫斯的著作，并去听他的授课。正是受莫斯在《礼物》一书中研究的北美原始部落的"夸富宴"现象的启发，他得以在1933年发表了《花费的概念》，这篇文章被认为是其一生中最重要的一篇论文。他指出人类的消费由两部分组成：一部分是为了自我生存的需要所从事的生产性的消费活动；另一部分是用于非生产性的消费活动，这就是花费的概念。正是以此为基础，巴塔耶结合自己对马克思的研究，大胆颠倒了其关于生产与消费的关系，以资源或能量的消费而不是生产来考察人及社会存在的样式，从而建立了自己的"普遍经济学"。哈贝马斯则将巴塔耶这一思想的产生主要归于马克思的影响：

> 早在1933年初，巴塔耶就发表了一篇讨论浪费概念的文章，从中可以看到其带有摩尼教色彩的历史哲学轮廓。作为共产主义者，巴塔耶的活动范围是马克思主义实践哲学；劳动，即社会生产，是人类特有的一种再生产模式。起初，巴塔耶完全是用青年马克思在《1844年经济学—哲学手稿》中的观点来描述现代阶级对立。[1]

---

[1] 哈贝马斯：《在爱欲论与普通经济学之间：巴塔耶》，见《现代性的哲学话语》，曹卫东等译，南京：译林出版社，2005年，第260—261页。

绪　言

虽然哈贝马斯的这个看法并不完全正确，但也的确可以说明巴塔耶对马克思有着比较深入的理解。当然，马克斯·韦伯的《新教伦理与资本主义精神》也给他提供了思考资本主义社会性质的参照物。列维-斯特劳斯的《亲缘关系的基本结构》等书对于原始部落的婚姻及乱伦的讨论，以及弗洛伊德的《图腾与禁忌》等也激发了巴塔耶对色情及越界问题的深入思考。此外，涂尔干等人的著作也为巴塔耶的相关思想提供了借鉴。

再次就是文学对巴塔耶的影响。从某种意义上来说，相对于哲学、人类学与社会学，文学对巴塔耶的影响更深。因为他正式出版的第一部完整的作品就是小说，即 1928 年的《眼睛的故事》。虽然这部作品日后给巴塔耶带来了色情作家的盛名，但在当时却乏人问津，因为该书的情节怪诞不经，充满暴力与布勒东所说的大量的"污秽不堪的东西"，让人闻之色变。巴塔耶出版此书时用的是笔名。而实际上，这本书是巴塔耶在对其进行精神分析治疗的医生的建议下写出来的，所以文学对他而言不仅仅是一种表达的手段，还是一种进行自我治疗的手段。他阅读陀思妥耶夫斯基、卡夫卡、萨德、普鲁斯特、海明威等众多作家的作品，也写下了《眼睛的故事》《天空之蓝》《爱华妲夫人》等小说，以及大量的散文与诗歌等。其实，除了少量的文章外，他的大部分的著作都可称为散文。他的写作并不遵循严格的逻辑推理，与尼采的片段式、格言式的写作风格近似，在行文中他不时夹杂自己的抒情与感慨、沉思与断想，文风活泼生动。阿尔都塞的学生皮埃尔·马舍雷在研究他的那些随笔作品时称其为文学与哲学的一种混杂：

本文将要研究的巴塔耶的作品不属于叙事虚构的范畴，而是属于随笔体裁，与哲学思考非常接近，同时还保持了一种诗学的维度：在正面探讨基础理论问题，即唯物主义的问题时，这些文本否认过分的抽象和一概而论，并且始终与文学特有的关键点紧密相连，虽然这些关键点有相当一部分来自叙事背景。巴塔耶的写作相比于其他任何写作，明显具有这种虚构与思辨之间的反复和交换。[1]

马舍雷的描述的确把握住了巴塔耶写作的特点。这种写作也让人理解其思想有了一定的难度。因为他在"随笔"写作中比较任性与自由，有时喜欢使用文学性比喻，对很多概念的定义比较模糊，甚至不予注释，当然，有的也是他有意为之。从另一个角度来说，这种文学化的写作方式也增加了巴塔耶思想的丰富性，给人留下了更多阐释的空间。而这也是文学本身的魅力。

正是由于巴塔耶思想构成的这种复杂性与多元性，他具备了较为宏阔的学术视野，所以，他在思考某个问题时从不限于就事论事或者局限于单门学科，而是用一种总体的眼光来看待这个问题背后的各种势力并试图从中找出彼此的本质的联系，这就是他所推崇的"总体性"思想。简单地说，巴塔耶这种总体性思想首先是一种思维方式。其次是指对人类社会的经济、政治、历史、宗教、艺术以及置身于其中的个人的存在方式的总的研究。1948年，他在《费加罗文学报》上谈到自己主编的《批评》杂志的宗

---

[1] 马舍雷：《巴塔耶和唯物主义颠覆》，见《文学在思考什么？》，张璐、张新木译，南京：译林出版社，2011年，第141页。

旨时，就表达了这个想法，"人的意识不应该分成一个个的格子。《批评》寻找的是在政治经济学和文学、哲学和政治学之间可能有的各种关系"[1]。再是将其作为对一种整全或圆满状态的表述或定义。如他把主客体的融合看作总体性的一种实现；他还认为人是一个总体性的存在者，在其身上不仅有所谓人性，还有对人性进行越界的色情的存在，两者中任何一个因素都不能代表一个人，而这就是人的总体性。所以，我认为，这种总体性的特点也是巴塔耶思想最重要的特征。他的这种总体性的思想既受莫斯把原始部落中礼物的流转作为一种整体的社会建构方式的影响，也有科耶夫的影响。如科耶夫就认为，"人既不是纯粹的否定性（Negativität），也不是纯粹的同一性（Identität），而是一种整体性（Totalität）"[2]。这显然与巴塔耶对人的定义有相似之处。这其中更有黑格尔在《历史哲学》中把世界历史视为理性的自我运动与展开的影响，当然，也有马克思把生产力当作社会发展各个方面最本质的动力的影响。考虑到巴塔耶对黑格尔的痴迷，或许将恩格斯评价黑格尔的话用来描述巴塔耶这种总体性的思想特色也不为过：

> 但是，这一切并没有妨碍黑格尔的体系包括了以前任何体系所不可比拟的广大领域，而且没有妨碍它在这一领域中阐发了现在还令人惊奇的丰富思想。精神现象学（也可以叫作同精神胚胎学和精神古生物学类似的学问，是对个人意识

---

[1] 多米尼克·奥弗莱：《亚历山大·科耶夫：哲学、国家与历史的终结》，张尧均译，北京：商务印书馆，2013年，第378页。
[2] 科耶夫：《黑格尔导读》，姜志辉译，南京：译林出版社，2005年，第56页。

各个发展阶段的阐述,这些阶段可以看作人类意识在历史上所经过的各个阶段的缩影)、逻辑学、自然哲学、精神哲学,而精神哲学又分成各个历史部门来研究,如历史哲学、法哲学、宗教哲学、哲学史、美学等——在所有这些不同的历史领域中,黑格尔都力求找出并指明贯穿这些领域的发展线索;同时,因为他不仅是个富于创造性的天才,而且是一个百科全书式的学识渊博的人物,所以他在各个领域中都起了划时代的作用。[1]

在总体性思想的指导下,巴塔耶也构建出了自己的思想体系,同样也涉及恩格斯所说的"广大领域"。这其中最为重要的就是他于1949年2月起计划开始隆重推出的"被诅咒的部分"的三卷本著作,即《耗尽》(La Consumation,1949)、《色情史》(L'Histoire de l'érotisme,1951)和《至尊性》(La Souveraineté,1953—1954)。这也是他的代表作和多年思想的结晶,涉及经济、宗教、历史、文学等诸多方面,是他试图构建的"普遍历史"的终极尝试。遗憾的是,第一卷《耗尽》出版后却没有什么反响,更加遗憾的是,之后也没有什么反响,以致后两卷著作的写作和出版都遇到了困难,第三卷《至尊性》甚至都没有定稿。然而世易时移,现在《耗尽》这部巴塔耶最为系统的著作被认为是他的《查拉图斯特拉如是说》,[2] 当然,这是从读者的稀少或知音难得的角度来说的。而在我看来,这本书更像是巴塔耶的黑

---

[1] 恩格斯:《路德维希·费尔巴哈和德国古典哲学的终结》,见《马克思恩格斯文集》第4卷,中央编译局编译,北京:人民出版社,2009年,第272页。

[2] Stuart Kendall, *Georges Bataille*, London: Reaktion Books, 2007, p.182.

格尔式《历史哲学》，只不过，他用自己的花费或耗尽的概念替代了黑格尔的理性或精神。除此之外，此前他还以"反神学大全"的名义，出版了《内在经验》（1943）、《有罪者》（1944）和《尼采研究》（1945）三卷作品。他还曾想把自己的几部未完成的小说，如《爱华姐夫人》《我的母亲》等合在一起以"圣男圣女"的名义出版[1]，凡此种种，均可看出巴塔耶本人的总体性思想。

综上所述，可以大致了解巴塔耶的思想梗概。考虑到巴塔耶思想的庞杂和把握的难度，本书选择他的《被诅咒的部分》为主要的研究对象。这既是因为这三卷书基本体现了巴塔耶的关键思想，也是因为其相较而言论述系统，虽然第二卷《色情史》与第三卷《至尊性》，尤其是后者因巴塔耶没有进行最终的修订而显得有点凌乱，且所涉内容与第一卷多有重复，但其比较集中地论述了巴塔耶所关心的问题，所以还是以此为探讨巴塔耶思想的路径。鉴于本书是以巴塔耶的至尊性概念为核心梳理巴塔耶思想的，因此，绪言对这个概念与黑格尔、尼采的思想关联进行了分析。接下来，一至三章围绕这三卷书依次对巴塔耶的花费、色情以及至尊性思想进行细致解读；第四章通过具体的作品，讨论其文艺思想；第五章则分析其思想的反理性特色和对罗兰·巴特为代表的思想家的影响，希望借此能更深入地理解巴塔耶。

---

[1] 巴塔耶：《文学与恶》，董澄波译，北京：北京燕山出版社，2006年，第244页。

第一节
黑格尔的启迪：从寻求承认到成为至尊

时至今日，科耶夫在法国思想史上的地位已然确立，而当年他应亚历山大·柯瓦雷（Alexandre Koyré）之请在巴黎高等研究实践学校（École Pratique des Hautes études）代课讲述黑格尔的《精神现象学》的故事，也已成为学界传奇，这不仅是因为他及时引入马克思、海德格尔的思想对黑格尔进行重新解读，还因为参与这个研讨班的众多学生日后大都成为法国思想文化界的扛鼎人物，如雅克·拉康、雷蒙·阿隆、梅洛-庞蒂、罗杰·盖洛等，甚至早已成名的超现实主义的创始人安德烈·布勒东也曾出入其间，而据说萨特也托人弄到科耶夫的讲课笔记进行研读。可以说，正是通过科耶夫，黑格尔才真切地对法国的思想界产生了影响，因此，曾亲见过科耶夫的德国作家尼克劳斯·桑巴特感慨万千地说："科耶夫用黑格尔病毒感染了一整代法国知识分子。"[1] 在被他感染的这些人中，当然也包括积极参加他的研讨班的巴塔耶。

作为科耶夫忠实的学生，巴塔耶对其自然是赞誉有加，如在谈到从 1934 年起就参加科耶夫的研讨班的感受时，他说：科

---

[1] 尼克劳斯·桑巴特：《巴黎的学习岁月》，洪天富译，南京：南京大学出版社，2010 年，第 484 页。

绪　言

耶夫对《精神现象学》的解读让他感觉就像是《精神现象学》这本书自身在说话。而有很多次，当他和研讨班的同学雷蒙·格诺从科耶夫授课的小房间里走出时，他都会感到窒息和哑口无言，"科耶夫的课程让我精疲力竭，它把我捣碎，并十几次地杀死我"[1]。这当然是巴塔耶结合了自己的"内在经验"（l'expérience intérieure）的文学化描述，实际上，据格诺后来的回忆，巴塔耶有时会在科耶夫的课堂上睡觉。[2]

其实，在与科耶夫相遇之前，巴塔耶对黑格尔并非一无所知。此前，他曾借阅过黑格尔的《逻辑学》《历史哲学讲演录》等书，并与格诺合写了《黑格尔辩证法基础的批判》一文；在参加科耶夫的研讨班之前的一个学年，巴塔耶已经开始在柯瓦雷的课上听他讲述黑格尔的宗教哲学。不过，对于巴塔耶来说，科耶夫的影响显然才是决定性的，正是他对黑格尔的解读，方使巴塔耶真正理解和吸收了黑格尔的思想，并得以构建自己的思想体系，否则，巴塔耶是不会说出那一番让局外人听了多少有些夸张的话来的，"正是在科耶夫的影响下，他在1934年读了《精神现象学》这本书，并修正了他在只读《历史哲学》和《耶稣传》后所形成的关于黑格尔的简单判断"[3]。

但是，科耶夫只是中介，真正震撼巴塔耶的还是黑格尔思想本身。在巴塔耶的思想体系中，黑格尔是一块关键基石，德里达甚至称巴塔耶思想为"一种无保留的黑格尔主义"[4]，巴塔耶本人也直言："如果没有黑格尔，我可能首先就是黑格尔：（因为思

1　Georges Bataille,*Œuvres complètes*, Tome 6,Paris:Gallimard,1973,p.416.
2　参见 Stuart Kendall,*Georges Bataille*,p.92。
3　多米尼克·奥弗莱：《亚历山大·科耶夫：哲学、国家与历史的终结》，第268页。
4　雅克·德里达：《书写与差异》，张宁译，北京：生活·读书·新知三联书店，2001年，第451页。

想的）资源对我来说是不够的。"[1]他这么说，一方面，表明了他对黑格尔的喜爱；另一方面，也可看出黑格尔对他的思想的发生与展开的重要性。因为，没有黑格尔的坚实的肩膀，他是无法成长为巴塔耶的。

在巴塔耶通过科耶夫对黑格尔思想的吸收中，我认为，最重要的就是他对黑格尔主奴哲学的接受和改写，而这也正是科耶夫解读黑格尔的《精神现象学》的核心与重点。科耶夫把黑格尔的自我意识的产生的途径，即主奴关系改换为由"欲望"所推动的斗争，强调只有通过死亡的检验，人们才得以确立自己与自然、与人的关系，并由此产生历史及其各种形态。简而言之，在科耶夫看来，人的历史就是"为承认而斗争"的历史。巴塔耶对科耶夫的这个阐释是认同的，但是他把黑格尔的自我意识确立的关键，即主奴关系的确立所需要谋求的"承认"（la reconnaissance）问题转换为他说的"至尊性"（la souveraineté）问题，从而构建了他的理论大厦的重要基石。而正是"通过向黑格尔致敬，巴塔耶同时向科耶夫致敬；从此以后，黑格尔式智慧者的在场就成了巴塔耶的作品中必不可少的一个活跃角色，伴随着被重新发现的黑格尔思想。正是在以黑格尔和科耶夫这两个在空间和时间上既一致又不同的人物为中心的圆周上——这圆周上布满了当时思想的斑点，而且已经完全饱和了——巴塔耶力图去界定和确定他内在移动的轨迹"[2]。下面，就来具体分析一下他所做的转换。

---

[1] Denis Hoiller, "From Beyond Hegel to Nietzsche's Absence", 参见 *On Bataille*, Edited by Lesile Anne Boldt-Irons, Albany: State University of New York Press, 1995, p.61。
[2] 多米尼克·奥弗莱：《亚历山大·科耶夫：哲学、国家与历史的终结》，第375—376页。

绪　言

一　从主奴到兄弟

巴塔耶认为,黑格尔在《精神现象学》导言中对死亡问题进行探讨的那个段落,是至关重要的:

> 死亡,如果我们愿意这样称呼那种非现实的话,它是最可怕的东西,而要保持住死亡了的东西,则需要极大的力量。柔弱无力的美之所以憎恨知性,就因为知性硬要它做它所不能做的事情。但精神的生活不是害怕死亡而幸免于蹂躏的生活,而是敢于承当死亡并在死亡中得以自存的生活。精神只当它在绝对的支离破碎中能保全其自身时才赢得它的真实性。精神是这样的力量,不是因为它作为肯定的东西对否定的东西根本不加理睬,犹如我们平常对某种否定的东西只说这是虚无的或虚假的就算了事而随即转身他向不再闻问的那样,相反,精神所以是这种力量,乃是因为它敢于面对面地正视否定的东西并停留在那里。精神在否定的东西那里停留,这就是一种魔力,这种魔力就把否定的东西转化为存在。[1]

在巴塔耶看来,这段话是黑格尔的《精神现象学》的核心,即死亡意识不仅是作为主体的人得以产生自我意识的原因,也是人得以否定自己以获得做人的尊严的中介,而巴塔耶所看重的也正是死亡对于人的存在的确立所具有的不可取代的意义。他坦

---

[1]　黑格尔:《精神现象学》(上),贺麟、王玖兴译,北京:商务印书馆,1979年,第21页。

承,他自己所有的写作,其实就是围绕着死亡展开的,这也是他写作的唯一的必然性,因此,在谈到黑格尔的这一段话时,他强调说:"毫无疑问,从一开始起,这段令人钦佩的文字就具有'极端的重要性',它的重要性不只是对于理解黑格尔来说如此,而是在任何意义上讲都是如此。"[1] 显然,对黑格尔所表述的这一死亡观,巴塔耶是认同的。

而正是以这个死亡观为基础,黑格尔演绎出了他的主奴哲学,即一个自我意识的确立必须以与另一个自我意识的对立为前提,双方都要以针对对方的生死斗争来证明自己的存在,用黑格尔的话来说:

> 一个不曾把生命拿去拼了一场的个人,诚然也可以被承认为一个人,但是他没有达到他之所以被承认的真理性作为一个独立的自我意识。同样每一方必定致对方于死命,正因为它自己为此而冒生命的危险,因为它不复把对方看成是它自己(的一部分);对方的本质在它看来乃是一个他物,外在于它自身,它必定要扬弃它的外在存在。对方是一个极其麻烦的、存在着的意识,它必须把它的外在存在看成纯粹的自为存在或绝对的否定。[2]

而在斗争中,那个敢于冒生命危险的人或者战胜了对手的人就是"主人",那个失败了的不敢冒生命危险的人就是"奴

---

[1] Georges Bataille,"Hegel, Death and Sacrifice",参见 *The Bataille Reader*, Edited by Fred Botting and Scott Wilson, Malden: Blackwell Publishers, 1997, p.282。

[2] 黑格尔:《精神现象学》(上),第126页。

隶"。对于黑格尔的这个观点，科耶夫是赞许的，但是他更加强调"欲望"（désir）的作用，因为人就是欲望，欲望总是寻求自我实现，它躁动不安，总是指向另一个欲望，进而不可避免地出现了欲望之间的冲突，故科耶夫特别强调了欲望冲突所引发的生死斗争的重要性和由此获得的承认问题，"换句话说，只有当人为了他的人的欲望，冒着他（动物）的生命的危险，人的人性才'显露出来'"[1]。而这里的"人性"，科耶夫认为，不是别的东西，就是"欲望着的欲望"，就是欲望所渴望得到的另一个欲望的"承认"。"为了真正地和真实地成为'人'，为了如实地认识自己，人必须把他对自己的看法强加于有别于他自己的其他人：他必须要求其他人承认他（在理想的极端情况下：要求所有的其他人承认他）。或者：他必须把他没有在其中得到承认的（自然和人类）世界改造成一个他能在其中得到承认的世界。"[2] 可以说，这就是人的宿命，或者是作为一个人确立自己的一种必需的活动。

像黑格尔一样，科耶夫也认可主奴关系的存在以及相互转化的合理性，因为尽管主人通过冒生命危险获得了自己的主人地位从而得到自由，奴隶却并不会永远是奴隶，这是由于奴隶同样也可在劳动中克制自己的本能并得到陶冶，并因之获得支配自然的自由，并最终反过来支配主人。但是，科耶夫指出，这种变化并没有从本质上改变人与人之间的围绕确立"主奴关系"所发生的生死斗争，没有改变人们最初遭遇时所必然面对的这种似乎是命

---

[1] Alexandre Kojève, *Introduction to the Reading of Hegel: Lectures on the "Phenomenology of Spirit"*, Assembled by Raymond Queneau, Edited by Allan Bloom, Translated by James H. Nichols, Jr., New York: Cornell University Press, 1980, p.7.

[2] 科耶夫：《代序》，见《黑格尔导读》，第12页。

定的敌对局面。

不过，与科耶夫不同的是，巴塔耶虽然对于死亡在人的自我意识的确立方面所起的作用没有异议，可他并不认为对经由死亡而产生的对自我意识的"承认"是必然的，也就是说主奴关系的确立是必然的，换句话讲，他并没有把自我意识的确立归于两个欲望之间所展开的生死搏斗。与此相反，他更愿意用主客体关系，来取代科耶夫所喜欢用的黑格尔的主奴关系来描述和定义人们之间的关系。当然，这其中有个前提，那就是劳动观念的引入，在这点上，巴塔耶不仅受到黑格尔的影响，同样，他也深受马克思的影响，巴塔耶把劳动作为人类脱离动物世界的初始的否定性力量。有鉴于此，他不再把人看成被"承认"的欲望所驱使而与另一个自我意识进行生死斗争的自我意识，而是受生产活动所强迫并处于劳动状态中的人。

正是以此为先决条件，巴塔耶对主奴关系进行了转换。首先，巴塔耶指出，劳动为人与人之间存在的最基本的关系，其次，他认为，"至尊"，或曰黑格尔的主人，所要求的，实际上并不是对方（"奴隶"或"客体"）的"承认"，而是对于对方劳动产品的无偿的"消耗"（consommation）。因此，巴塔耶指出，当我们谈到一个人拥有至尊的时候，并不是说，这个人就是至尊的客体，而是说，至尊将是这个人的主体，因为，这个人自己首先就是，或者说本来就是主体，他只是在为他人或至尊劳动之时，才变成一个相对于他人或至尊而言的客体，随着劳动完成，这个人将重新复归自己的主体位置。并且，巴塔耶认为，这种主客体的转换，不仅发生在两个自我意识之间，它同样发生在个体身上：

而且,我把我自己看作客体,尽力为它服务。如果为了当下的时刻,我在自身中否认未来时刻的优先性,那么,我将把我恢复为主体,但是,同样,有时,我看作客体的东西,就是那时从事服务于我所是的主体,它就是当我劳动时的所是的东西,至尊把我当成一个客体,在其中我所生产的是它支配的那个人。它知道,我不是真的终止成为一个主体,但是,既然我劳动——不仅仅是为了我,也为了他人,由此也为代表他们的至尊——我就不再是完全的主体。我是主体,但是从不劳动的至尊和我是不一样的。[1]

这样,巴塔耶顺利地把科耶夫所强化的黑格尔的紧张的"主奴关系"转化为劳动中的主客体问题,也就是把人与人之间的生死之搏转化为劳动与非劳动的状态问题,并且由此引申出人与人之间或主体与主体之间相互"承认"的"兄弟"(frère)关系。对此,他以"我"与"行人"(passant)在街上相遇时的关系来说明。巴塔耶的这个例子让人想起萨特所举的相似的例子,那就是在"注视"对方时,将对方"对象化"或者"客体化","我看见的向我走来的那位妇女,在路上走过的那个人,我隔窗听见他唱歌的那个乞丐,对我来说都是些对象,这是没有疑问的。这样,至少,他人面对我在场的模式之一是对象性,这点是真实的"[2]。与萨特相同,巴塔耶认为当"我"看到行人时,"我"固

---

[1] Georges Bataille, *La Souveraineté*, *Œuvres complètes*, Tome 8, Paris: Gallimard, 1976, p.289.
[2] 萨特:《存在与虚无》,陈宣良等译,杜小真校,北京:生活・读书・新知三联书店,1987年,第328—329页。

然可以把行人看作对象或"客体",外在于我的"他人",但是,只要"我"想到他是我的"一个同类","我"就可以"兄弟"之名将其进行转化,因为,"我"完全可以以此否定他身上作为行人所有的客体属性,这同时也就否定了主客体关系,而把他看成与自己这个主体相同的主体,即"兄弟"。而主客体关系也就因此演变成了一种主体与主体之间的友爱的关系。"有时,'兄弟'这个词指的是一种血缘关系(客观定义上,含有对差别东西的否定,对相似的肯定),有时,'兄弟'指的是一种相同性质的关系,它被领会为每个人和我之间的关系。"[1] 巴塔耶直言,他所选择的是"兄弟"的后一种意义,他这句话当然也是意有所指的,因为,在黑格尔或科耶夫看来,行人只会变成对立的自我意识,变成欲望所针对的另一个欲望,两者之间不可避免的遭遇只会产生一个结果,那就是在生死斗争中或有一人成为主人,或有一人成为奴隶。

不过,巴塔耶并没有完全取消主奴关系在这一关系中的隐性存在。科耶夫指出,主人是"有闲"的人,而他之所以有闲,是因为他可以不劳动,"这就是说:主人的'真实性'是奴隶,以及奴隶的劳动。事实上,之所以其他人承认主人是主人,只是因为他有一个奴隶;主人的生活在于消费奴役劳动的产品,依靠这种劳动和通过这种劳动"[2]。在巴塔耶看来,虽然至尊的最突出的特点是对财富的消耗,但他并不认为只有主人或者拥有主人地位的人才能做到这一点。这是两者关键性的差别。

---

1 Georges Bataille, *La Souveraineté*, *Œuvres complètes*, Tome 8, p.289.
2 科耶夫:《黑格尔导读》,第21页。

二 从空间到时间

正是通过对在人的出现过程中劳动的初始作用的强调，巴塔耶把黑格尔的主奴关系转化为主客体关系，从而把自我意识之间的"敌我"关系转化为"兄弟"关系，但他并没有止步于此，因为他认为自我意识的主体性具有优先性，所以，为了维持这一判断，他就还需要解决个体自身对可能存在的主奴关系的转换问题。巴塔耶以"兄弟"之名消解主奴之间的矛盾的做法也并非独创，其实亚里士多德早在其《政治学》及之后的《尼各马科伦理学》中就指出主奴之间可能存在"友爱"关系，原因即在于两者都是"人"，他说，"奴隶是有灵魂的工具，工具是无灵魂的奴隶。作为奴隶对它是不存在友谊的。然而，他可以作为人，对于一切服从法律、遵守契约的人，他们之间似乎有某种公正，作为人当然有友谊"[1]。相较而言，亚里士多德对奴隶"作为人"的描述是抽象的，巴塔耶的做法就是将其设法具体化为"时间"中的"人"。

为此，巴塔耶在以劳动为前提的情况下，又特别突出了"消耗"或"花费"在人类社会中的调节作用，并同时又引入了时间的维度，以完善他对主奴关系的转换。巴塔耶认为，黑格尔的主奴关系背后所折射出的是自我意识的"空间"问题，同时它也是个体之间的空间的关系问题，但这样做，并没有解决个体的时间的关系问题，或者说，并没有从时间角度来思考个体以及个体之

---

[1] 亚里士多德：《尼各马科伦理学》，苗力田译，北京：中国人民大学出版社，2003年，第180页。

间的关系问题。而他所要做的工作就是从时间上来对主奴关系进行新的诠释,把空间中的主奴关系转换成时间上的主奴关系,进而真正地理解和把握主奴关系。这种把空间问题转化为时间问题的思考方式明显是受到了柏格森的生命哲学对时间性的强调的影响。但巴塔耶并没有从理论上完全接受柏格森对时间和空间的区隔,他所意指的时间也并不是"绵延"着的"真正的时间",而是另有所指。

首先,巴塔耶认为,人类的日常活动是由劳动和消耗构成的。通过劳动,也即生产,人们得以维持自己的动物性的生存,并积聚更多的资源,但是,人们在节日的庆典、葬礼、献祭,甚至战争中,把这些积聚的资源不计后果地消耗殆尽。在这里,需要说明的是,"消耗",尤其是"花费",是巴塔耶思想中的一个特别的概念。它指的是对财富的非生产性的消费,其目的意在"损耗"或"丧失"(perte),并不求任何回报,而非基于有用性的投资,以冀谋求更大或更多的收益。以此为前提,巴塔耶把人们存在于其中的时间也划分为两种类型,即从事劳动的"世俗时间"(le temps profane)和醉心于消耗或花费的"圣性时间"(le temps sacré)。从而,巴塔耶进一步指出,世俗时间和圣性时间的关系就是奴隶和主人的关系,因为,人在世俗时间中劳动,忍受奴役,并被异化为物,而在圣性时间里消耗,以抖落覆盖于自己身上的物性,重新复归于人,并以此获得主人的感觉,因此,巴塔耶认为,"人可以在同一个个体(或每个个体)那里经历主人和奴隶的片刻状态"[1]。这一转换无疑是革命性的,因为它彻

---

[1] 巴塔耶:《黑格尔、人类、历史》,汪民安译,见《色情、耗费与普遍经济:乔治·巴塔耶文选》,长春:吉林人民出版社,2003年,第297页。

底颠覆了主奴关系的空间性质。

当然,巴塔耶在这里同样没有完全否认主奴关系的合理性,但是,他认为,即使我们赞成黑格尔的观点,即人类的历史始于为了"承认"而展开的斗争,可也依然存在一个无法回避的问题,这就是对于劳动产品的消费问题。除了上文提到的"非生产性"的消耗外,还有一种常见的对劳动产品的消费,即为了扩大财富与增进权力的消费,目的即为了保存和发展自己,与传统的观点——为了生产的消费才是社会本质的、决定性的力量——相反,巴塔耶从自己的"普遍经济学"的思想出发,颠倒了两者的地位和作用,他认为,前者才是社会根本的决定性的力量,"巴塔耶唯一最有意义的文章《花费的概念》,通过提出消耗而不是生产决定了文化的本质和目标,颠倒了古典的——因此同样也是马克思主义的——经济学模型。简而言之,社会可以,也应该,基于它们消耗资源而不是它们的生产关系,来被测量和理解"[1]。所以,正是依据这一前提,巴塔耶明确指出,"争取声望的斗争,其最初的选择表明了非生产性消费的特权"[2]。主人就是不愿意屈从于对未来的计划、不注重增长的人,奴隶就是把自己的现在屈服于主人的未来的人,但这并不意味着奴隶将永无出头之日,因为他只是在世俗时间里为主人服务,他同样可以在圣性时间里获得主人享有的至尊性。

这种让人着迷的圣性时间是瞬间性的、短暂的。无论是曾经的主人还是曾经的奴隶,在这一刻,都不再考虑未来,肆意让自己沉醉于当下。不管是劳动的产品,还是别的有用的资源,都被

---

[1] Stuart Kendall, *Georges Bataille*, p.96.
[2] 巴塔耶:《黑格尔、人类、历史》,见《色情、耗费与普遍经济:乔治·巴塔耶文选》,第308页。

不计代价地毁坏和抛弃，以此求得自我满足的战栗。巴塔耶指出，这实际上就是在挑战死亡，否定死亡，甚至是对死亡的渴求，因为在这一刻，人们已不为将来的生命筹划，而只求一时的愉悦。在这个意义上，圣性时间也可以说是死亡时间，人们敢于迎接和渴望它的到来，就是在冒生命的危险，就是在证明自己的"主人性"或至尊性。与黑格尔不同的是，巴塔耶的个体所冒的生命的危险并不是针对另一个个体时所必然产生的生死搏斗，而是针对物，也即个体生存的保障所进行的"生死搏斗"，更直白地说，是自我意识深处的"主人"和"奴隶"的斗争。

这就是巴塔耶对黑格尔的空间化的主奴关系所做的时间性的改造，它把个体之间的"外在的"关系规约为个体自身的"内在的"关系，把空间的斗争转换为时间的体验，从而这也进入了近现代以来法国哲学家们共同探讨和追求的思想场域："发扬博德莱精神的当代法国哲学家们，一反传统时间观和历史观以及对于永恒的看法，强调一切基于瞬间，基于当下即是的那一刻；认为出现在眼前的过渡性时刻，才是最珍贵和唯一的至宝。脱离开瞬间，一切永恒都是虚假和毫无意义的。反过来，只有把握瞬间，才达到永恒，因为现时出现的瞬间，才是人生同不可见的永恒相接触的确实通道。瞬间的唯一性，使'永恒'现实地出现在人的生活之中。也正因为这样，瞬间同时也成为未来的最可靠的历史本身。"[1] 巴塔耶追求的也是"瞬间"，不过，巴塔耶对黑格尔的反叛，并不是为了通过瞬间的震颤获得"永恒"，他所追求的是独特的"至尊性"。

---

[1] 高宣扬：《当代法国哲学导论》（上），上海：同济大学出版社，2004年，第162页。（此处，博德莱即波德莱尔。）

三 从争当主人到成为至尊

这也是巴塔耶要进行这样的转换的原因：他不想再使用黑格尔的"主人"概念，而代之以自己重新定义的"至尊性"概念：

> 我所说的至尊性与国际法所定义的国家主权的关系不大。一般说来，我所谈及的是在人的生命中，反对奴役和屈从的那一面。从前，至尊性属于那些被称为首领、法老、国王、万王之王的人，他们在现实人类——我们所认同的人类——的形成中扮演了首要的角色。至尊性同样属于各种各样的神灵们，至高的上帝就是其中的一种样式，以及属于为其服务和作为其化身的牧师们，他们有时与国王融为一体。最后，至尊性还属于整个封建或圣职的等级制度（une hiérarchie féodale ou sacerdotale），那些占据最高位置的人只有程度上的一些不同。但是，进一步说：在本质上，至尊性属于那些占有和从来没有完全丧失被归于诸神和"显贵"的价值的所有人。[1]

显然，在巴塔耶看来，"至尊性"虽然是来自在各种等级的阶梯上占据高位的至尊所散发出的光辉，但是它的品质，也即"至尊性"属于每一个人，只要他没有丧失"反对奴役和屈从"的"价值"，就有可能获得至尊性，成为至尊，而这正是至尊性概念的核心所在。

1　Georges Bataille, *La Souveraineté*, *Œuvres Complètes*, Tome 8, p.247.

据此,巴塔耶把至尊性的要素概括为几点:首先就是他从自己一以贯之的花费观点出发演绎出来的,即至尊性所具有的"超越有用性的消耗"的特征;其次是至尊性所包含的对"奇迹"(le miraculeux)的追求,以及其所具有的"神性"(le divin)或"圣性"(le sacré)的特点。前文已经指出,巴塔耶把人们的消费行为分为两种:一种是为了保存自己的生产性消费;另一种就是所谓的花费或消耗,即用于非生产性的事物上的消费。对于至尊性来说,重要的是后者,巴塔耶指出,"区分至尊的东西是对财富的消耗,与生产财富却不消耗它的劳动和奴役相反。消耗的至尊不劳动,与此同时,和至尊相反,奴隶及没有财产的人,从事劳动并且把他们的消耗缩减到生活的必需,如果没有那些产品,他们既不可能生存也不可能劳动"[1]。当然,在这里,对财富的消耗只是拥有至尊性的一个基本条件,而一个人要想获得至尊性,或者说,至尊之所以是至尊,关键就是这种消耗并不是为了生产,并不是为了"有用"。因为如果在消费的时候考虑到其"有用性",考虑到其目的,则势必被其奴役,那么这种消费就变成了一种生产,因而在实质上,与奴隶并无区别。所以,这种至尊性的消费是"无用"的,是对财富的一种不计功利的损耗,这种消费就是巴塔耶所言的花费,就是那种肆无忌惮的挥霍财富的行为,大到修建高耸入云的纪念碑,举行大型的竞赛、狂欢、奢华的葬礼,兴建庞大无比的墓地,小到在一天辛勤工作之余,花钱喝一杯并不能增强身体力量的酒,甚至不以生殖为目标的做爱,都是至尊性的表现。说到底,这些行为都是"无用"的,是不受

---

[1] Georges Bataille, *La Souveraineté*, *Œuvres Complètes*, Tome 8, p.248.

奴役的和不屈从的。因此，巴塔耶才始终强调至尊性的"无用之用"，指出只有超越有用性的生活才能进入至尊性的领域。其次，在此基础上，至尊性表现出对神性和圣性的向往，对奇迹的追求。实际上，"超越有用性的消耗"本身就是对世俗世界的生活法则的否定，它所展现的正是对奇迹的追求。在巴塔耶的心中，奇迹本质上是对死亡的否定，是遭遇死亡却又逃离死亡，是一种突然变为现实的"不可能性"，它其中既蕴含了对神性的尊崇和膜拜，也蕴含了对圣性的感知与体验。至尊性就在对这些要素的追求中体现出来。

此外，至尊性还有另一个非常重要的特征，即其在时间上所具的"瞬间性"的特点。它是短暂的，倏忽即逝的，可又是真切的，让人战栗不已的。这当然与前文提到的巴塔耶把黑格尔的主奴关系从空间关系转换为时间关系有关，但也与巴塔耶对人的"内在经验"的重视有关。他认为，"内在经验"就是那种常被人称为"神秘经验"（expérience mystique）的东西，就是那种"心醉神迷的、狂喜的，至少是沉思的情感状态"[1]。在内在的经验中，人们会陡然进入一种"非知"（non-savoir）状态，不再为"求知"（connaître）而劳动，也不再因此被奴役，主人和奴隶的划分也在此刻失去了意义。德里达认为，这是巴塔耶的至尊与黑格尔的主人的关键区别，"首先是主人和至尊之间的那种差异。我们甚至不能说这种差异是有意义的：因为它就是意义的差异，是分隔意义与某种非意义的那个唯一的间隙。在黑格尔那里，主人有一种意义。生命冒险乃是意义建构中的一个时刻，是

---

[1] Georges Bataille, *L'Expérience intérieure*, 1954, p.15.

本质与真理呈现的一个时刻。这是自我意识及现象学历史的必不可少的阶段,即意义呈现的必要阶段"[1]。而在巴塔耶那里,生命冒险是为了获得"非意义"的"非知"的瞬间,是为了获得至尊性,成为至尊,它拒绝和否认世俗世界的真理和意义,放弃外在的目标转而专注于自身的瞬间的愉悦,以进入圣性世界。而"至尊概括了主体的本质,至尊是这样一个经由它并且为了它的瞬间,这个奇迹般的瞬间是大海,劳动的溪流在其中自我流失。在节庆中,至尊不加区别地为自己并且也为他人,花费掉所有人的劳动所积聚起来的东西"[2]。通过花费,通过不计代价的消耗,即为消耗而消耗,人获得至尊性,成为至尊,就在这一刻,所有的劳动都失去了意义,所有因明天而滋生的恐惧和担忧一扫而光,剩下就是不期而至的那个让人"恍兮惚兮""窈兮冥兮"的至尊性的瞬间。

而且,人对至尊性的追求是个体化的、内在的,它不必像黑格尔的主奴关系所要求的那样,需要外在的另一个自我意识的服从和确证,以获得主人的地位和感觉,他只需自我调节便可获得至尊性。因为,至尊性是个人的,是不可让渡的。显然,巴塔耶认为:人活着之所以为人并不是为了成为主人或已成为主人,而是为了获得至尊性,成为至尊;人通过劳动脱离了动物世界,得以进入世俗世界,他同样可以运用使他脱离动物世界的否定能力来摆脱世俗世界加于自身的枷锁,甘冒死亡的危险,以无用的消耗,对其进行否定,从而重新回到任性状态,以接近圣性世界,

---

[1] 雅克·德里达:《书写与差异》,第458页。(此处译文略有改动,将原译文的"主人主权与绝对主权间"改为"主人与至尊之间"、"主人主权有一种意义"改为"主人有一种意义"。)

[2] Georges Bataille, *La Souveraineté*, *Œuvres Complètes*, Tome 8, p.286.

体验至尊性。如巴塔耶所言，正是对财富的花费，而不是对财富的生产，促进了人类社会生生不息的发展；同样，正是对至尊性的追求，才使我们这个社会得以维持，也才使人成为人。因为人不仅需要食物来生存，还要靠神性的事物以生活。因此，巴塔耶强调，"忽视这样的事实是不可能的，至尊性是原初的状态，是人的根本性的状态；如果自由的劳动似乎限制了这种状态，并且，如果劳动粗暴地把这种状态强制改变为其对立面，改变为奴隶状态，它仍然是不可触犯的"[1]。巴塔耶承认，他所做的这个崭新的转换，就是为了对黑格尔的观点进行修正，而实际上，巴塔耶所强调的这一切，其目的还是要把世俗世界，也即实践世界的法则颠倒过来，这与他对尼采的革命精神的吸收不无关系，其中，自然包括对黑格尔建立在世俗世界的原则之上的主奴思想的否定。

四 总 结

综上所述，巴塔耶通过把经科耶夫阐发的黑格尔的主奴关系予以主客观的处理，进而以兄弟之情消弭了原本可能发生在自我意识之间的对立关系；同时，也把原本属于空间的人与人之间的因为欲望的蒸腾而驱动的追求承认的斗争，转换为个人在时间中的至尊性的体验，并进一步把追求空间体验的主人转化为追求时间体验的至尊，从而完成了对黑格尔主奴思想的改造。因为，与黑格尔不同，在巴塔耶看来，人的至尊性只能从内部揭示，而非

1　Georges Bataille, *La Souveraineté, Œuvres Complètes*, Tome 8, p.325.

像黑格尔或科耶夫所认为的只有在外在的空间中才能呈现,所以,人对奇迹的追求就是为了显示至尊性所具有的神性和圣性。而在这一连串转换中,时间是最重要的枢纽,同时,也是转换的目的,因此,米歇尔·索亚(Michel Surya)说:"在调和人类与上帝的希望中,巴塔耶试图用时间调和。或者,更准确地说,代替尝试发现调和——人类与上帝或与时间——的手段,他致力于对瞬间的一种可怕着迷的沉思,在其中,期待的所有的时间被还原为空无,即致力于对死亡的瞬间的沉思。"[1]这不仅是对巴塔耶至尊性思想的洞观,也可以说是对巴塔耶思想的特征的一个非常重要的概括。当然,这一切都是源自人的自由的意识,他的那种不可平息的否定性,诚如科耶夫所言,"做人,就是不受任何特定存在的制约。人具有否定自然、否定自己的任何本性的能力。人能否定其经验的动物本性,人能自愿死亡,冒生命危险。这就是人的否定存在:在否定其生命的时候,实现否定和超越其给定的实在性的能力,超越和不同于纯粹的生命存在"[2]。科耶夫对人的定义与黑格尔接近,然而他并没有止于黑格尔,"谁都知道黑格尔的名言:'凡是现实的都是合理的'。黑格尔被公认为理性主义者。现在考叶维却要展示,黑格尔所做的,无非是要揭示理性——在争取承认的斗争中——的非理性的根源:一个'自身'要求获得其他人在其如此这般的存有中承认之。考叶维把海德格尔的'操心忧虑',嫁接到黑格尔上面,使之成为'对承认的操心忧虑'。获取承认是从操心忧虑中发源的,这是历史现实,它是一场人类为了一些偶尔甚为可笑的赌注,而进行的直至

---

[1] Michel Surya, *Georges Bataille: An Intellectual Biography*, p.439.
[2] 科耶夫:《黑格尔导读》,第55页。

绪 言

流血的斗争:人拿自己的生命下注,所求的无非是重划一条疆界,为了去捍卫一面什么旗帜,为了对侮辱争得合适的道歉,如此等等。黑格尔根本无须被倒转过来,黑格尔本来就是用脚站着,而且穿越着历史的泥洼。在理性的核心中潜藏着偶然性。不同的偶然性经常流血地相互碰击。这就是历史"[1]。不过,这只是科耶夫的历史,在站在其肩膀上的巴塔耶的心中,科耶夫其实没有从黑格尔的思想中发展出另外一种思想,而只是在重复和强调黑格尔的发现罢了。他坚定地认为,我们自有另外一种人生和另外一种历史。

---

[1] 吕迪格尔·萨弗兰斯基:《海德格尔传》,靳希平译,北京:商务印书馆,1999年,第461页。(此处,考叶维即科耶夫。)

第二节
尼采的激励：从权力意志到机运意志

对于尼采，巴塔耶始终情有独钟。尽管他对经科耶夫之手塑造的黑格尔不无尊崇，并且通过对黑格尔的主奴哲学的改写发展出了自己的至尊性理论的框架，可他始终对黑格尔所建构的理性大厦将信将疑。他觉得自己在这个世界上真正的小伙伴非尼采莫属。如果说他是以理性面对黑格尔的理性，面对尼采，他投入更多的则是情感。因此，他自信地认为，尼采是唯一与自己心心相印的人。[1]当然，他也是尼采当时为数不多的知音。在20世纪的法国思想家中，他是较早开始阅读尼采并吸收其思想的人。1922年，他即看过尼采的《超善恶》并深受震动，当即认为自己的思想已被尼采完美地表达了出来，他已无需再写作了。1923年，他又在旅居巴黎的俄国思想家舍斯托夫的引导下进一步阅读尼采，并将舍斯托夫的《托尔斯泰与尼采学说中的善》翻译成法文，而其时尼采的思想在法国并不为较多的人所知。有很多人正是因为他对尼采的重视和推崇才开始阅读尼采的。他思想的最重要的基石"花费"的概念里就有尼采思想的启发。不过，尼采对巴塔耶的影响不仅仅在思想上，还有宗教信仰上。1914年，巴塔耶皈依天主教；1922，他在开始阅读尼采的《超善恶》后，逐渐放

---

[1] Georges Bataille, *Sur Nietzsche*, Paris: Gallimard, 1945, p.33.

弃了信仰。在"二战"期间，他持续专注地阅读尼采，并在1945年完成了《尼采研究》（*Sur Nietzsche*）一书。他希望这本书能够与之前完成的《内在经验》（*L'Expérience intérieure*，1943）和《有罪者》（*Le coupable*，1944）一起构成"反神学大全"（La Somme athéologique）。这个命名并非无的放矢，它让人想起托马斯·阿奎那的《神学大全》（*Summa Theologiae*）。巴塔耶后来还想对这一主题进行续写，虽然这一计划并未完成，但从中也可看到尼采的影子，因为尼采同样也批评过阿奎那。

实际上，巴塔耶对尼采的学习是多方面的，尼采独特的写作风格在巴塔耶的著作中留下了深深的烙印。他的《尼采研究》就是由对尼采诸多著作的摘抄，以及格言、诗句、片段的感想和日记构成。巴塔耶有意为之的尼采式写作，虽然情感饱满，指涉丰富，却因概念模糊，逻辑含混，不免让人难以索解。而他写于同时期的《内在经验》等，也具有相同的特点，萨特批评他在这本书中的腔调就像《权力意志》的口吻一样，而且写作风格混乱，故弄玄虚。其实，这与巴塔耶对尼采的信赖和接受方式有关。尼采曾为自己不是那么好懂的写作风格辩护过："格言的形式也造成麻烦，因为人们现在不太重视这种形式。一段十分深刻和真诚的格言是不能借以阅读而'解密的'，它只是解释的开始，而解释需要解释的艺术。"[1]而这正是巴塔耶所追求的写作风格，因为，他的写作就是对尼采"解释"的"解释"，所以，在《尼采研究》的序言前，他特意引用了尼采的一则札记："你想要依靠着我取暖？我劝你不要离得太近，否则，你会烧焦你的手。因

---

[1] 尼采：《论道德的谱系　善恶之彼岸》，第9页。

为,看,我太热情了。让我阻止从身体发出的火焰,是非常困难的。"[1]巴塔耶引用此言,一方面意在表明尼采思想的强大感染力,另一方面也暗示了自己的思想与写作是与尼采一起燃烧的结果。日本学者汤浅博雄则从巴塔耶的研究对象出发对其写作风格的驳杂进行了解释:"这些著作所以形成诗化的文本、'断片'化的文章,既不是文学趣味,也不是赶时髦,而是必然的。因为这种话语力图写出'我'无论如何不能将其对象化加以捕捉的东西,不能鲜明地加以划分、表达、认识的东西,所以不得已只能如此。"[2]他的这个说法也有一定道理。

巴塔耶在书中固然有对尼采思想的研究和感悟,而更多的还是对自己思想的生发。他称自己在书中主要研究的是道德问题,"我所谈论的是一种道德关怀,谈论的是对其价值超越其他事物的对象的寻找"[3]。但诚如汤浅薄雄所言,这个"对象"在巴塔耶笔下变成了一种精神状态,一种"内在经验",它是不可把握的,同时也是不可言说的。更关键的是,巴塔耶所谓的"道德关怀"的"价值"指向本来就让人讶异,这从本书扉页他所摘录的18世纪英国剧作家约翰·福特的《可惜她是个娼妓》台词就可见一斑。与妹妹乱伦的主人公乔瓦尼在杀掉妹妹后说:"我的行为的光芒,让正午的阳光黯然失色,把正午变成了黑夜。"而乔瓦尼的这种对"美和生活的强暴",恰是巴塔耶所赞赏的"超越"的道德,从中亦可看出其与尼采所推崇的主人道德的联系。巴塔耶借乔瓦尼之口对"正午"这一"时刻"的强调,也让人想

---

[1] Georges Bataille, *Sur Nietzsche*, p.9.
[2] 汤浅薄雄:《巴塔耶:消尽》,第331页。
[3] Georges Bataille, *Sur Nietzsche*, p.10.

起尼采在《查拉图斯特拉如是说》中所谈到的"伟大的正午",这个重要的"时刻","就是人类正站在野兽与超人之间的路中央的时刻,也是人类把他通向傍晚的道路当作他最高的希望来庆祝的时刻:因为这也是通往一个崭新早晨的道路"[1]。显然,巴塔耶对这一"时刻"的关注与尼采的深刻影响有关,他所谈论的问题也以这样一个重要的"时刻"为背景。本文试图从巴塔耶提出的"整全性""顶点""机运"三个概念出发,围绕存在、道德和意志三方面的问题来探讨他对尼采的解读和改造,从而显明他们之间重要的思想关联。

一 存在:碎片化与整全性

巴塔耶认为,尼采喊出"上帝之死"的口号的意义不仅在于对宗教的厌弃,而且在于通过这个举动,表达了人类的一种与生俱来的至为深沉的冲动。"尼采首次表达了与道德目标或服侍上帝无关的极端的、无条件的人类的渴望。"[2] 在尼采看来,这个"渴望"就是人类对"权力意志"的向往。可巴塔耶指出,尼采虽然发现和表达了人类所有的这个"渴望"本身的重要性,但他将其看成对权力意志的"渴望"却是不准确的。不仅如此,巴塔耶甚至认为尼采以此为基础建立的整个理论框架都是可疑的,"尼采是新道路的预言家吗?作为兴奋或行动的动机,'超人'和'永恒轮回'是空虚的,与基督徒或佛教徒的动机相比是没有效用的。实际上,'权力意志'本身是个平庸的思考主题。有是好

---

[1] 尼采:《查拉图斯特拉如是说》,孙周兴译,上海:上海人民出版社,2009年,第98页。
[2] Georges Bataille, *Sur Nietzsche*, p.11.

的,但有必要去思索它吗?"[1]但话虽如此,巴塔耶对尼采的批评却并不意味着他对其的舍弃,他只是想为自己找到一个吸收或者改造尼采的理由。他倾向于把尼采的这个"渴望"理解为人对束缚——"道德目标"或"上帝"对人的束缚——的反感,同时,也是对"完人"(l'homme total)也即"超人"的追求。他指出这就是尼采所经验并在其著作中探讨的主要问题,而这同样也是他在自己这本不无芜杂的书中所要探讨的主题。不过,就像巴塔耶不认为那种人类至深的"渴望"就是权力意志一样,他也并不认同尼采所谓"超人"就是未来人类发展的目标。因此,他将其转化为人的存在的"碎片化"(fragmentaire)和"整全性"(entièreté)问题。

关于人的存在的"碎片化"问题也来自尼采,他认为当下的人是一种碎片化的存在,也即生活在现世的人并非"完人",他们的人性是不完全的,它受到扭曲、损害并且以碎片的形式呈现出来。巴塔耶赞同尼采的这个观点,为此他特地摘录了尼采的相关论述:

> 大多数人把人表现为断片和部件:只有当人们把它们合计在一起时,一个人才会冒出来。在这个意义上,所有时代、所有民族就都有某种碎片性质;人是一件一件发育起来的,这也许属于有关人类发育的经济学。因此,人们完全应该承认,这里的关键仍然只是综合的人的实现,而低等的人,巨大的多数,只不过是前奏和训练而已,通过这些前奏和训练的相互配

---

[1] Georges Bataille, *Sur Nietzsche*, p.127.

合,就会在某处形成完整的人、里程碑式的人,后者表明人类迄今为止已经前进了多远。[1]

人之所以会出现这种碎片化的状态,尼采将其归因于各种道德或上帝等对人的束缚和戕害,所以,他才厌弃奴隶道德并希望上帝死去。当然,尼采同时也把这种碎片化的状态归于近代科学的进步导致的人的机械化和"非人格化",他谈到自己的系列文章《不合时宜的考察》的主题时讲道:

> 第二篇《不合时宜的考察》(1874年)揭示了我们的科学活动方式的危险性,及其对生命的侵蚀和毒害作用——生命得病了,病于这种非人化的齿轮装置和机械论,病于工人的"非人格性",病于"劳动分工"这种虚假经济学。目的失落了,文化——成了手段,成了现代科学活动,被野蛮化了。[2]

但巴塔耶比尼采走得更远,他更将人的碎片状态的产生归于人的"行动"(activité),因为人只要在世间存在,就不得不有所行动,而行动却会导致自我的"专门化"(spécialisé)。这是由于人的行动不管大小都必定会指向某个具体的目标,如国家的荣耀、党派的胜利、上帝的救赎等,与此同时,人也把自身专门化为某种实现这个目标的能力或工具,从而丧失了人的完整性,变

---

[1] 尼采:《权力意志》(上卷),孙周兴译,北京:商务印书馆,2007年,第597页。
[2] 尼采:《瞧,这个人》,见《尼采著作全集》第六卷,孙周兴译,北京:商务印书馆,2016年,第401页。

成了一个与这个目标相关的"碎片",如政客、党魁、僧侣等,失去成为别的对象的可能性。这就是我们生活的实质,也即我们实际上始终生活在"筹划"(projet)之中,"行动"的本质就是"筹划"。巴塔耶以植物为例来说明自己的这个观点,植物不"行动"时是不会被专门化的,但当其"行动"起来,如吞食苍蝇时,就被"专门化"了。因此,处于这种"专门化"的碎片状态的人是不自由的,是受奴役的,其人性也是不完全的。

关于人的碎片化问题,马克思在《德意志意识形态》中从社会分工的角度也做出了阐述:

> 当分工一出现之后,任何人都有自己一定的特殊的活动范围,这个范围是强加于他的,他不能超出这个范围:他是一个猎人、渔夫或牧人,或者是一个批判的批判者,只要他不想失去生活资料,他就始终应该是这样的人。而在共产主义社会里,任何人都没有特殊的活动范围,而是都可以在任何部门内发展,社会调节着整个生产,因而使我有可能随自己的兴趣今天干这事,明天干那事,上午打猎,下午捕鱼,傍晚从事畜牧,晚饭后从事批判,这样就不会使我老是一个猎人、渔夫、牧人或批判者。社会活动的这种固定化,我们本身的产物聚合为一种统治我们、不受我们控制、使我们的愿望不能实现并使我们的打算落空的物质力量,这是迄今为止历史发展中的主要因素之一。[1]

---

[1] 马克思:《德意志意识形态》,见《马克思恩格斯文集》第1卷,2009年,第537页。

绪　言

　　显然,巴塔耶的思考比较接近马克思的思考,但他去除了后者对生活在社会中的人的生产角色的思考,从而提炼出中性的"行动"。柏格森则从意识生活的层面出发,指出人的"自我"(moi)有两种形式,即作为不可分割的"绵延"(la durée)的最初的第一性的自我和作为其投影的可以分割的自我,而人们往往满足于后者,即投射到"纯一空间"或社会中的自我,"这种被折射了的,因而被切成片段的自我远较符合一般的社会需要,尤其符合语言的需要;意识倾向于它,反而把基本的自我逐渐忘干净"[1]。但马克思也好,柏格森也好,相较而言,在这个问题上,都不如尼采对巴塔耶的影响大,或者说,他们的思考也都被巴塔耶纳入对尼采观点的思考之中。而与人的"碎片化"的存在相对,尼采提出了人的理想存在,即所谓的"综合性的人"(l'homme synthétique)或"完人"的状态,这也是他想象中的超人。与之相对,巴塔耶则提出了"整全性"或"整全的人"(l'homme entier)的概念,他认为人的整全性的本质是自由和非理性,而要想获得整全性,人不能屈服于任何具体的目标并把自己专门化。"它证明对'整全的人'的这个定义是合理的:人,其生命是作为无动机的'节庆'(fête),而'节庆'在词语的所有的意义中,是笑,舞蹈,永不屈服的狂欢,不在乎任何目的、物质和道德的献祭。"[2] 人是无目的的、自由的存在,它不仅不必受道德或上帝的束缚,更不必使自己为了实现某种目的而去"行动",去"筹划",把自己专门化为某种工具。它是一种"节庆",而在真正的"节庆"中,人既不考虑实现任何目标,也不

---

[1] 柏格森:《时间与自由意志》,吴士栋译,北京:商务印书馆,1958年,第87页。
[2] Georges Bataille, *Sur Nietzsche*, p.26.

考虑未来的结果，只专注存在于当下的这一刻，其行动也不再有任何意义，因此得以重获整全性，成为整全的人。从这里也可以看见尼采的狄奥尼索斯的影子。

巴塔耶认为，在人的碎片化和整全性的存在状态背后，是人内在的"超越性"（transcendance）和"总体性"（totalité）在起作用。人的"碎片化"由行动导致，行动来自自我的超越性，而超越性总是指向外部的目标。人从早期追求城邦的善到后来追求上帝的救赎，就是道德的流变的轨迹。总体性最初是人所不可企及的，后来逐渐被超越性所蒙蔽，并将其物化为可以把握的目标，但城邦的善也好，上帝的救赎也好，仍然只能是人的暂时性的功利性的目标，总体性仍然时时要求着人对其自身的回归，而获得总体性的过程也就是对超越性置之不理的过程。所以，巴塔耶说，"实际上，整全的人，只是一个在其中被废除了超越性的存在，不再有任何东西与其分离：他有点可笑，还有点像上帝，更有点疯狂……这是透明的"[1]。简言之，整全的人就是放弃了超越性的人，因此成为一个无动机的人，他的行动不再指向任何目标，所以也无法再由善恶来衡量，而在其身上，既有不谙世事的"木偶"的成分，也有没有俗世目标的"上帝"和"疯子"的成分，从而展现了总体性的存在。那么，何为总体性？巴塔耶认为，总体性是"非意义"的，"这种总体性的意识与表述所使用的两种对立的方式有关。非意义，通常是个简单的否定，它被称为一个需要被终止的对象。实际上，拒绝缺乏意义的东西的意图，是对整全的存在的拒绝，由于这种拒绝，我们没有意识到在

---

[1] Georges Bataille, *Sur Nietzsche*, p.23.

绪　言

我们之中的存在的总体性。但如果我带着寻找一种不受意义约束的对象的相反的意图谈到'非意义'，我不会否认任何东西，我可以确定地说，在其中，'所有的生命'（toute la vie）都在意识中被阐明"[1]。简而言之，总体性就是对"意义"的终结和对"非意义"的追寻。只有这样，人的整全性才能够重现，才能把那些因为存在而不得不有所行动导致的开裂的人性的碎片重新黏合起来。

这个驱使人追求整全性存在的总体性就是巴塔耶和尼采的分歧之处。巴塔耶承认，尼采虽然第一次提出与道德目标和服侍上帝无关的一个"极端的无条件件的人类的渴望"，并据此演绎出了自己的超人理论，但是他并未能真正地界定和理解这种"渴望"。尽管这种渴望被他转换为权力意志，并以此为动力去追求一种有"意义"的人生，也即超人的人生，它依然是一种指向未来的"超越"，并且只能在看不见的未来才能实现。巴塔耶却与其相反，他认为这个"渴望"是受总体性驱使并指向人的整全性，它本质上是人对"至尊性"的追求，而人若要实现它，以成为"至尊"，必须放弃"意义"，即放弃未来完成。这个梦想在当下即可实现。故巴塔耶明确指出，"一句话，这就是'整全的人'，从限制我们的奴役中解放了出来。这种自由和至尊的人，处于现代人和超人的中途，尼采没有想到要去定义它"[2]。但尼采并非没有给予这个"中途"的人以定义，他只是将其看成中介，看成"一根系在动物与超人之间的绳索"，而"人身上伟大的东西正在于他是一座桥梁而不是一个目的：人身上可爱的东西

1　Georges Bataille, *Sur Nietzsche*, p.24.
2　Georges Bataille, *Sur Nietzsche*, p.228.

正在于他是一种过渡和一种没落"[1]。也就是说,尼采所认为的"完人"是即将到来的超人,这才是人这座"桥梁"通往的目标,当下的人只是个"过渡",如果拒绝超人,则会变成令尼采不齿的像动物般醉生梦死的"末人"。巴塔耶虽然认为自己的至尊(或整全的人)是处在人与超人之间的一种人,是在现在可以获得实现的一种存在,但这才是人的真正的"目的",尼采的超人并不是他真正认可的目标。

概而言之,从存在的角度看来,巴塔耶认为尼采强调的是未来的可能性,坚持的是"一种未来对过去的首要性"(un primat de l'avenir sur le passé),批评的是现在,而巴塔耶所坚持的是现在对未来的首要性,批评的是未来。因此,面对尼采指出的人的存在的"碎片化"状态,巴塔耶做出了不同的选择,他试图以拥有"整全性"的至尊在当下进行救助,而非像尼采那样把拯救的希望放到遥远的未来,去期待超人的出现以"克服"现在的这个"人"的存在。

二 道德:顶点与没落

尽管巴塔耶在对人的碎片化和整全性的存在状态的讨论中已经涉及道德问题,但比较集中的考察还是在他围绕"顶点"(sommet)与"没落"(déclin)这两个概念所进行的讨论。1944年3月5日,巴塔耶以此为题在马塞尔·莫莱家里做了一次讲演,当时有梅洛-庞蒂、萨特、加缪、伊波利特、布朗肖、克罗索夫斯基等人参加,事后他又对此文进行了整理和加工,所以这部

---

[1] 尼采:《查拉图斯特拉如是说》,第9—10页。

分是《尼采研究》一书中论述比较清晰的部分。当然,这也是相对而言,因为其写作体例并未改变,依然是对尼采著作的摘录和札记。"顶点"与"没落"这两个概念同样也是来自尼采。尼采在《查拉图斯特拉如是说》中所使用的"没落",既有下山、下降、毁灭等含义;也有查拉图斯特拉告别过去,勇于牺牲自我,如太阳下山,到人世的"深渊"中,以拯救众生之意。"顶点"则是相对"没落"的攀升,是查拉图斯特拉指出的向超人接近的峰顶,并且这两者之间有一种密切的关联。在《查拉图斯特拉如是说》的《山上的树》中,尼采借查拉图斯特拉与渴望登高的少年的对话阐明了这一点。因为人追求"顶点"时,也意味着告别过去的自己,去展开一场生死未明的随时都会死亡的冒险,这正是一种"没落"或对"没落"的渴望。如查拉图斯特拉所言,这就像一棵树,要想长得高,就必须把根深入土壤里去。从某种意义上来说,二者是一体的,如同"伟大的正午"的道路既通向黄昏同时亦通向黎明。这也与尼采所钟爱的鹰和蛇的矛盾的取向相通,前者高傲,乐于高飞天空,后者智慧,喜欢低俯大地,可它们却像朋友一样团结在一起。当然,也有人认为尼采的"没落"是返回大地与身体,这与传统的向上的追求"非尘世的和非身体性的事物"相反,"这种传统教育下的人们,于是命名扎拉图斯特拉的下降为毁灭(untergehen),但是他的下降是要宣示,超越之物出自大地和身体,因此呼唤重估向下之物和向上的传统理想,因为后者对尘世和身体充满憎意"[1]。虽然巴塔耶所谓的"顶点"和"没落"与尼采相关,但他却赋予了这两个词以新的

---

[1] 朗佩特:《尼采的教海:〈扎拉图斯特拉如是说〉解释一种》,娄林译,上海:华东师范大学出版社,2007年,第25页。

含义，与尼采略有不同的是，他更多的是从道德的角度来使用这两个词，"顶点"并不等同于道德的高尚或善，同样，"没落"也与人们所以为的道德沉沦或恶无关。"我想要做的也不是把善与恶对立起来，而是把'道德顶点'和'没落'进行对比，前者与善不同，后者也与恶毫不相干，相反，它的必要性决定了善的形态。顶点对应于过度（excès），对应于力量的丰盈（exubérance）。它带来了最大的悲剧的强度。它与能量的无节制的花费相结合，与存在的完整性的破坏相关。因此，它更接近恶而不是善。没落——对应于枯竭和劳累的时刻——赋予了与存在的充实和保存的问题相关的所有的价值。就是经由它，测定了道德的规则。"[1] 简而言之，"顶点"与那些对力量或能量的不加限制的"花费"的活动有关，是恶；而"没落"则与那种以保存个体为目的的活动有关，是善。显然，巴塔耶对道德所做的善恶区分与尼采的主人道德和奴隶道德有密切的关系。但与尼采从统治阶级或贵族（也即主人）对好和坏的判断引出奴隶道德对善与恶的定义的做法不同，巴塔耶的对这两种道德的判别的出发点是不一样的，他是从自己的"花费"概念出发来对善恶进行区分的。"花费"，本质上就是过剩的能量不求回报的消费。巴塔耶认为，只有在"花费"中人才可能获至尊性，并得以摆脱日常生活的重负，进入"整全性"的存在状态。而"顶点"就是"花费"，它是恶，却是自由；"没落"则是反对"花费"的，是善，却是受奴役的。在巴塔耶的"道德谱系"中，他所褒扬的是前者，贬斥的是后者。

从这个意义上看，巴塔耶的"顶点"道德近似于主人道德，

---

[1] Georges Bataille, *Sur Nietzsche*, p.50.

"没落"道德则与奴隶道德相通。尼采指出主人道德的特点,"这种道德乃是自吹自擂。人们重视那种试图泛滥的丰富的情感和权力感,重视激动人心的欢乐,以及愿意给予和付出的意识——上等人同样帮助不幸的人,但不是,或几乎不是出于怜悯,而是出于极其充沛的精力所产生的一种冲动"[1]。这是与巴塔耶在"顶点"道德中所强调的那种能量充沛外溢的特点是一致的,他在"花费"中,也同样重视此时此地的"激动人心的快乐",并不执着于对未来进行筹划。尼采对奴隶道德的批评集中在其所弘扬的所谓善的价值观上:"他欣然告诫自己,这里的快乐乃是过眼云烟。相反,那些减轻人们痛苦的品质却得到重视和尊敬,正是在这里,同情、仁慈、助人为乐、热心肠、容忍、勤奋、谦卑和友好获得了敬重。因为这些品质在这里乃是最有用的品质,而且几乎就是人们维持生存的唯一手段。奴隶的道德本质上都是实用的道德。这里,最出名的善和恶的对立起源之地就在于人们确信权力和危险就是恶,而畏惧、精巧和力量不容蔑视。"[2]巴塔耶对于"没落"的善的描述,也与此相似,他同样认为,善是与自我保存相关的价值有关,所以必然会在一切行动中都追求"有用性",而这样做自然会导致对人或事的屈从,最终必然"没落"为被奴役的状态。巴塔耶更进一步指出,"顶点"道德和"没落"道德的另一个本质的区别在于对时间的处理。"顶点"道德立足于现在,摒弃对未来的考虑;"没落"道德则压抑现在,着眼于未来。这也是和尼采有差别的。巴塔耶指出,对"顶点"的渴望就是对恶的冲动,如犯罪、赌博、狂欢、饮酒,还有献祭

---

[1] 尼采:《论道德的谱系 善恶之彼岸》,第280页。
[2] 尼采:《论道德的谱系 善恶之彼岸》,第281页。

等，而这些活动的共同之处就是不承认未来对于现在具有优先权。"没落"则反其道而行之，用所谓的道德对这些"恶"进行压抑，以保存自身，寄希望于未来长久的存在。

不过，尼采认为，主人道德和奴隶道德不仅存在于不同的群体中，也在同一个人身上共同存在。所以，他曾说极端的善和极端的恶是一致的。巴塔耶也认为"顶点"道德和"没落"道德具有同一性。因为只要我们放弃对未来的关注，我们就很难抵挡现在的诱惑，易于向"感官性"（sensualité）屈服。反之，如果抵御了感官性的诱惑，压制了现在，就是对未来的一种向往，这就是善。而人实际上在这两者之间滑动。诚如赫拉克利特所言，上坡路和下坡路是一条路。故巴塔耶强调，对于"没落"的善来说，"顶点"的恶的也是不可或缺的，二者相辅相成。但它们之间的"共通"（communication）主要或者说必须通过恶来完成。巴塔耶以十字架上的耶稣为例说明了恶的必要性和共通的特点。因为，虽然把耶稣钉上十字架是人所做的最大的恶，也是人的最大的"原罪"，但耶稣的牺牲实际上是人向上帝的献祭，这样，原本与上帝并无任何关系的人却因此与上帝发生了"共通"。"在处于十字架之上时，人类抵达了恶的顶点。但正是从获得它起，人类终止了与上帝的分离。在其中，人们看见，存在的'共通'是通过恶来担保的。如果没有恶，人的存在将向其自身回退，将被关闭在孤立的范围内。但'共通'的缺席——这种空虚的孤独——毫无疑问是一种更大的恶。"[1] 所以，一方面，人为了摆脱孤立必须通过共通以走出自我的封闭状态这"更大的恶"；另一

---

[1] Georges Bataille, *Sur Nietzsche*, p.52.

方面，犹如人杀死耶稣，共通的获得也需要作"恶"来实现。而恶或"作恶"就是要或去"伤害"他人或被人"伤害"。巴塔耶认为，共通意味着打开自己，放弃自己的"完整性"即与世隔绝的虚假的存在状态，以获得真正的存在感。而共通就是对恶的向往，是向感官性、污秽、死亡、诱惑或淫秽的色情等"顶点"的趋动，其本质则是指向"虚无"，指向非意义，同时在对"虚无"的超越过程中与另一个同样希冀超越"虚无"的人产生共通。这样的共通每时每刻都在发生，"在破坏我自身和他者中的存在的完整性的情况下，我向共通体（la communion）打开自己，我登上了道德的顶点。这个顶点不是一种对恶的'屈服'，而是一种"对恶的意愿"（vouloir le mal）。这是一种与罪孽、犯罪和恶的志愿的协议"[1]。

巴塔耶指出尼采同样对恶的力量予以肯定，所以，他认为与其说尼采是个"权力意志"哲学家，不如说他是个"恶的哲学家"，因为尼采在谈论权力时，其实是在谈论恶，同时他也毫不掩饰自己对善的鄙弃。"他证明自己把对善的憎恨作为自由的条件本身是正当的。就个人而言，由于我对自己的态度的影响没有幻觉，我的感觉是相反的，我反对所有形式的束缚：因此，我还是把恶作为探索道德极限的对象。这是因为恶是与束缚对立的，原则上，这种束缚是为了行使善。无疑，恶不是一系列伪善的误解想实施的：实际上，难道这不是一种具体的自由，不是一种对禁忌的不安的打破吗？"[2]这就是巴塔耶自己的逻辑，他对"顶点"的论述，就是对恶的肯定，目的就是从善的束缚中解脱，以

---

[1] Georges Bataille, *Sur Nietzsche*, p.60.
[2] Georges Bataille, *Sur Nietzsche*, p.17.

获得自由。所以,选择"顶点",就是选择不再"没落",就是选择自由。

三 意志:权力与机运

正因巴塔耶认为尼采并非权力意志哲学家,他才大胆地以恶消解尼采的权力意志。并且,在此基础上,为了满足自己的理论需要,他更是试图以"机运"来代替尼采的"权力",提出了相对于尼采的权力意志的"机运意志"(la volonté de chance)。他的《尼采研究》的副标题就是"机运意志"。巴塔耶对尼采的权力意志的批评实际上也是对主人和奴隶之间的对峙关系的拆解,也是对强者与弱者之间的区分的否认,相对而言,巴塔耶更关注个体自身的体验,因此,他把"机运意志"的实现看成一种"内在经验",同时把尼采的永恒轮回也纳入这一过程之中,并将其改写为"似曾相识"(déjà vu)。

对于机运,巴塔耶并未像处理尼采的"顶点"和"没落"那样从道德上赋予其新的含义,而是沿用了原有的含义。他特地从词源学上解释了机运的意思,"'机运'(chance,偶然、运气)与 échéance(deadline,到期、终止)有相同词源(拉丁语 cadentia,坠落)。'机运'就是落下的东西,倒下的东西(源于好的或坏的运气)。它是偶然的事,是骰子的坠落"[1]。通过对机运的词义的梳理,巴塔耶强调了机运两方面的含义:一是其所具有的终结性,机运的到来意味着某种终止,同时,也意味着对

---

[1] Georges Bataille, *Sur Nietzsche*, p.104.;Georges Bataille, *On Nietzsche*, Translated by Bruce Boone, London: The Athlone Press, 1992, p.70.

某种已有界限的突破和超越；二是其所具有的偶然性或随机性，机运的到来是从天而降的，是不可确知的，就像从空中坠落的骰子。正如马拉美诗歌所言，"骰子一掷永远避免不了偶然"，巴塔耶所指的机运就是偶然、可能性，"机运意志"驱使我们对机运进行不可遏制的追求，它让我们的生命甘愿冒险，以摆脱和冲破各种束缚和界限，从现有的道德和价值观中超脱出来，以抵达未知的所在。用巴塔耶自己的话来说，就是"直至可能的尽头"（aller jusqu'au bout du possible）[1]。这也是他思想的核心。而其实巴塔耶这样做就是想借助不期而遇的偶然性打破行动计划的必然性，并从而终止其所指向的目的，把自己交给机运的安排，任由其将自己带到无法计划的不可知的或非意义的地方，"直至可能的尽头"，去向不可能的界限之外，获得自由，摆脱奴役。为此，巴塔耶也引用尼采在《查拉图斯特拉如是说》中的话来予以证明，"最必然的灵魂，因快乐而投入偶然之中"[2]。

巴塔耶认为机运是一种朝向恶的"共通"，它意味着丧失自己，向另一个人打开，以重新接续那种被行动中断的人的连续性，并以此激活"总体性"。它是一场不知终了的冒险的体验。机运降临的时刻却是不可把握的，总是不期而至，让人瞬间坠入"神意感应的状态"（l'état théopathique），成为至尊。巴塔耶在文中描述了自己无意中被机运击中的经历，并且用"穿刺"（empalement）来表达这种难以言传的"内在经验"。它近似于"禅"，不能定义却可体验，因为它既是痛苦或折磨，也是笑、醉、狂喜和无目的的快乐，它就是"顶点"。巴塔耶为了更好地

---

[1] Georges Bataille, *Sur Nietzsche*, p.40.
[2] Georges Bataille, *Sur Nietzsche*, p.134.；尼采：《查拉图斯特拉如是说》，第266页。

传递自己对"穿刺"的理解,用"普鲁斯特的茶杯"来解释它带给人的神秘体验,普鲁斯特在《追忆逝水年华》中写道,当他端起泡有小马德莱娜点心的茶杯喝了一口后的瞬间:"带着点心渣的那一勺茶碰到我的上腭,顿时使我浑身一震,我注意到我身上发生了非同小可的变化。一种舒坦的快感传遍全身,我感到超尘脱俗,却不知出自何因。我只觉得人生一世,荣辱得失都清淡如水,背时遭劫亦无甚大碍,所谓人生短促,不过是一时幻觉;那情形好比恋爱发生的作用,它以一种可贵的精神充实了我。也许,这感觉并非来自外界,它本来就是我自己。我不再感到平庸、猥琐、凡俗。"[1]巴塔耶指出,这就是普鲁斯特被"穿刺"后的状态,它和"禅"的"顿悟"相似。而普鲁斯特的茶杯就是"穿刺"的最好的例证,在这一刹那间,上帝,也即超越性坠入了即时性和内在性中,变得荒谬起来,生命也因此忽然溶解进非意义中而无法用常情常理予以把握。当然,巴塔耶认为这种"顶点"的体验是可遇而不可求的,他曾借卡夫卡的《城堡》里所描述的"城堡"来描述"顶点"的特点,它是完全不可接近的,所以,K想进入城堡的计划一直到最后也没有实现,因为其本来就是不能通过计划接近的。这正是巴塔耶想表达的机运的特征。

不过,或许是巴塔耶觉得"穿刺"还不足以表达机运给予人的这种共通的体验,他又选择了"似曾相识"这个概念来对其进行描述,"照我看来,这种'似曾相识'的印象(在所有的方向上都是可穿透的而且是不可理解的)定义了'神意感应'的状

---

[1] 普鲁斯特:《追忆逝水年华Ⅰ:在斯万家那边》,李恒基等译,南京:译林出版社,1989年,第47页。

态"[1]。这是一种如"穿刺"般的意识的突然的悬置状态,而巴塔耶就以"似曾相识"所强调的这种"神意感应"的状态对尼采的永恒轮回进行了改写。1881年8月初,尼采在瑞士的琉森湖畔散步时,第一次产生了永恒轮回的思想。他在《快乐的科学》第341节披露了这一重大发现:"你现在和过去的生活,就是你今后的生活。它将周而复始,不断重复,绝无新意,你生活中的每种痛苦、欢乐、思想、叹息,以及一切大大小小、无可言说的事情皆会在你身上重现,会以同样的顺序降临,同样会出现此刻树丛中的蜘蛛和月光,同样会出现现在这样的时刻和我这样的恶魔。存在的永恒沙漏将不停地转动,你在沙漏中,只不过是一粒尘土罢了!"[2]对于自己的这个发现或"发明",尼采本人也感到震撼,以至于他要借恶魔之口讲出这个骇人的真理,而且,永恒轮回也是他对现实世界和人生的最高的肯定,是对大地的忠实,同时也是对彼岸世界的彻底的否定。尼采对此也非常自信,坦承这也是他写作《查拉图斯特拉如是说》的重要原因,"这本著作的基本观念,即永恒轮回的思想,也就是我们所能获得的最高的肯定公式,是在1881年8月间形成的"[3]。但巴塔耶认为永恒轮回只是个关于时间的假设,意义并不大。他关心的是尼采在发现永恒轮回的过程中的情感反应。尼采说当他在希尔瓦普兰湖边的一块金字塔形的巨石旁产生永恒轮回的观念时,自己同时也因强烈的情感冲动而颤抖、嬉笑和哭泣,并流下欢欣的泪水。巴塔耶对此深信不疑,并且设想自己也像尼采一样来到了希尔瓦普

---

[1] Georges Bataille, *Sur Nietzsche*, p.98.
[2] 尼采:《快乐的科学》,黄明嘉译,上海:华东师范大学出版社,2007年,第317页。
[3] 尼采:《瞧,这个人》,见《尼采著作全集》第六卷,第428页。

兰湖。"我想象我自己到达了湖畔,并且,在想象时,我哭了。不是我在永恒轮回的观点里发现了可能轮到我感动的某种东西。这个发现中最明显的,应该是我们回避了脚下的土地——在尼采看来,只有某种改变了的人才懂得克服恐惧——是它让最好的意志无动于衷。不过,他的幻觉的对象——那使他笑和颤抖的东西——不是回归(甚至也不是时间),而是那揭露了回归的东西,事物的不可能的深处。而这个深处——我们应该通过这条或那条道路抵达——总是相同的,因为,它就是夜晚,而且,它同时察觉到,剩下的只有晕厥(让自己激动到狂热的地步,在狂喜中丧失自己,哭泣)。"[1] 作为一个作家,巴塔耶经常把自己带入研究对象中,通过设身处地来还原研究对象的思想发生情境,以获取理解共鸣。对于尼采的永恒轮回,他也采取了这样的感同身受的方式。他以自己的哭泣解释了尼采的哭泣,同时也解释了尼采的颤抖和笑,他指出尼采不是因为永恒轮回本身激动,而是因永恒轮回所暴露的"事物的不可能的深处"所带来的人的"晕厥"感,也即"神意感应"的状态,才悲欣交集,涕泗横流。这是白日的理性所无从把握的黑夜,可能界限之外的不可能,意义之外的非意义等,给人带来的"顶点"的或至尊的感受。

因此,巴塔耶并未将尼采的永恒轮回理论本身放在至高无上的地位,若其真的存在,也无非是给了查拉图斯特拉(尼采)一个徒劳地宣讲自己的那套超人理论的机会而已。他对尼采永恒轮回在尼采及他本人身上所引起的"内在经验"却相当重视,并据此将其改造为自己的"永恒轮回理论",也即"似曾相识"。显然,他的"似曾相识"就是指向"内在经验"的再次发生与体

---

[1] Georges Bataille, *L'Expérience intérieure*, 1954, p.178.

验。就如普鲁斯特的茶杯里所涌现出来的那种不可言喻的"穿刺"一样让人"浑身一震",但带来的却是"一种舒坦的快感",它超越善恶与凡俗,让人坐而忘机,却并非让人恐惧、无奈和疲惫。毋庸讳言,这种"似曾相识"就是机运意志的运转所致的结果。

当然,巴塔耶对尼采的权力意志的改写也并不专断,他认为尼采的权力意志中本来就隐藏有对机运的期望,甚至机运比权力更能准确地传达出尼采所要表达的意义,所以他认为自己的引申并未背离尼采。如在谈到查拉图斯特拉所讲的精神的三种变形时,巴塔耶做了进一步的引申:"'权力意志'是狮子,那么,孩子不就是'机运意志'吗?"[1]这个诘问合情合理,因为如尼采所言,孩子不仅天真且健忘,可以像自转的轮子一样重新开始,还意味着任性,意味着不确定性,也意味着各种可能界限之外的不可能,而这正是机运的特质。

四 总 结

综上所述,可知巴塔耶通过在存在上强调人的"整全性",在道德上强调"顶点",并把权力意志更换为"机运意志",将永恒轮回转化为"似曾相识"等,从而对尼采思想做出了别具一格的解读和改造。这让他在试图悉心理解尼采的同时,也进一步强化了自己思想已有的"尼采特色",而这也是他阅读尼采的根本目的。所以,他并不是为了读尼采而读尼采,而是要从尼采中读出自己。当然,这其中不乏误读,甚至有意的误读。他曾声

---

[1] Georges Bataille, *Sur Nietzsche*, p.207.

称，对于尼采的思想，表示敬意的最好的方法就是去改造和使用它，至于是否忠实于评论家眼中的尼采，并不重要。这也让人不由得想起他的老师和挚友科耶夫对黑格尔《精神现象学》的"误读"。

正因为尼采对巴塔耶的思想的生发产生了启示性的作用，也因为巴塔耶自视为尼采在世间的唯一知己，所以，他尽可能地为当时处于非议中的尼采辩护。由于尼采思想的颠覆性和革命性，特别是纳粹兴起后对尼采思想的利用，"二战"结束后，尼采及其思想一直受到人们的鄙夷。巴塔耶指出这其实是对尼采的误解。他首先对尼采做了"去政治化"的处理。巴塔耶认为尼采虽然对政治敏感，但并不希望自己被政治利用，尼采不采取任何政治立场，也拒绝选择任何党派，他对瓦格纳的批评充分体现了这一点。巴塔耶认为，尼采除了反对瓦格纳的德国式粗野之外，也因瓦格纳是"社会主义者，敌视法国及反犹"而对其不满。其次，尼采对德国文化所做的坚持不懈的批评表明，他并不喜欢德国人粗糙的心灵，他甚至对德国的一切都充满了厌恶之情，"在我最深刻的本能中，我与一切德国的东西是格格不入的，以至于光是与某个德国人接近就会影响我的消化"[1]。而且，他还不无夸张地说德国到哪里，哪里的文化就会被毁坏。当然，他也就更不会喜欢希特勒的所谓"第三帝国"，而他对德国的批评也恰好说明了他的预见性，因此从某种意义上，尼采是德国命运的"先知"。除了政治文化上的"脱敏"外，巴塔耶也从现实的角度来证明尼采的无辜，他认为尼采思想被其妹妹伊丽莎白和反犹的妹夫伯纳德·福斯特歪曲和利用，而尼采生前并不掩饰自己对这个

---

[1] 尼采：《瞧，这个人》，见《尼采著作全集》第六卷，第361页。

妹夫的厌恶,再就是尼采并未被纳粹树立为正式的思想先驱,纳粹推崇的是瓦格纳和保罗·德·拉加德。所以,后来有论者认为,"自从三十年代开始领头为尼采恢复名誉以来,巴塔耶便成了尼采在法国的正式代表"[1]。

不过,巴塔耶也知道,无论如何,因为尼采思想的独特与其中所具有的丰富性、矛盾性,尼采最终都会成为一个孤独的思想者。而那些追随尼采思想的人,也会踏上尼采一样的道路。"在他遵循尼采这种矛盾的教诲的时候,他会发现,对他而言,他已经不可能再领会已经给出的任何一个理由,他的孤独是完全的。"[2] 时间证明了巴塔耶所言不虚,就像尼采一样,他的思想也长期被人误解和鄙弃,其命运像尼采一样孤独。

---

1 贝尔纳·亨利·列维:《萨特的世纪》,闫素伟译,北京:商务印书馆,2005年,第219页。
2 Georges Bataille, *Sur Nietzsche*, p.15.

第一章

巴塔耶的耗尽思想:
花费、耗尽与普遍经济学

第一章　巴塔耶的耗尽思想：花费、耗尽与普遍经济学

1933年，巴塔耶在《花费的概念》一文中提出了花费的观点，并进行了系统的阐述。这也标志着他最重要的思想的诞生。而完成这篇文章距他最初产生相关的灵感，已经过了5年。并且，巴塔耶不仅没有在写出这篇文章后就此搁下，反而以一种强烈的兴趣来继续这篇文章所引发的更进一步的写作，即1939年到1942年间的《有用的限度》(La Limite de l'utile)，这篇文章最终却以流产告终。他并未因此而却步，1944年到1949年，他对这一问题持续进行思考，终于在1949年2月出版了《被诅咒的部分》的第一卷《耗尽》。在这本书中，他拓展了自己提出的"花费"的概念，以"耗尽"为主题建立了他的"普遍经济学"(l'économie générale)，并在此框架下，对人类社会发展的历史形态进行了独特的观照。这本书无疑是他最重要的著作之一，他也颇为看重，觉得这本书有可能获得诺贝尔奖，"甚至，直到他生命的最后一刻，他还梦想深入地修改——扼要地重写——第一卷，即《被诅咒的部分》"[1]。当然，这个愿望并没有实现。《耗尽》出版后，一年内只卖出了五十本左右。不仅诺贝尔奖无望，其糟糕的销量也使《被诅咒的部分》的后两卷《色情史》与《至尊性》的出版成为泡影。但是，作为一个非常重要的概念，"花

---

[1] Michel Surya, *Georges Bataille: An Intellectual Biography*, p.381.

费"在巴塔耶的理论体系中至高无上的地位却是毋庸置疑的,对其进行分析和研究,是理解巴塔耶的思想,尤其是他的"普遍经济学"的构思和他在此背景下所试图梳理出的"普遍历史"的重要途径。

第一节
"花费"及其秘密

一 "花费"的概念

巴塔耶所说的"花费",并不是对我们日常生活中所使用的各种常见的消费形式的概括,而是一个特定的概念。他认为,"保留花费这个名称用于非生产性的形式,以排除服务于生产的中性术语的所有的消费模式,是有必要的"[1]。也就是说,巴塔耶所说的花费是指那些用于"非生产性的形式"(formes improductives)的东西之上的消费。

而之所以提出花费的概念,是因为巴塔耶发现,在人们的日常生活乃至观念中,支配大家活动的根本原则就是一件事物是否"有用",即是否具有"有用性"或"功利性",这个原则被他指称为"古典功利性原则",其本质就是"所谓物质有用性"(l'utilité prétendue matérielle)。它的直接表现就是对物质的获取和保存,其中,不仅包括对没有生命的货物的获取,即生产和保存,也包括对人的生命的获取,即生命的生产和保存。这里面当然并不排除由此带来的痛苦和对痛苦的克服。而功利性原则的目标虽然也指向快感,却须发乎情而止乎礼,保持适度,因为

---

[1] Georges Bataille, "La Notion de dépense", *La Part maudite*, Paris: Les Éditions de Minuit, 1967, p.28.

过犹不及，一旦这种平衡状态被打破，势必会破坏其有效性，干扰或影响个体生命的生产和保存。

但是，这种古典功利性原则有着自己的不足。因为，这个在习惯上已得到社会认同的概念与人的真正的需要和社会的真正需要之间其实是有冲突的。巴塔耶以父子关系为例来说明这一点。尽管父亲为儿子准备了所有他认为需要的东西，如住房、食物、衣服，甚至也允许他小小的放纵等，这些东西儿子也的确需要，但若因此儿子就没有权利来讲述自己的头疼脑热，就得给人一种他无所恐惧的印象的话，那么，"在这一点上，谈到有意识的人性所剩无几，是让人伤心的：它自己认识到这种获取、保存或者理性消费的权利，但是它原则上排除了非生产性花费（la dépense improductive）"[1]。这是因为，父亲给予儿子的显然不仅仅是舒适的居所、丰盛的饮食以及鲜衣华服等，随之而来的还有蕴含在这些事物背后的一整套价值观和对服从的要求。这也是支撑我们每个人生存的背后的逻辑，即巴塔耶所说的"获取、保存和理性消费的权利"。但儿子固然可以接受父亲的安排，可作为一个有自我意识的人，随着自我意识的觉醒，他不可能永久地处于这种"未成年人的状态"，始终依靠和顺从他者（即使是他的父亲）的意志的状态，靠嗟来之食维生。为了获得自己，摆脱这种被奴役的状态，他必然会想方设法反抗父亲的权威或反对其对自己的设计，以试图打破这种舒适的却是在他者的阴影下的生活。如《红楼梦》中生活在极尽奢华的大观园里的贾宝玉不喜父亲贾政让其读书以求取功名利禄的做法，反以终日游乐于脂粉丛

---

[1] Georges Bataille, "La Notion de dépense", *La Part maudite*, 1967, p.27.

第一章 巴塔耶的耗尽思想：花费、耗尽与普遍经济学

中为乐，其实就是对父亲给他安排的道路的有意无意的抗拒。当然，除非儿子或这个人永远停留在未成年的状态，是个长不大的孩子，或者是个奴隶，或者干脆就是一个没有自我意识的傻瓜，他才可能对寄居人下的状态安之若素。否则，他的抗争一定会到来，而这就是儿子的真正需要——成为一个独立自主的人，这也是社会这个有机体的真正的需要。卡夫卡与父亲之间那种缠夹不清、欲说还休的关系就是一个最好的例子。在1919年他36岁写的那篇著名的《致父亲的信》里，天生敏感的他细致地描写了他和父亲之间的种种冲突。实际上，作为卡夫卡的阅读者的巴塔耶谈论父子关系的这个段落很有可能就是受这封著名的信的启发。他在后来写的《卡夫卡》一文中也提到了这封信。[1] 如卡夫卡回忆童年时有天晚上只是因为有点怄气或想解闷而吵着要喝水，结果被父亲从床上抓起来关到了阳台上；在吃饭时，父亲命令他凡是端到桌子上的东西都得吃光，不能对伙食的好坏说三道四，自己却可肆无忌惮地把不喜欢的菜斥为"饲料"，尤其是父亲面对他时所说的那句"不许顶嘴"：无不充分显示了父亲的强悍形象和对卡夫卡的至高无上的权威。因此卡夫卡私下里认为坚毅果敢的父亲才是"真正的卡夫卡"，而自己则因更多地继承了母亲家族的基因无法成为像父亲那样合格的"卡夫卡"。父亲希望卡夫卡变成像自己一样的人，卡夫卡却并不想成为一名商人或军人。虽然卡夫卡从小就觉得自己的父亲居住在一个其占据统治地位可以发号施令并随时可以对违抗命令者以惩罚的世界，身为奴隶的自己不得不居住在必须服从父亲为其所制定的法律的世界，可他

---

[1] 巴塔耶：《卡夫卡》，见《文学与恶》，第123页。

还幻想了一个第三世界：在那里，人们可以幸福不受约束地生活。正是这种想象中的自由和独立，使他得以坚持同父亲展开一场漫长的默默的对抗，选择了父亲不以为然的写作来逃离他的控制，以此曲折地表达自己的独立，并企图通过结婚摆脱父亲的控制而赢得独立性。终其一生，卡夫卡都力图在与父亲的搏斗中获得独立的自我，所以，他直言："我写的是关于你的事，我在那里发泄的仅仅是在你怀里不能发泄的。这是有意拖延的与你的告别，只不过，这种告别虽然是由你逼出来的，但却是朝着由我选定的方向发展着。"[1] 这段话，巴塔耶同样在《卡夫卡》中予以引用。

但为何人们不去努力实现自己真正的独立自主？为何把自己确立为自己真正的需要不能得到及时的满足的存在状态？这其中的原因，除了个体自身的懦弱外，如卡夫卡在《致父亲的信》中所描述的那个卡夫卡，还有儿子因害怕失去父亲提供的生活保障而不敢反抗父亲，或不愿抛弃父亲的庇护离开家庭出去冒险，所以只能压抑自己而委曲求全。这里面虽有黑格尔主奴关系的影子，但在巴塔耶看来，更重要的却是人们由于在"有用的"功利性原则的巨大影响下，只认识到了自己所具有的"获取、保存和理性消费"的权利，有意排除或者忽视了"非生产性花费"的权利。而我们的社会正是以这个原则为基础，形成和建立了大家普遍认同的伦理观。如亚里士多德就明确地把那种肆意浪费财富的挥霍称为恶，"因为，我们也称那些不能自制的、花钱铺张的人挥霍。所以挥霍被认为是特别恶劣的品质，因为它集中了几种不

---

[1] 卡夫卡：《致父亲》，黎奇译，见叶廷芳主编《卡夫卡全集》第8卷，石家庄：河北教育出版社，1996年，第267页。

同的恶。可是这不是这个词的本来的用法。因为，一个挥霍的人指的是一个有某种专门的恶的人，这种恶就是浪费他的财物。一个挥霍的人是一个由于自己的过错而在自我毁灭的人。浪费财物就是毁灭自己的一种方式，因为财物是生活的手段。我们这里所说的挥霍就是在这个意义上说的"[1]。而之所以浪费或挥霍是恶，就是因为浪费在毁坏物资的同时也在毁坏生命的保障。所以，也可以说，凡是不利于生命的保存的消费都是恶，因此人要遵循对延续生命有利的"获取、保存和理性消费"的原则而非相反。

但巴塔耶所想推翻的就是这种长期以来把浪费视为"恶"的伦理观，从这点出发，巴塔耶提出了"损耗原则"（le principe de la perte，或译"丧失原则"）。他认为，人类的活动是不能完全被还原为生产（即获取）和保存的过程的，因为为了维持个体的生存和社会的延续，人还必须消费。而一般来说，人们的消费可以分为两个部分，第一部分可还原为为了我们的生存和生产所需的消费，这是最基本的需求；第二部分的消费，"通过被称为非生产性的花费被再现：奢侈、哀悼、战争、崇拜、豪华的纪念碑性的建筑、竞赛、景观、艺术、反常的性活动（也就是说，离开了生殖的目标），至少在最初的条件下，作为以它们自身为目的的活动再现了"[2]。而这也就是巴塔耶所定义的花费的具体的内容。因为用于这一部分东西之上的消费的目的并不是生产，而人们事先也知道，对于这些活动的投入和实施，不可能再带来任何物质的回报。所以，"这种损耗的原则，也就是说无条件花费的

---

[1] 亚里士多德：《尼各马可伦理学》，廖申白译，北京：商务印书馆，2003年，第96页。
[2] Georges Bataille, "La Notion de dépense", *La Part maudite*, 1967, p.28.

原则",是"与账目平衡的经济原则(花费为了获取有规律地补偿)"[1]相反的。它和我们在日常生活中需要轧平的那本账目无关,也不需要任何经济上的回报,因为其自身就是目的,而这就是花费的本质。简单点说,就是为了花钱而花钱,或为艺术而艺术。

为了更清晰地表述这个原则存在的现实性与合理性,巴塔耶从我们的共同的经验出发,以钻石、崇拜、竞赛性的游戏与艺术为例说明了这个原则并非他向壁虚构的结果,而是有真实的生活为背景和依据。如,钻石常常被情人们用作表达爱情的信物,但对于奉献者来说,这就是一种无用的花费,因为它从一开始就注定是没什么用处的,不属于再生产的环节中的任何一部分。崇拜(culte)也是如此,崇拜中的献祭本身就是一种浪费,而且它浪费的是世间最宝贵的东西,人和动物的鲜血(也即生命)。至于各种竞赛性的游戏,虽然其形式多样,但一样充斥着可观的"无条件的花费"。只不过,损耗在这种情况下以更加复杂和隐蔽的方式被生产了出来,比如参加比赛的运动员的训练、动物的驯养、场地和设备的维护等,均需要大量的金钱,但这些花费并不为人所关注。而且,在竞赛活动中,其花费的"强度"远比常规的生产活动中的要高得多,这其中也包括大量的观众的花费。如现代的奥运会就是这样一个巨大的"销金窟",短时间内各种功能的场馆设施的兴建,隆重的开幕仪式和闭幕仪式的表演,世界各国运动员们的比赛,无数的观众的观摩,如同梦幻般精彩奢华,可一旦结束,这一切就像所燃放的璀璨的烟花一样烟消云

---

1 Georges Bataille,"La Notion de dépense", *La Part maudite*,1967, p.28.

散,随之而去的还有无数的金钱。赌博是花费的最为直接的表现方式,其中的损耗是赤裸裸的,也是激动人心的,因为赌徒们有时损耗的不仅是金钱,而且是他们的一切,甚至这种损耗会让他们沦为阶下囚或失去生命。而艺术也大都遵循和体现了损耗原则,除了建筑、音乐、舞蹈这类真正的花费艺术外,文学和戏剧等是象征性的花费的典型形式,通过作品中人物的"失势和死亡"等,体现了一种"悲剧性的损耗"。而诗歌本身就是一种损耗的艺术,诗行中残缺不全的字节就是明显的例证。正是通过这种损耗,它才得以创造出感人肺腑的东西。

二 花费与献祭,以及圣性事物的生产

当然,巴塔耶的这种独特的花费观点并不是无本之木,它主要来自对马塞尔·莫斯的"礼物"(don)的思想的创造性的引申和转化。法语"don"这个词既有礼物的意思,也有赠予的意思,而礼物就是要赠予出去的东西。1925年,莫斯在《礼物:古式社会中交换的形式与理由》一文中,通过对美洲西北部等地的原始部落的"夸富宴"的考察,提出了自己关于礼物的创见。那些原始部落在冬天常举办各种盛大的聚会,其中充斥着各种节庆、集市与宴请,"总之,氏族、婚礼、成年礼、萨满仪式、大神膜拜、图腾膜拜、对氏族的集体祖先或个体祖先的膜拜,所有这一切都纠结在一起,形成了一个由仪式、法律呈献与经济呈献等组成的错综复杂的网络,而人群中、部落中、部落同盟中乃至族际间的政治地位也在其间得到了确定。尤其值得一提的是,竞争与对

抗的原则贯穿于所有这些仪轨"[1]。莫斯认为，其实质是一种"竞技式的总体呈献"（prestation totale de type antagonique），而集中显现这一切的就是所谓的夸富宴。人们在这样的场合互赠礼物，并相互宴请和回请，而且，为了压倒对方的宴请在回请时极尽奢侈，常把自己积聚的财富挥霍一空，有时不惜在对方面前故意毁坏珍贵的财物，如把钱币扔进大海，或杀死有用的动物：割断一群雪橇狗的喉咙等。

对于莫斯的这个观点，即原始部落的人们在"夸富宴"中慷慨地赠予并毁坏自己财物是为了确立自己或部落的"政治地位"，巴塔耶是非常认同的。但在此基础上，他又进行了丰富和拓展，其最为关键的就是把莫斯的礼物或赠予转化为自己的花费的观念。所以，"鉴于这种转换在文化语境中引起了根本的转变，巴塔耶的特殊的术语，即由赠予或礼物向花费和被诅咒的部分的转化，必须被质询"[2]。

而这种转换的根本原因，即在于巴塔耶认为，由赠予或礼物转化而来的花费不仅仍然可以确立人的"政治地位"，它实际上还是一种"献祭"，这种献祭又与"圣性事物的生产"密切相关。这是因为，首先，献祭所浪费的是"有用的"东西，如人和动物的鲜血和生命等，花费所浪费的也是"有用的"东西，如凝结着巨大财富的宝石，而且必须是真的且耗资不菲，如果是赝品，它就没有任何价值和意义。其次，巴塔耶从献祭这个词的词源出发，指出"献祭"（sacrifice）"就是圣性事物的生产"（la

---

[1] 马塞尔·莫斯：《礼物：古式社会中交换的形式与理由》，汲喆译，上海：上海人民出版社，2005年，第10页。在后文中，书名简写为《礼物》。

[2] Michele H. Richman, *Reading Georges Bataille: Beyond the Gift*, Baltimore: Johns Hopkins University, 1982, p.8.

第一章　巴塔耶的耗尽思想:花费、耗尽与普遍经济学

production de choses sacrées)。[1] 他用基督教的成功就是由耶稣被钉在十字架上开始,即生命的丧失为例,引申出圣性事物的生产就是来自某种"损耗"的实施。再就是,因为礼物或赠予对于施予的人来说,都是注定要被浪费掉的,也是注定要被损耗的,所以,巴塔耶才称其为"被诅咒的部分",而这"被诅咒的部分"其实就是"该下地狱的、该死的"[maudit(e)的词义]部分,即命中注定要损耗的部分。因此,若想进一步明确和把握花费的意义,必须了解巴塔耶对献祭的看法,而巴塔耶本人也正是通过对献祭的研究,来转化莫斯的礼物或赠予的概念,并深化花费的内涵的。

巴塔耶认为献祭的原则就是"毁坏",毁坏的东西自然是各种祭品,但是,献祭的目的并不是"毁灭"祭品,献祭真正的目的是要毁坏附着在祭品之上的"物"(chose),"就是这个物——只有这个物——是献祭在牺牲中所想要毁坏的东西。献祭毁坏了一个对象的现实的屈从的锁链,它把牺牲者从有用性的世界拉出来,并且把它恢复到那种晦涩难解的任性的状态"[2]。也就是说,献祭是把已经在现实世界中沦落为"物"的东西,重新从现实的秩序中——着眼于将来的筹划的有用性中——抽离出来,彻底关闭它通向这个已经物化的现实世界,也就是"世俗世界"的道路,试图让其回到"圣性世界"之中,进而打破主客体的分离,以恢复其内在的"亲密性"(intimité)。

因为献祭的祭品主要是拥有生命的动物或植物,所以,献祭

---

[1] Georges Bataille,"La Notion de dépense",*La Part maudite*,1967, p.29.
[2] Georges Bataille,*Théorie de la religion*,*Œuvres complètes*, Tome 7, Paris:Gallimard,2002, p.307.

总是和生命的死亡联系在一起。而死亡,恰恰是对被有用性原则所支配的世俗世界的最为根本的否定,因为,"指向未来的时间对现实世界的建构如此之妙,以至死亡都不再拥有一席之地。但正是出于这个原因,它就是一切"[1]。但是,献祭的本质是给予和消耗,并不是杀戮,杀戮只是手段,不是目的。这正如把煤送到燃烧的炉子里,虽然炉子也是"有用的",可它只是手段,通过炉子的燃烧,煤获得了自己的神性,变成了圣性的事物,重新回到了它自己内在的未曾被现实世界的有用性,即被"物",所分离的亲密性中。所以,巴塔耶强调,"献祭是生产的反题,为了将来而完成,这就是耗尽,它只对瞬间本身感兴趣。从这个意义上说,它是礼物和舍弃,但是,这种被赠予的东西不可能是为受赠者所保存的一个对象:事实上,这个捐献的礼物正好被送入急速耗尽的世界之中"[2]。献祭所提供的东西不是为人的功利性的目的服务的,它通过毁坏祭品,通过让已经被物化的动物和植物不再"有用",彻底摧毁了它与世俗世界的功利性联系,使它再也不可能沦为物化的牺牲品,进而从人的控制和奴役中解脱出来,回复到自己所是的东西上去。

巴塔耶说,这就像天气阴晦的乡村,当太阳因被云彩过滤,光线变得昏暗时,谷仓、田野、篱笆清晰可见,给人的感觉,这似乎"把这些东西还原为它们所是的东西"。但是,巴塔耶觉得这种看法是错误的,他认为,这恰恰是一种"贫乏"(pauvreté)的表现,因为,"我不再能看见阳光的荣光,它在谷仓之上闪

---

[1] Georges Bataille, *Théorie de la religion*, *Œuvres complètes*, Tome 7, 2002, p.309.
[2] 同上,p.311。

第一章　巴塔耶的耗尽思想：花费、耗尽与普遍经济学

烁，但这个谷仓或这个篱笆就像是宇宙和我之间的一个屏幕"[1]。这个"屏幕"就是"有用性"，就是"物"。在阳光下，谷仓、田野、篱笆和宇宙是融为一体的，实际上，它们就是宇宙，与万事万物共同分享着太阳的"光辉"（splendeur）。这光辉，就是神性。它们彼此不可切分，融为一体，享受着一种内在的亲密性。而献祭就是要恢复事物所具有的却因"物化"而失去的这种光辉。

换句话说，在巴塔耶看来，献祭就是把"被诅咒的部分"，即注定要损耗的部分，通过花费，使其脱离"物的秩序"，成为圣性的事物，同时恢复神性世界的庄严与光辉。而这正是花费的真正的意义。而本雅明的"光韵"（aura）也是类似巴塔耶的太阳的光辉这类事物，他也像巴塔耶那样不约而同地以太阳下的风景来形容这种状态："那么，究竟什么是光韵呢？从时空角度所做的描述就是：在一定距离之外但感觉上如此贴近之物的独一无二的显现。在一个夏日的午后，一边休憩着一边凝视地平线上的一座连绵不断的山脉或一根在休憩者身上投下绿荫的树枝，那就是这条山脉或这根树枝的光韵在散发。"[2] 本雅明提出"光韵"的目的是感慨随着机械复制时代的到来，伴随着艺术生产和传播的技术化，艺术原有的为巫术礼仪与宗教仪式服务的功能被弱化而逐渐失去其神性，从而坠入凡俗。显然，在这个意义上，他的出发点与巴塔耶有相通之处，两人的表达方式也给人以英雄所见略同之感。

1　Georges Bataille, *La Part maudite*, *Œuvres complètes*, Tome 7, 2002, p.62.
2　本雅明：《机械复制时代的艺术作品》，王才勇译，北京：中国城市出版社，2002年，第13页。

三 花费的社会功能

在对花费所引起的"内在经验"的变化进行研究后,巴塔耶又进一步把花费放在社会历史的发展中进行解读,即对花费所起到的社会功能,尤其是经济功能做出了研究。从某种意义上来说,现存的原始部落因为没有披上各种文明的外衣,不仅比较好地保留了原始社会的一般状况,也可以让人比较清晰地看到人类活动的不加掩饰的一面,所以,在莫斯对北美的原始部落中所存在的与经济关系密切的夸富宴的分析的基础上,巴塔耶进一步指出,夸富宴除了生产圣性事物外,还有一个更为现实的功能,那就是相对于当时以生产和保存为主的经济原则,它起到了反作用,打破了财富的稳定性,把本应继承的财产花费掉,"一种过剩交换的活动以一种狂热的形式取代了一种仪式化的扑克牌游戏,获得作为财产源泉的继承权。但是,游戏者决不能从已制造的财富中退出:他们处于挑衅的支配下。所以,财富在任何情况下都决不会起到让所有者'免于需求'的功能。相反,从功能上说,它与其所有者一起都处在'巨大的损耗的需求的支配下',而这种需求以地方性的状态存在于一个社会团体中"[1]。而之所以由激烈的夸富宴所呈现的花费会在某个地方的社会组织中成为常规性的活动,就是因为它起到了"过剩交换"的作用,也就是损耗的功能。在巴塔耶看来,这是与生产活动相辅相成的能量的重要的交换形式。

---

[1] Georges Bataille,"La Notion de dépense",*La Part maudite*,1967,p.35.

第一章　巴塔耶的耗尽思想:花费、耗尽与普遍经济学

当然,在夸富宴中不惜血本的人主观上却并不是为了这个经济目的而大肆挥霍,他们倾囊而出是为了在当地社会追求那些肯定性的价值,即"高贵、荣誉、等级制度中的地位"[1]。莫斯谈到一些印第安的部落贵族抱有和中国人一样的"面子"观念,而如果不及时举办夸富宴把自己的财富赠予出去,他们真的会失去"面子",在跳舞时不能戴面具,也不能佩戴纹章和图腾,同时也会失去神灵附身的权利。其实,这也正是人类社会所推崇的美德。如亚里士多德虽然反对对财物的浪费或挥霍,却并不吝于对慷慨和大方的赞美,"在所有有德性的人中间,慷慨的人似乎最受欢迎。因为,他们对他人有助益,而他们的益处就在于他们的给予"[2]。他对给予的"适度"的强调和对挥霍的"过度"的批评却与巴塔耶的理论不合。而之后笛卡尔虽然也以慷慨为德性之冠,巴塔耶却对其所弘扬的慷慨背后所蕴含的理性的判断力与追求善的意志不以为然。其实,他对于由礼物或捐赠转换而来的花费的推崇的观念,除了莫斯的礼物思想之外,主要还是受了尼采的"赠予"思想的影响。在《查拉图斯特拉如是说》第22节"赠予的德性"中,尼采对"赠予"的赞美不绝于口:

> 请告诉我:金子何以获得最高的价值?是因为金子不同寻常,没有用处,闪闪发光,光泽柔和;它总是自我赠予。
>
> 只是作为最高德性的写照,金子才获得最高的价值。赠予者的目光如金子般的闪烁。金子的光辉使太阳与月亮达成和解。

1　Georges Bataille, "La Notion de dépense", *La Part maudite*, 1967, p.34.
2　亚里士多德:《尼各马可伦理学》,第97页。

> 最高的德性不同寻常,没有用处,闪闪发光,光泽柔和:一种赠予的德性就是最高的德性。[1]

尼采所言的这种"最高的德性"的"赠予的德性"的最重要的特点就是"没有用处",就像金子一样,它不为别的东西存在,而只是"自我赠予"或不以自我之外的目的为目的,并不考虑自身的得失。这与巴塔耶的花费有相同之处。他认为,与夸富宴相似,人们所浪费的财富只有用于那些非生产性的活动,即"没有用处"的东西上,如节庆、景观和游戏等,花费才有意义。而原始社会的富人不仅为部族成员提供保护和领导,另外一个最重要的功能就是要承担这些非生产性的花费,尤其是"集体性的景观花费"。在这一点上,文明社会并无不同。在古希腊,富人有为城邦的公益事业提供资助的义务,如亚里士多德就曾言"大方的人"除了把钱花在与神有关事情上之外,还可以进行"公益捐助","例如义务地为合唱队提供设备,修建三层舰,或举办体面的公共宴会"[2]等,或为参加奥运会的代表团提供支持。古罗马人也一直乐为游戏和祭仪买单,这从至今犹存的罗马斗兽场的壮观的废墟就可见一斑。而基督教兴起后,财富开始转到个人手里,花费的这种功能似乎被废除了,但其所变化的只是形式,信徒依然通过自由施舍的方式把自己的财富捐赠出去,而其中最重要的就是向教堂和修道院捐赠。因此,在中世纪,对高耸入云的教堂、厚重奢华的修道院等"景观性功能"的营造就成为花费的主要的出路。这也是现在欧洲各地遍布宏伟的大教堂的

---

[1] 尼采:《查拉图斯特拉如是说》,第93页。
[2] 亚里士多德:《尼各马可伦理学》,第105页。

重要原因。当然,其中捐赠最多的信徒则是国王、贵族等富人。同样,若以巴塔耶的这个观点来看中国的历史,也可找到共同之处,中古时期随着佛教在中国的影响逐渐扩大,与欧洲的教堂相似,佛家的寺庙更多地起到了"景观性功能"的作用。这从杜牧的诗句"南朝四百八十寺,多少楼台烟雨中"里就可看出当年的盛况。而且,因为佛教在中国民间的悠久传统及近年来官方有意无意的扶持,在今天佛家的寺庙依然是各地重要的"景观"。不仅原有的菩萨得以重塑金身,再续香火,新的佛像也在不断兴建,且无不以高大为善,所谓身与云齐,犹如佛光普照。当然,它也依然展现着强劲的"吸金"功能,闪烁着"花费"的光芒。

因此,巴塔耶认为,从历史上看,不管什么样的社会,"作为拥有财富的阶层,接受财富的同时还承担着功能性的花费的义务,现代资产阶级通过拒绝这个原则表现出了它反对这个义务的特点"[1]。这是因为资产阶级最初大多出身低微,长期默默地在统治封建社会的贵族阶层的阴影下积攒财富,虽然日后他们跻身财富阶层,但并没有摆脱当初的阴影,所以他们不像贵族那样习惯于公开的开销,而是只肯把钱花在自己身上,并有意躲避公众的目光,从而无耻地逃避了有史以来与财富相伴而来的功能性的花费的责任。对此,巴塔耶是持批评态度的,他不无厌恶而轻蔑地指斥资产阶级长了"一张龌龊的脸",它贪婪而没有贵族性,极其卑劣,以致人们只要看它一眼,似乎就会"降格"(dégradée)。

在这种情况下,"阶级斗争"就成为现代社会的花费的新形式。这是因为,一方面人们不会由于资产阶级的吝啬与厚颜无耻

---

[1] Georges Bataille, "La Notion de dépense", *La Part maudite*, 1967, p.38.

就弃绝对花费的需要和向往；另一方面，富人所花费的正是穷人所损耗的东西，他尽管依靠占有这些损耗提高了自己的社会等级，获得了荣誉和尊严，却使穷人因之降格，并被置于卑下的奴隶状态，二者不可避免的分离与冲突演变成了主人和奴隶之间的永恒的斗争，这也就是所谓的阶级斗争。这一点从夸富宴中就可看出端倪，后来的社会形态逐渐强化了这点，到现代社会则因资产阶级拒绝承担"功能性的花费的义务"而达到了高峰。在这一过程中，资产阶级成为新的主人，无产阶级沦为新的奴隶，他们是为了活着而生产，资产阶级则是为了把他们降格，把他们驱使为物而生产。而资产阶级以理性为名表现出来的普遍的吝啬，让花费的传统模式也随之变化和衰退。特别是花费的那种"古代的奢侈过程"减弱了，这也是现代时期的特征。在这一过程中，作为主人的资产阶级的残忍性也有所衰减，如逐渐改善工人待遇等，但是，这并不能改变其根本属性，因为主人对奴隶的残忍更多的是在其心理上的"毁坏"而非"毁坏"自身。而且，更重要的是，巴塔耶指出，任何文明都不可能回避社会生活的残酷的竞争，也不可能改变高贵的人和不高贵的人的区分，既然现代社会并不能改变这个现实，也不能因此就取代和消灭社会的必然的花费，所以，"相反，当阶级斗争再度上演和展开时，它就变成了社会花费的最为宏大的形式，这次是依靠工人，并且到了威胁主人的生存本身的一种程度"[1]。

显然，巴塔耶的阶级斗争观点的内核是黑格尔的主奴关系的辩证演进，但他也吸收了马克思的思想。哈贝马斯就直言"作为

---

[1] Georges Bataille, "La Notion de dépense", *La Part maudite*, 1967, p.41.

第一章 巴塔耶的耗尽思想：花费、耗尽与普遍经济学

共产主义者"的巴塔耶在《花费的概念》这篇文章里"完全是用青年马克思在《1844年经济学—哲学手稿》中的观点来描述现代阶级对立：'工人的目的是为了生存而生产。而企业家的目的则是为了把劳动生产者置于凄惨的困境而生产。'"[1]而我认为巴塔耶《花费的概念》中的"阶级斗争"一节更多地参考了马克思与恩格斯合作的《共产党宣言》中对阶级斗争的经典论述：

> 至今一切社会的历史都是阶级斗争的历史。
>
> 自由民和奴隶、贵族和平民、领主和农奴、行会师傅和帮工，一句话，压迫者和被压迫者，始终处于相互对立的地位，进行不断的、有时隐蔽有时公开的斗争，而每一次斗争的结局都是整个社会受到革命改造或者斗争的各阶级同归于尽。
>
> 在过去的各个历史时代，我们几乎到处都可以看到社会完全划分为各个不同的等级，看到社会地位分成多种多样的层次。在古罗马，有贵族、骑士、平民、奴隶，在中世纪，有封建主、臣仆、行会师傅、帮工、农奴，而且几乎在每一个阶级内部又有一些特殊的阶层。
>
> 从封建社会的灭亡中产生出来的现代资产阶级社会并没有消灭阶级对立。它只是用新的阶级，新的压迫条件、新的斗争形式代替了旧的。[2]

巴塔耶虽然承认阶级斗争的内容在古代时期就已经存在，甚至早在原始部落的夸富宴中就可看到，却并不认为阶级斗争是贯

---

[1] 哈贝马斯：《在爱欲论与普通经济学之间：巴塔耶》，见《现代性的哲学话语》，第261页。
[2] 马克思、恩格斯：《共产党宣言》，见《马克思恩格斯文集》第2卷，2009年，第31—32页。

穿"一切社会的历史"。他认为阶级斗争只是在资本主义出现后,资产阶级格外吝啬同时不愿意承担其花费义务时才爆发的一种现代社会特有的现象。他进而指出,基督教作为现代社会的精神形式,它其实是社会斗争在宗教领域的一种投射,或者说宗教也进入了社会斗争的现实之中。因为基督徒遵循耶稣基督的言辞,把富人和穷人分开,并试图通过用一个群体谴责另一个群体的方法来使对方毁灭,并因此沉溺于入迷的自我折磨之中。然而,这只是一种绝望的表现,因为它消弭了人们在现实斗争的勇气,回避了真实的生活。但是,巴塔耶并没有因之否认基督教的革命意义,1800年前的基督徒的宗教迷狂和现在的工人运动有着同样的意义,"为了实现某种模式的花费,同样它可能既是悲剧的,也是自由的,同时也为了引入人的圣性的形式使其传统的形式相较而言变得卑劣,一种决定性的冲动强迫社会使用阶级排斥,用一个阶级排斥另一个阶级"[1]。也就是说,历史上的基督教的运动也好,工人运动也好,都是由一种"决定性的冲动"所驱使的,而这个"决定性的冲动"最关键的就是要求损耗的花费的冲动,当然由此也引入了"人的圣性的形式"。

而人类之所以要花费,巴塔耶认为,是因为生命自身是不愿屈服于通过理性的概念所分配给他的封闭的系统,这个系统大到被隔离于宇宙的地球,小到一个国家,乃至白天和夜晚的分割,对人来说,都是不可忍受的。人的生命不是由理性和秩序构成的,它鲁莽而冲动,始终不变地通过花费,也就是损耗,来表述和证明自己。而"人们确保他们的生存或者避免痛苦,不是因为

---

[1] Georges Bataille, "La Notion de dépense", *La Part maudite*, 1967, p.43.

这些功能通过它们自身可导致一种充分的结果,而是为了获得自由花费的不屈从的功能"[1]。也就是说,人们之所以忍辱负重地活着,并不是为了就这么活着而活着,而是为了能够"自由的花费",以此摆脱自己的奴役状态,获得真正的自我。

1　Georges Bataille,"La Notion de dépense",*La Part maudite*,1967, p.45.

第二节
从普遍经济学到普遍历史

一　花费、耗尽与普遍经济学

巴塔耶在1949年完成的《被诅咒的部分：普遍经济学随笔》的第一卷《耗尽》中，系统提出了自己的"普遍经济学"的理论。应该说，巴塔耶在《花费的概念》中的思想已经构成了他的"普遍经济学"的基本框架。他提出的"生产性的消费"和"非生产性的花费"的概念以及"损耗"的观点的确颇具创见，他认为自己的理论的核心与基础的部分也在于此。他坦承，自己后来的相关思想的发展，都建立在这样一个基准上面。他觉得人们对生产的关心及认识远甚于花费，不论是对生产性的消费，还是对非生产性的花费都同样所知甚少，因此，他的理论立足点也就牢牢地建基在了花费上面。

但是，这个语焉不详的理论框架并非毫无缺陷，首先，它并没有清晰地说明人们何以要花费，其动力是什么，所以，巴塔耶只能从人的生命自身的内在冲动出发对其进行解释。其次，在谈到花费的社会功能时，他用来佐证自己的观点的事例过于简单和粗略，更无法从花费出发，反向建构出一个他一直雄心勃勃想建立的人类社会的"普遍历史"，这可能也是他在之后的岁月里几

第一章　巴塔耶的耗尽思想：花费、耗尽与普遍经济学

度想将花费的概念予以拓展却不能卒篇的原因。经过对这一问题的持续十多年的思考，他终于得以以"耗尽"为名完成这一复杂而不失宏大的工程。

"耗尽"，巴塔耶所使用的词是"consumation"，但文中他并未给予其详细的定义，它的意思与花费的意义大致相同，有时也混用，均指"非生产性"的消费和"损耗"。但该词并不常见，与该词近似的法语单词有两个，一是"consumer"，有"用尽""烧光"的意思，另一个是"consommation"（动词形式：consommer），有"消费""消耗""完成"的意思。如果综合这两个词，可看出"consumation"这个词既有"消费"，也有"用尽""完成"的意思，显然，巴塔耶以此词来代替之前提出的花费（dépense），可以说更加能表达他的思想。因为"dépense"这个词虽然有开销、费用的意思，巴塔耶用其来表达非生产性的消费形式亦无不可，但他的花费除了这个意思外，还受到莫斯所提到的夸富宴的影响，有"对抗"的意思。而且，只要这场游戏开始，双方就不能退出，它就像一堆篝火，只要开始燃烧，就不会停止，直到变成灰烬才会最终熄灭。所以，它也有"用尽""完成"的意思。从这个角度看，巴塔耶用"consumation"取代"dépense"是有其道理的。《被诅咒的部分》的英文译者罗伯特·赫尔利[1]在1988年出版的译本里将"consumation"译为"consumption"，即"消费""消耗"的意思，虽然词形相近，却也未能曲尽其义。而《被诅咒的部分》的日文译者生田耕作则将其译作"消尽"，则比较接近巴塔耶的"consumation"的意思。

1　罗伯特·赫尔利（Robert Hurley），他也曾译过福柯、德勒兹等人的著作。

汤浅博雄介绍巴塔耶思想的专著《巴塔耶：消尽》中亦采用该译。[1]为了符合中文习惯，我将其译为"耗尽"。不过，"consumation"只是"耗尽"的名词形式，在作动词用时，巴塔耶较多地使用"consumer"，这也说明了两者之间的关联。

当然，我认为巴塔耶后来有意使用"耗尽"而不继续使用他的"花费"一词，一方面是为了更恰切地表达自己在"花费"中没能表达出来的意思，另一方面就是希望能借此拓展花费的意义。这其中，最重要的就是他对"总体性"的重视，即把事物放在普遍联系的有机的网络中，从一个更为广泛的系统来考虑事物的存在及其关联性。这种整体观念当然与莫斯在《礼物》中所运用的方法有关，牛津大学社会人类学教授埃文斯-普里查德(E. E. Evans-Pritchard)，在《礼物》的英译本导言中，指出了莫斯在考察原始部落的礼物时所秉持的理念，"莫斯只试图对有限范围内的事实加以认识和理解，而莫斯所谓'理解'(understanding)的意思，在《礼物》一文中表露得十分清楚。诚如涂尔干业已教示的那样，理解就是要在总体性中把握社会现象。'总体'(total)是这篇文章的关键词。莫斯所考察的古式社会的交换，就是那些总体的社会运作或社会活动。它们同时兼为经济的、法律的、道德的、审美的、宗教的、神话的和社会形态学的。因此，只有将其视为一种复杂而具体的实在，才能把握它们的意义"[2]。同样，巴塔耶也是以这种思路来考察和运用花费的思想的。但巴塔耶的那个"总体"显然比莫斯的"总体"牵涉

---

[1] 汤浅薄雄：《巴塔耶：消尽》，第91页。
[2] 埃文斯-普里查德：《〈礼物〉英译本导言》，见马塞尔·莫斯《礼物》，第191页。

第一章 巴塔耶的耗尽思想:花费、耗尽与普遍经济学

的面更广,在以上诸种要素之外,他还加上了一个他认为更为基本的维度,那就是宇宙能量的运动。这也正是他设置的驱动人类社会生生不息,乃至花费的最终的也是最根本的动力。

因此,在他所主张的"普遍经济学"中,他仍然是从花费的观点出发,来首先阐明其含义和法则。当然,他所谓的经济学和一般的经济学家眼中的经济学是不同的,在其《被诅咒的部分》前言中,他就说,"实际上,我应该补充的是,我写的这本书(现在我要出版的)并没有以合格的经济学家的方式来思考这些事实,即在人的献祭、教堂的建筑或者珠宝的赠予中,我有个观点,它们不比小麦的销售的好处少"[1]。在这里,"人的献祭、教堂的建筑或者珠宝的赠予"在他看来都是一种非生产性的花费。表面上,特别是在一般人看来,它们似乎没有小麦的销售带来的"好处"多,因为出售小麦可以赚钱,花在献祭、教堂和珠宝上的钱却似乎有去无回,纯为浪费;但他认为花在它们上的钱和卖小麦一样会得到好处,这就使他拉开了与正式的经济学家们的距离,因为那些经济学家所关心的主要是小麦销售这样的事情,对献祭之类不能带来具体的物质回报的事情并不关心。而这正是巴塔耶刻意取之的道路,他这样做的目的就是避开经济学家们已经做过的工作,以另辟蹊径,发现别人没有注意到的东西,"通常,我更喜欢提出这些理由来解释凯恩斯的瓶子的奥秘,即通过吃、死亡和性的再生产,来续建丰盈的令人精疲力竭的迂回交错的道路"[2]。

巴塔耶的这段话并非虚言。英国经济学家凯恩斯为了解决失

---

[1] Georges Bataille, *La Part maudite*, *Œuvres complètes*, Tome 7, 2002, p.19.
[2] 同上书, p.22.

业问题,以增加社会财富,1936年,他在《就业、利息和货币通论》中提出政府以公共投资扩大需求的重要性,为此举了一个著名的"瓶子"的例子。"如果财政部把用过的旧瓶子装满钞票,然后选择适当的深度,把这些旧瓶子埋在废弃的煤矿中,再用垃圾把煤矿填满,择取自由放任的原则,让私人企业再把这些钞票开采出来(通常的办法是通过招标来取得在填平的钞票区开采的权利),如果这个计划能够实现的话,失业问题就解决了。如果能够这样的话,一个社会的实际收入和资本财富,大概要比现在的多得多。"[1]与这个挖瓶原理相同,凯恩斯同时还说:"如果我们的政治家们由于受到古典学派经济学的影响太大,想不出更好的办法,那么建造金字塔,地震,甚至战争都可以起着增加财富的作用。"[2]应该说,凯恩斯的革命性观点已经突破了之前的阿尔弗雷德·马歇尔为代表的"古典学派经济学"的一切交由市场来自动调节的理论框架,具有很大的影响。凯恩斯也因此成为资本主义的救星,还有人称之为经济学界的哥白尼。

可是,巴塔耶却在凯恩斯的基础上走得更远,因为他认为,使用建造金字塔,发动战争,或者地震这些手段,其目的却并不是为了扩大社会需求以增加社会的财富,恰恰相反,这样做是为了"耗尽"社会的过剩的财富。同样,把装满钞票的瓶子埋进矿井里再让人去把它挖出来,也不是为了刺激就业,而是为了让更多的人在这一过程中耗尽自己的财富。如果可能,按照巴塔耶的逻辑,他甚至会建议在人们将装满钱的瓶子埋入地下之前,先把里面的钞票烧为灰烬。因为只有这样,才能把社会的过剩财富化

---

[1] 约翰·凯恩斯:《就业、利息和货币通论》,宋韵声译,北京:华夏出版社,2005年,第100页。
[2] 同上书,第99页。

第一章　巴塔耶的耗尽思想:花费、耗尽与普遍经济学

为齑粉,从而使这个国家的总的能量的循环保持系统的平衡,不至于因之让系统崩溃。但是,与其早期的研究中从"非生产性花费"出发,着重强调系统过剩能量的消耗不同,巴塔耶在"普遍经济学"的理论框架中,更强调系统的有机性和自洽性。也就是说,在考虑系统如何处理自己的过剩能量的同时,也不忘从"生产性花费"的角度出发来考察系统如何"积蓄"能量,或形成其"积蓄",因而丰富和平衡了自己的理论模型。

二　普遍经济学的含义与普遍历史的建构

在《耗尽》中,巴塔耶首先在该书的"理论导言"部分介绍了自己的"普遍经济学"的含义和法则。他力主从一个更大的框架,也更为一般的或普遍的角度,即从"宇宙尺度下的经济学"(l'économie à la mesure de l'univers)出发,来研究人的生产和消费活动。在一般人眼里,"如果必须更换一辆汽车的车轮,挑开一只脓包或深耕一个葡萄园,完成这个非常有限的操作是很容易的"[1]。但是,巴塔耶指出,人们这些平日看似微不足道的活动并不是孤立的,世界的其余部分与它们密不可分,而且,还很有可能会影响到它们的运行。这是因为,任何经济活动都依存于地球上"能量的行程"(le parcours de l'énergie)。而就是在这种能量的互相依存的前提下,巴塔耶对地球上的"活的有机体"的存在状态进行了思考,"在由地球表面的能量的游戏所决定的情况下,原则上来说,活的有机体会接收到更多的能量,它对维持生

1　Georges Bataille, *La Part maudite*, *Œuvres complètes*, Tome 7, 2002, p.27.

命来说并不是必需的:过剩的能量(财富)可以被用于一个系统的增长(例如,一个有机体);如果系统不再增长,或者,如果过剩不能在它的增长中完全被吸收,不管情愿还是不情愿,辉煌的还是以灾难的方式,它必定要被不求利益的损耗、花费"[1]。这种"损耗"是必需的,也是不可避免的,因为活的有机体对能量的吸收和积蓄是有限度的,一旦超越了这个限度,而我们又不能主动消耗那些无法在增长中吸收的能量,它就会像河流流进大海一样,不可扼制地逃离我们,遗弃我们。这与中国传统思想中的"月盈则亏,水满则溢"有相通之处。《周易·丰卦》的"彖辞"曰:"日中则昃,月盈则食,天地盈虚,与时消息,而况于人乎,况于鬼神乎?"这非常完美地表达了这一思想。冯友兰对此一观念也很重视,认为其深刻地影响了中华民族:"这个理论说,在自然界和人类社会的任何事物,发展到了一个极端,就反向另一个极端;这就是说,借用黑格尔的说法,一切事物都包含着对它自己的否定。这是老子哲学的主要论点之一,也是儒家所解释的《易经》的主要论点之一。这无疑是受到日月运行、四时相继的启发,农民为了进行他们自己的工作对这些变化必须特别注意。'易传'说:'寒往则暑来,暑往则寒来。'(《系辞传》下)又说:'日中则昃,月盈则食。'(《丰卦·彖辞》)这样的运动叫作'复'。《复卦·彖辞》说:'复,其见天地之心乎!'《老子》也有相似的话:'反者道之动。'(《老子》第四十章)"[2] 显然,巴塔耶的这个思想里也同样有黑格尔的"否定"的影子。

所以,他认为,不仅"活的有机体"的增长有限度,由其所

---

[1] Georges Bataille, *La Part maudite*, *Œuvres complètes*, Tome 7, 2002, p.29.
[2] 冯友兰:《中国哲学简史》,涂又光译,北京:北京大学出版社,1985年,第25页。

第一章 巴塔耶的耗尽思想：花费、耗尽与普遍经济学

构成的每个系统的增长也都是有限度的，超越其限度后，损耗就会不可避免地发生。他特别举了人们并非出于情愿消耗过剩的例子，如把咖啡倒进大海，这对于咖啡商人来说，显然是痛苦的。这个限度从小的方面说是系统自身的内在的规定性，但从"总体性"眼光或者更为本质的意义上来说，每个系统的增长的限度不仅取决于自身，同样要由与其相关的系统限定，"对于每个个体、每个群体来说，这种直接的限制，是由其他的个体，其他的群体所给予的。然而，地球的球面（严格地说，生物圈，它在可接近的空间里回应了生命）是唯一的真正的界限"[1]。在这样的限制下，过剩就会对系统产生"压力"（la pression），其产生的第一个结果就是系统对自身进行"扩展"（l'extension），在"扩展"到极限后，就开始"浪费或奢侈"，其中，自然主要通过三种奢侈形式来消耗过剩，即"吃，死亡和有性生殖"，而人类社会消耗过剩的方式是通过"劳动和技术的扩展"与"人的奢侈"。劳动和技术的扩展是具有双重的结果，一方面固然消耗了过剩，但另一方面又制造了新的过剩，于是奢侈开始了。巴塔耶指出，古代社会的节日的狂欢，高耸的纪念碑，和现代社会的增加的各种让人舒适的"服务"，还有空闲时间里人们的休闲的目的都是相同的，那就是想尽办法消耗和吸收过剩的能量。但是，这些形式有时相对于庞大的过剩，是不够的，这个时候，就会产生"一种灾难性的花费"（une dépense catastrophique），即战争，这也是人类社会最大的奢侈形式。因为战争可以更快更好地耗尽过剩的能量，如同献祭一样可以把"被诅咒的部分"消耗掉。比如，巴塔耶认为，现代工业

---

[1] Georges Bataille, *La Part maudite*, *Œuvres complètes*, Tome 7, 2002, p.36.

的发展固然促进了1815—1914年的和平，可是生产力的发展同时也导致资源（能量）大量积累，引起系统失衡，从而引发第一次世界大战，继之发生的第二次世界大战也是出于同样的原因。不过，巴塔耶强调，这并不等于这个系统不能发展得更远，只是表明这个系统的增长到了极限而已。当然，他并不认为战争是必然的，只要能够及时把所积蓄的过剩的能量有意识地导向理性的工业增长的拓展中，或者转移到非生产性的花费活动中，就可以避免战争的爆发。

可巴塔耶指出，问题在于，有时我们并不知道或者受制于狭隘的思想，无法搞清楚该如何处理过剩，如在目前地球的整个系统中，美国可谓是最富裕的国家，它的能量显然是过剩的，从维持系统平衡的角度起见，它应该将自己的过剩设法分发给世界上最为贫穷落后的印度，但美国并不一定会这样做。所以，战争这种奢侈的耗尽形式始终存在着爆发的可能。

巴塔耶的这种思路是与经济学家们侧重于研究"有限的"的目标是不同的，亚当·斯密曾提出"经济人"（economic man）的概念，认为人的行动都是受经济利益驱使，唯利是图，是不折不扣的"经济动物"。"我们每天所需的食料和饮料，不是出自屠户、酿酒家或烙面师的恩惠，而是出于他们自利的打算。我们不说唤起他们利他心的话，而说唤起他们利己心的话。我们不说自己有需要，而说对他们有利。"[1]而"经济人"为追求"自利"，必然会进行理性的"打算"，所以经济人也被认为是"理性经济人"。但巴塔耶却是从"总体性"出发，在地球总的能量的运作

---

[1] 亚当·斯密：《国民财富的性质和原因的研究》（上卷），郭大力、王亚南译，北京：商务印书馆，1983年，第14页。

第一章　巴塔耶的耗尽思想:花费、耗尽与普遍经济学

及其无法逃避的能量过剩的消耗问题的前提下,来讨论更为"整全"的人的问题的,从这个意义上来说,他的经济学理论确实是更为"无限"和"普遍"。他自己也不无自得地认为,"从限制性的经济学的观点到普遍经济学的观点,实际上实现了一种哥白尼式变革:对思想和道德的翻转"。[1] 与凯恩斯的"有限"经济学相比,巴塔耶的近乎"无限"的普遍经济学的变革自然更大,而他也比前者更像哥白尼。

而巴塔耶普遍经济学的理论最重要的就是能量的来源问题,他将其归于太阳的光辉。因为万物生长靠太阳,地球上的能量均来自太阳的辐射,而太阳不求回报的肆意挥洒自己的过剩的光和热的这一极易被人忽视的特点,其实已经暗示了地球上万事万物必须遵循的规律,即它们从太阳的辐射中吸收能量,在最终触及自己增长的极限后,如同太阳,其所吸收的过剩的能量同样需要被不求回报地消耗掉。这也是他在经过多年思索后对之前在《花费的概念》中没有解决的花费的动力问题的解答,应该说,这个答案的确有其理论上的合理性。但巴塔耶在此把太阳作为"第一动因",既有"客观"的一面,也有"主观"的一面。而后者,在我看来,就是他所受的尼采的相关思想的影响。尼采在《权力意志》第1067节中,很清晰地披露了自己对"世界"的看法:

> 你们也知道我头脑中的世界是什么吗?要叫我把它映在镜子里给你们看看吗?这个世界是:一个力的怪物,无始无终,一个坚实固定的力,它不变大,也不变小,它不消耗自身,

---

[1] Georges Bataille, *La Part maudite*, *Œuvres complètes*, Tome 7, 2002, p.33.

而只是改变面目;作为总体,它的大小不变,是没有支出和消费的家计;但也无增长,无收入,它被"虚无"所缠绕,就像被自己的界限所缠绕一样;不是任何含糊的东西,不是任何浪费性的东西,不是无限扩张的东西,而是置入有限空间的力;不是任何地方都有的那种"空虚"的空间,毋宁说,作为无处不在的力乃是忽而为一,忽而为众的力和力浪的嬉戏,此处聚积而彼处消减,像自身吞吐翻腾的大海,变幻不息,永恒的复归,以千万年为期的轮回;其形有潮有汐,由最简单到最复杂,由静止不动、僵死一团、冷漠异常,一变而为炽热灼人、野性难驯、自相矛盾;然而又从充盈状态返回简单状态,从矛盾嬉戏回归到和谐的快乐,在其轨道和年月的吻合中自我肯定、自我祝福;作为必然永恒回归的东西,作为变易,它不知更替、不知厌烦、不知疲倦……[1]

在尼采看来,驱动这个世界永不停息运转的"力",既是一种能量,也是一种力量,不过,归根结底则是"权力意志"。巴塔耶虽然并不认为这个"力"就是"权力意志",但对于尼采所言的世界由"力"所驱动,这个"力"处于变动之中,可改变的只是"面目","总体"或"大小"不变,"此处聚积而彼处削减",并且"自我肯定"与"自我祝福",他对此是持赞同态度的。尼采也对太阳推崇备至,因为它是"赠予的德性"的来源和核心:"这种新的德性是一种权力;它是一种支配性的思想,围绕这种思想的则是一个聪明的灵魂;一个金色的太阳,知识之蛇

---

[1] 尼采:《权力意志:重估一切价值的尝试》,张念东等译,北京:商务印书馆,1991年,第701页。

第一章 巴塔耶的耗尽思想:花费、耗尽与普遍经济学

围绕着这个太阳。"[1]门徒送给查拉图斯特拉的拐杖上就雕着围绕着太阳的蛇,蛇是智慧的象征,太阳意味着无私的赠予,这个徽章表达了门徒对其所具有的太阳般的"赠予的德性"的感谢。这同样对巴塔耶也不无影响。当然,这其中也不能排除黑格尔的影响,在《历史哲学》中,黑格尔认为"世界历史"是从东方展开到西方,他把东方作为世界历史发展路线的起点的重要原因就是因为太阳(光明)从东方升起,可以说,没有太阳,就没有人类历史的开始。

而巴塔耶创建普遍经济学的根本目的,就是为了建构一个更为宏观、更为一般的"普遍历史"(Histoire Universelle,或译"世界历史")。他构建"普遍历史"的思想,与黑格尔、马克思还有尼采等人的影响不无关系。黑格尔在《历史哲学》以"精神"自身在时间中的展开过程为线索,把"世界历史"的变迁划分为"历史的幼年时期"的"东方世界"、"青年时代"的"希腊世界"、"壮年时代"的"罗马世界"、"老年时代"的"日耳曼世界"几个阶段。用他的话来说就是,"我们所研究的对象——世界历史——是属于'精神'的领域……我们在世界历史的舞台上观察'精神'——'精神'在这个舞台上表现了它自身最具体的现实"[2]。而马克思并不认同黑格尔的这种从抽象的"自我意识"或"精神"等"观念"来解读世界历史的方法,更不愿意接受"现实世界"是"观念世界"的产物的思想,他试图从生产力与生产关系的互动中来把握人类的历史,因而他在1845年的

---

[1] 尼采:《查拉图斯特拉如是说》,第95页。
[2] 黑格尔:《历史哲学》,王造时译,上海:上海书店出版社,2006年,第15页。

《德意志意识形态》中用"生产力"代替了黑格尔的"观念",即所谓"精神","已成为桎梏的旧交往形式被适应于比较发达的生产力,因而也适应于进步的个人自主活动方式的新交往形式所代替;新的交往形式又会成为桎梏,然后又为另一种交往形式所代替。由于这些条件在历史发展的每一阶段都是与同一时期的生产力的发展相适应的,所以它们的历史同时也是发展着的、由每一个新的一代承受下来的生产力的历史,从而也是个人本身力量发展的历史"[1]。据此,他把人类社会的历史分为以下几个阶段,即"部落所有制""古典古代的公社所有制和国家所有制""封建的或等级的所有制"等。1859年,他又在《〈政治经济学批判〉序言》中予以改进,"大体说来,亚细亚的、古希腊罗马的、封建的和现代资产阶级的生产方式可以看做是经济的社会形态演进的几个时代"。[2] 尼采在《论道德的谱系》中对人们有关"好和坏"及"善与恶"等"道德"观念的由来进行考察,指出人类的历史就是僧侣打败贵族,奴隶战胜主人,或者说就是一场"罗马人反对犹太人,犹太人反对罗马人"的历史。[3]

而在《耗尽》中,巴塔耶既没有像黑格尔那样以"精神""理性"或"自由"等观念出发来探讨历史,同时也没有像马克思那样主要从生产的角度来考察人类历史的变化,更没有像尼采那样从道德的演化来考察人类历史的变迁。他是从"花费"或"耗尽"出发,把历史上已有的社会形态区分为"耗尽社会""企业社会""工业社会"和其后由苏联、美国所代表的新型社

---

[1] 马克思、恩格斯:《德意志意识形态》,见《马克思恩格斯文集》第1卷,2009年,第576页。
[2] 马克思:《〈政治经济学批判〉序言》,见《马克思恩格斯文集》第2卷,2009年,第592页。
[3] 尼采:《论道德的谱系 善恶之彼岸》,第31页。

会，并分别对其进行了不乏新意的解读，从而为我们呈现出了一幅既熟悉又陌生的历史图景。同时，也为他自己所梦想建立的"普遍历史"提供了坚实的基础。

三 耗尽社会

巴塔耶通过对北美洲南部墨西哥地区的印第安人——"阿兹特克人"（Aztèque）——的献祭和战争，还有盛行于北美洲西北部的印第安人原始部落的夸富宴的分析，描述和总结了"耗尽社会"的特征。

首先，巴塔耶借助于16世纪的贝尔纳迪诺·德·萨阿贡修士（Fray Bernardino de Sahagún）编撰的《新西班牙博物志》对阿兹特克人的研究，从耗尽的角度对阿兹特克人所热衷的献祭和战争进行了解析。也可以说他是从阿兹特克人的献祭和战争中发现了其所具有的耗尽的特征。阿兹特克人是印第安人的一支，拥有很高的文明，他们使用象形文字，并有发达的天文学、医学；农业技术也很发达，建立了人工灌溉系统，培植了玉米、辣椒、可可、番茄等泽被后世并且对世界历史进程影响很大的农作物。在15世纪和16世纪初，他们在墨西哥建立了一个伟大的"阿兹特克帝国"。但是，巴塔耶认为，他们并未把自己发达的文明用于"有用的"事物，他们所做的所有重要事业几乎都是"无用的"。如他们运用建筑科学建造的并不是舒适的住宅，而是宏伟的金字塔，就在高耸的金字塔的塔顶，他们用数不清的活人来献祭。他们发达的医学也主要运用在高超的人体解剖术上，这是祭司们用锋利的黑曜石刀灵巧地切开人的胸膛挖出心脏所必需的技能，也是熟能生巧的必然结果。同时他们也知道用草药来做麻醉剂，以让那些被献祭的人在被切开身体的时候，不仅不感到痛苦，反而会觉得酸爽。之所以如此，是因为他们的世界观与我们的截然不同，"在他们的思想中，耗尽就像我们思想中的生产，并非只占有一个较小的位置。他们不支持减少对献祭的关心，就像我们不支持减去劳动（travailler）的总量"[1]。而他们献祭的对象又与其对太阳的崇拜有关。太阳在他们眼里，本身就是一种献祭的结果，因为他们认为太阳是一个类人的上帝，他把自己投入火焰以成为太阳。而根据其部落的神话传说，把光带到世界上的有两位神，一个是"特库希斯特卡特尔"（Tecuciztecatl），即月亮神；另一个叫"纳纳华特辛"（Nanauatzin），即太阳神。他们原本从众多的神中被选出，前者因为在跳进炉膛时犹豫了四次才进去，所以光芒没有后者明亮，只成为月亮；而后者因为勇敢，一跃而入烈焰，成为太阳。剩下的神则被风神杀死，他们的心脏也被挖出，用以激活那些新生的星星。这个神话与阿兹特克人的信仰是相似的，在他们看来，太阳是有生命的，而不管是献祭还是战争，都是为了太阳神能宴飨到他们供奉的这个世界最珍贵的东西，即人的心脏和鲜血。因为只有吃了这些东西，太阳才能在第二天照常升起，继续放射光和热，并使他们风调雨顺、五谷丰登。所以，在崇拜太阳的名义下，阿兹特克人每年都会进行人祭，并遵守禁食等相关献祭的程序，在崇高的金字塔的塔顶，这也是大地上最接近太阳的地方，用黑曜石刀把牺牲者杀死并剖开他的胸膛，将仍在跳动的心脏向

---

[1] Georges Bataille, *La Part maudite*, *Œuvres complètes*, Tome 7, 2002, p.52.

太阳高高举起,奉献给这位至高的大神,以维持其永恒的生命。因为太阳神是有皮肤病的,所以他们常挑选麻风病人来献祭。不过,更多的牺牲者还是战俘,他们被作为人牲不断献祭,就是为了太阳能够存活下去,这也是部落之间维持战争的原因:"战争具有耗尽而不是征服的意义,墨西哥人认为,如果他们终止战争,太阳将停止照耀。"[1]这种战争被称为"荣冠战争"(Garland Wars),具有强烈的宗教特征,部落的接生婆在切断新生婴儿的脐带之时,其祝词也是希望孩子将来能死在战场上,把自己献给太阳和大地。而他们的献祭在今人看来可谓充满血腥且不可理喻。有时,一天就会屠杀上千人来献祭,甚至更多。

因此,巴塔耶指出,对于阿兹特克人来说,他们的献祭和发动战争的目的,以及存在的意义,就是耗尽。即使后来出于军事目的他们不再大规模屠杀俘虏,而用遴选的囚犯以仪式化的献祭替代俘虏的献祭,这也只不过是一种比较节制的花费而已,并未改变这一行为或整个社会的耗尽性质。巴塔耶认为,献祭所消耗的不管是奴隶、战俘,还是囚犯,都是"有用的"财富,而且,在他们被选中作为牺牲者时,将获得前所未有的优待,他们会被给予鲜衣美食,并与献祭者一起享受节日的狂欢,一起唱歌跳舞,一起饮酒作乐。甚至在这一过程中浪费在他们身上的财富,在当时看来,其价值也远比他们的生命还要宝贵。因此,他们实际上是一种能量的"过剩",也就是"被诅咒的部分",即注定要被不求回报地损耗掉的过剩的资源。其实,向太阳献祭是很多原始部落的风俗,玛雅人和南美洲的印加人也都有向太阳献祭的

1　Georges Bataille, *La Part maudite*, *Œuvres complètes*, Tome 7, 2002, p.55.

风俗，而"印加"（Inca）的意思就是"太阳的子孙"。只是他们以人牲献祭的表现没有阿兹特克人那么突出。因为对当时的阿兹特克人所生活的墨西哥谷地来说，一直存在着人多地少的矛盾，它是世界上人口密度最大的一个地方，如仅在其首都特诺奇提特兰（Tenochtitlán，现墨西哥城），就生活了20多万人，粮食的收成却不足以养活这么多人。于是，把大批的战俘送上金字塔顶献祭，也就成为一种非常"经济"的做法，否则养活他们又得消耗大量的粮食。显然，用巴塔耶的普遍经济学的观点来看，相对于这个系统来说，其过剩的能量就是人，而要耗尽的也是人，尽管耗尽的手段比较残忍和极端。

其次，巴塔耶继1933年在《花费的概念》中对莫斯在《礼物》中言及的美洲西北部印第安人部落的夸富宴进行了分析之后，在《耗尽》中再次以"对抗性的礼物"（le don de rivalité）为题对夸富宴进行了分析。这次，他不仅认为夸富宴中礼物的赠予是花费的一种重要形式和本质，同时也是耗尽社会的一个特征。虽然在这些原始部落里同样有血淋淋的人祭存在，但带有"炫耀"（ostentatoire）色彩的礼物的赠予更加突出。拥有巨大财富的"至尊"或"首领"的功能之一，就是沉湎于炫耀性浪费，特别是承担非生产性的花费。巴塔耶引用资料，指出他们为战争和献祭捐献大笔金钱，在游戏中投入异常珍贵的东西作为奖品，当平民冒险取悦了他们，他们将毫不吝啬地赏赐他食物、饮料，以及衣物等。不过，这样的挥霍并非限于"至尊"或者"首领"，或者说"至尊"并非只能是"首领"或有钱人。"但至尊不只是那些最富裕的人，每个人——富人、贵族、'商人'——根据自己的力量，按照他的形象，都需要回应同样的期待。节庆不仅

第一章 巴塔耶的耗尽思想：花费、耗尽与普遍经济学

支持一种鲜血的流淌，通常也支持一种财富的流露。每个人的捐助都与其势力（puissance）相称——在其中每个人都被赠予展现自己势力的机会。通过捕获（在战争中）或者通过购买，战士和'商人'获得了献祭的牺牲者。墨西哥人建造了用神的雕像装饰的石头庙宇。仪式的服务增加了祭品的价价。主祭和牺牲者依赖华丽的装饰，仪式的盛宴招致了可观的花费。"[1] 而这样的"花费"大都是靠有钱人和"商人"（需要指出的是，这里的"商人"只是起到礼物交换的功能，并不以赢利为目的，非现代意义上的商人）支出的，巴塔耶认为：其支出的最为典型和炫耀性的形式，就是作为礼物赠予的表演的夸富宴。显然，他的这个观点再次深化了莫斯的礼物交换的理论。而在主要于冬季举办的夸富宴这场盛大的"炫财冬宴"上，充满了对抗性的礼物赠予。而且，这种竞争虽然是由首领出面，其责任却由整个氏族承担，因此，这其实是一种"竞技式的总体呈献"。

首领的个人名誉及其氏族的名誉与花费、高息还礼的确定性，这两者之间联系的紧密程度是无以复加的，这种联系要求人们把别人加给自己的义务再转化成加给别人的义务。那里的消费与毁坏简直是没有限度的。在某些夸富宴中，人们必须要倾其所有，分文不留。最富有的人也就是挥霍最疯狂的人。基本的原则是对峙与竞争。个体在盟会和氏族中的政治地位以及各种等级都可以通过这种"财产之战"（guerre de propriété）取得，就如同借助战争、运气、遗产、联盟和婚姻取

---

[1] Georges Bataille, *La Part maudite*, *Œuvres complètes*, Tome 7, 2002, p.67.

得一样。其实,一切都被当成了"财富之争"(lutte de richesse)。子女的婚姻、盟会中的地位都完全取决于交换或回报的夸富宴。正如在战争、游戏、赛跑、打斗中失败一样,夸富宴上的失败也会使人们失去婚姻或地位。[1]

因此,夸富宴是一种可怕的财富的挑战与消耗,有时参与者会无所不用其极,如一个部落的首领会在竞争者面前炫耀性地杀死自己的奴隶,作为一种礼物赠予对方,而受到挑战的竞争者则会在合适的时间在其面前杀死更多的奴隶来回应这一挑战。这实质上就是把献祭的人牲转换为"礼物",而在这个"礼物"的对抗中,奴隶就是过剩的能量,所以不得不将其损耗掉。有时候,为了不让对方换礼而"一招制胜",一些印第安人会把他们的村落放火焚烧掉,把整箱的燃烛和鲸油也烧掉,并砸碎自己的独木舟,甚至把象征财富的铜条打碎再扔到水里。这样做的目的都是一样的。《世说新语》"汰侈"篇中所记载的西晋豪富石崇与王恺"争豪"的故事,也是一种典型的夸富宴,两人的"争豪"就具有强烈的对抗性。

但不管哪种形式的"夸富",莫斯认为都是为了压倒对方,为了获得某种优越于对方的荣誉、等级和政治地位。对于莫斯的这个观点,巴塔耶基本上是认同的,但他同时指出,如同阿兹特克人的献祭一样,北美印第安人的夸富宴也应该从普遍经济学的角度来予以重新审视。巴塔耶认为,尽管在夸富宴所处的特定的时空中,其过剩的能量的运动并没有被理性还原为"有用性",

---

[1] 马塞尔·莫斯:《礼物》,第68页。

但印第安人也一样可以有意无意地调整自己的活动以让这种外在于自己的能量顺利运行，不至于使系统因无法处理能量过剩而崩溃。所以，他指出，夸富宴"所提出的问题是过剩的花费问题。一方面，我们是应该赠予、损耗或毁坏的"，[1] 从而有助于对过剩的能量的消耗。虽然主体在这种对礼物的赠予和在对财富的损耗中所获得的具体的"权力"（pouvoir），只是一种"有限的"目的，但是，主观上，他通过夸富宴还获得了"声望、荣光、地位"（le prestige, la gloire, le rang），而这些与他所拥有的"势力"不同，因为"势力"是与"损耗的权力"（le pouvoir de perdre）联系在一起的，而声望、荣光与地位的获得，却是与"一种能量的没有节制的花费"联系在一起，这也就在客观上消耗了系统过剩的能量。而这才是夸富宴的真义。"对于人来说，夸富宴的典范的美德是在这种可能性中赠予其抓住逃离了他的东西，即把宇宙的无限的运动和属于他的那种有限结合了起来。"[2] 这正是巴塔耶超越莫斯的地方，莫斯看到的只是夸富宴的"有限的"作用，如获得荣誉、地位、权力等，可巴塔耶看到的却是，其耗尽过剩能量的更大的相对来说也更"无限"的作用。因此，在他眼中，夸富宴与献祭本质上是一回事。而巴塔耶之所以将献祭和夸富宴作为耗尽社会的最重要的特征，所着眼的也在于此，"一般来说，献祭撤出了有用物品的世俗循环；原则上，夸富宴的礼物动用了从一开始起就无用的物品。古老的奢侈行业是夸富宴的基础：显然，这个行业浪费的资源，是通过大量

---

[1] Georges Bataille, *La Part maudite, Œuvres complètes*, Tome 7, 2002, p.72.
[2] 同上书, p.73。

的可用的人的劳动积蓄来的"[1]。在巴塔耶看来，原始社会大多是这样一种耗尽社会。它并不着意于对生产力和财富的积蓄，却以献祭或夸富宴的形式耗尽其系统中过剩的能量，这就是其典型的特征。

四 工业社会及其他

巴塔耶所谓"工业社会"就是宗教改革后的资本主义社会，而这个工业社会，也就是我们所谓"现代世界"。他的这个观点来自马克斯·韦伯的现代经济主要是资本主义的工业经济的思想，他也基本上认同韦伯所指出的资本主义的精神与新教伦理的关系，即新教徒在提倡节俭、努力工作和利益计算的资本主义的兴起过程中扮演了至关重要的角色。并且，在这一过程中，影响最大的并不是带有农民色彩的路德，而是代表商业城市中产阶级意愿的加尔文，后者影响的区域是与资本主义工业发展的区域相对应的，如荷兰、英国和美国等。有趣的是，巴塔耶发现，相对而言，在一个地区内，新教徒更多的是从事商业，天主教徒则更多的是从事自由职业。从事商业需要守时、克勤克俭、精于理性的算计等，自由职业则对时间没有严格要求，更任性一些，或更"懒惰"一些。这也从侧面说明了韦伯理论的有效性。

但他主张从一个更为宽泛的角度，即普遍经济学的视野来看待其中的联系。他认为，正如同新教与资本主义的现代经济密切相关，前资本主义的经济，即中世纪的欧洲经济，是与罗马天主

---

[1] Georges Bataille, *La Part maudite*, *Œuvres complètes*, Tome 7, 2002, p.78.

第一章 巴塔耶的耗尽思想:花费、耗尽与普遍经济学

教相对应的。这两种不同的宗教提倡不同的价值观念,而恰与其所处社会的经济形态相吻合。然后,他从社会的可用资源的使用方式入手,对这两种不同的社会形态的特征进行了区分,他指出,"中世纪经济和资本主义经济相区别的是,在很大程度上,前者是静态的,把过剩的财富用于非生产性的耗尽,而后者积蓄并决定了一种生产设备的动态的增长"[1]。换句话说,在巴塔耶看来,他认为中世纪的欧洲社会是耗尽社会,而资本主义社会则是积蓄社会。

借助英国著名的经济学家和历史学家R.H.托尼的巨著《宗教与资本主义的兴起》(*Religion and the Rise of Capitalism*,1926)中对中世纪社会的研究,巴塔耶运用自己的普遍经济学的观点对前资本主义的中世纪社会进行了分析。在托尼看来,中世纪经济的基本原则就是人们的生产活动服从基督教道德法则。而且,在中世纪的思想观念里,社会就像是一个由非同质的有机组织构成的身体,并且具有一种"功能的等级制度"。在其中,生产者是身体,僧侣与军事贵族是头颅;生产者必须有义务供养前者,前者也必须提供他们所能提供的东西,军事贵族保护生产者的安全,牧师给予生产者神性生活的份额和生产者在日常生活中所要遵循的道德规范。

在这种相互缠绕的关系下,中世纪社会被导向对产品的消耗,其过剩的资源主要被数量众多的僧侣们的"闲散"所耗尽。巴塔耶指出,"闲散的人在他的生存中所毁坏的必需的产品,完全不少于火灾所毁坏的产品"[2]。这与修建金字塔、喝酒并无区

---

[1] Georges Bataille, *La Part maudite*, *Œuvres complètes*, Tome 7, 2002, p.113.
[2] 同上书, p.115。

别,因为它们都是不求利益回报的耗尽。而与之相伴的宗教活动,如献祭、节庆、奢侈的设施等,彻底把社会的过剩的能量吸收殆尽。路德的改革,所否定的就是这个巨大的耗尽系统。他愤怒的就是这个庞大的在俗的和在寺的僧侣的队伍,浪费了欧洲的过剩的财富,并且刺激贵族和商人去浪费。但与他的完全否定相反,加尔文主义虽然也否定这个耗尽系统,把价值与闲散等中世纪的非生产性的耗尽活动分离了出来,但他并没有否定其中的经济活动,所以,受加尔文主义影响的地区,资本主义的商业和工业都有相当程度的发展。而正是这种有利的条件,才促进了工业的崛起,这也是宗教改革的意义:"一方面,是对闲散和奢侈的谴责;另一方面,是对企业价值的肯定。拥有无限财富的宇宙的直接的用途,被严格保留给上帝,人只能没有保留地把自己献给劳动,献给财富的祝圣仪式——献给时间,献给生活必需品和所有的自然资源——献给生产设备的发展。"[1] 巴塔耶认为,由此兴起的资本主义摧毁了这个宗教的"圣性世界"——这个非生产性的耗尽世界,把地球交给了生产的人,交给了资产阶级。由此,传统的耗尽社会也迅速地转变为现代的积蓄社会,即资本主义社会。

在巴塔耶看来,资本主义的积蓄主要围绕工业化展开,即主要围绕生产资料的积蓄展开。在这种背景下,非生产性的花费被压制,奢侈受到谴责,闲散被人不齿,人们努力工作,尽可能把可用的资源投入生产资料的购买上,以加速生产的发展。巴塔耶认为就这种积蓄型工业社会来说,苏联是一个非常突出的典型。

---

1 Georges Bataille, *La Part maudite*, *Œuvres complètes*, Tome 7, 2002, p.120.

因为，如果搁置其与资本主义意识形态的差异，而将其作为一种新颖的经济管理形式的话，二者在本质上并无区别。当然，巴塔耶的这个思想也与韦伯的影响有关。韦伯从现代官僚体制存在的必要性和优越性出发，指出"经济生产到底是以资本主义方式或社会主义方式来组织，实质上并无多大差别"[1]。而1917年后新生的苏联实际上是个现代的积蓄社会。为了响应工业化的要求，苏联不得不采用了极为严厉的工业化政策，由于它需要在短时间内实现工业化，所以必须迅速走过法国等发达的老牌工业化国家上百年走过的积蓄道路。而此前的沙皇俄国与中世纪的欧洲各国无异，在经济形态上，它也是个耗尽社会，僧侣、贵族与军队消耗了大量的过剩资源，要实现这种快速的逆转，只得采取让世人惊讶的严厉手段。巴塔耶的解释就从这一点展开，"但是，它的经济原理已经提前决定了这种方向：它只能终止非生产性的浪费，为国家的工艺装备保留财富。……为了积蓄的利益，缩减这些非生产性的花费是必需的。毫无疑问，这种缩减会损害有产阶级，另一方面通过这样的缩减所抽取的份额，不可能用于改善工人的境遇，或者后者也只能是第二位的，它必须首先全部奉献给工业装备"[2]。与之伴随而来的是社会的高压政策、经常性的镇压与流放，其目的，就是维持这台积蓄机器的不停运转，而为了满足工业化对农业资源和人力资源的巨大需求，它又强制实行了土地的集体化。巴塔耶认为，这种积蓄其实与资本主义早期的积蓄并无不同，所以他并不主张一味对苏联的严酷统治进行谴责，

---

[1] 马克斯·韦伯：《经济与历史 支配的类型》（韦伯作品集Ⅱ），康乐等译，桂林：广西师范大学出版社，2004年，第318页。
[2] Georges Bataille, *La Part maudite*, *Œuvres complètes*, Tome 7, 2002, p.146.

而是提醒大家应从其经济原则上的内在需求找原因。

与苏联围绕国家的工业化醉心于强烈的积蓄不同，巴塔耶对美国战后实行的马歇尔计划进行分析，得出的结论却更令人惊讶。因为，他认为，作为世界上最强大的国家，能量过剩的美国所面临的问题不是如何更快更好地积蓄自己的资源的问题，而是如何更快更多地耗尽自己的过剩能量的问题，如果不及时把自己过剩的能量耗尽，美国这个系统本身就极可能崩溃。其实，美国始终存在这样的问题，两次世界大战从某种意义上使它巧妙地耗尽了自己的过剩资源而免于崩溃。实施马歇尔计划是符合普遍经济学的原理的，它不过再次巧妙地为自己的过剩找到了一个出口，平缓地，顺利地，而不是剧烈地依靠战争这个可怕的出口来耗尽自己的过剩。巴塔耶认为，这也是美国始终强大的原因，它并不是通过战争获得了更多的资源，而是通过战争顺利地耗尽了自己的资源，使其系统能在相当长的时期内保持相对的平衡，所以才会维持自己的强大。

而系统崩溃的最直接、最可能的方式就是战争。当然，战争的威胁不仅来自美国，苏联的无限的积蓄也迟早要达到自己的限度，那个时候，它随时都有可能发动战争。相比来说，美国带来的威胁更大，也更迫切，因为"从一种根本的方式来看，繁荣生产的这方会带来战争的危险：如果出口是困难的，并且如果它不能开启别的出路，只有战争才可能成为相当多的工业的客户"[1]。与苏联相比，美国已经处在能量积累的限度的边缘，这才是美国这样做的真正用意。当然，苏联的积蓄也是危险的，终

---

[1] Georges Bataille, *La Part maudite*, *Œuvres complètes*, Tome 7, 2002, p.161.

有一天，它会走到自己的尽头。所以，巴塔耶认为，世界的和平是动态的，随时随地可能发生变化。自然，这取决于世界这个系统的能量的循环是否平稳和顺利。不过，他同时也指出，战争并不是唯一的必然的耗尽方式，经济竞赛同样也可以耗尽过剩的资源。但不管系统怎样变化，其耗尽方式又是如何地多样和巧妙，其稳定总是动态的，随时随地都可能发生意想不到的变化。而之后苏联的解体大概就是巴塔耶意想不到的，当然，我们也可以尝试用他的观点对其进行解释，简单地说，那就是苏联的积蓄终于触及了增长的界限，但它并没有像美国那样及时耗尽过剩，最终不可避免地走向解体。

五 总 结

巴塔耶从"总体性"思考问题，从他的普遍经济学出发对社会的历史形态进行分析，把社会能量的循环看成一个完整的系统，从能量的积蓄或者耗尽中剖析出各种社会形态的能量循环方式，进而形成了自己在政治经济学意义上的"普遍历史"，的确给人以焕然一新之感。而实际上，他的分析，不仅涉及社会的经济形态，还有政治、宗教，以及对人的存在的形而上学的思考。正如巴塔耶在《被诅咒的部分》的开篇所说的，他所进行的思考是"哥白尼式"的，米歇尔·索亚在谈到巴塔耶这本阐述普遍经济学的书时说，"他选择了内在对先验，恶对善，无用对有用，无序对有序，传染对免疫，花费对资本化，即刻对目标，现在对将来（瞬间对时间），荣耀对权力，冲动对算计，疯狂对理性，无限的挥霍对过度节俭的屈服，主体对客体，存在对救赎，交流对分离。这就是一本如此疯狂的书的挑战,最终,我们不知道,它是否是对权力、政治、增长、经济学或形而上学的思考……无疑,它是所有这些,甚至,这种不可把握的丰富让人想起这个计划:巴塔耶的整个生命是为了写作一部'普遍历史';尽管它只有一个大纲,《被诅咒的部分》还是他的一本给予这种可能的东西的最好的观点的书"[1]。

当然,在巴塔耶的"普遍历史"的构架中,从经济出发只是一个角度,在他的宏大的构想中,这个"普遍历史",还应拥有对于战争、宗教、劳动、奴隶制度、革命、过度,以及法国、俄国与中国革命之间的关系,最后还有至尊性等的思考,但遗憾的是,这一切还没有完成,巴塔耶就已离开人世。不过,正如米歇尔·索亚所言,这本书也足以让我们窥一斑而知全豹。

---

[1] Michel Surya, *Georges Bataille: An Intellectual Biography*, p.386.

第三节
苏联的工业化与美国的马歇尔计划

在巴塔耶从普遍经济学出发所勾画的"普遍历史"中,在谈到现代时期的工业社会模式时,他把苏联和美国作为当代的两种最为典型的模式进行了比较深入的分析。其中,他对苏联所创立的社会主义的工业社会的模式的探讨,有独特意义。自苏联建立后,因其与众不同的社会制度和形态,以及其强大的现实存在,围绕它展开的各种争议就从未中断过。苏联也成为西方知识界的一个重要的问题。在素有左倾思想传统的法国知识分子中,对苏联问题的思考与争议也就表现得更为突出。巴塔耶身边的师友们也大都卷入了对苏联问题的思考之中,如科耶夫、梅洛-庞蒂、萨特、雷蒙·阿隆等,他们因经历不同,身份不同,立场不同,所以既有为苏联辩护的,也有对苏联进行批判的。

但与这些人更多地从政治制度以及对人的不同处理出发来考虑苏联问题不同,在《耗尽》中,巴塔耶以独到的眼光对苏联在1917年十月革命后为了实现工业化,所采用的社会形态以及措施,从"积蓄"的观点做出了自己的解释。同时,作为一种对比,他又从"耗尽"的角度探讨了"二战"后由美国在欧洲实施的马歇尔计划及其意义。表面上看,巴塔耶对苏联的工业化和美国的马歇尔计划的分析都只集中触及了他的普遍经济学理论的一个方面，它们却共同构成了他的普遍经济学的基石，也更能体现他的普遍经济学的理论架构的特点，所以，就他对苏联和美国的分析进行再分析，可以更好地把握他的这一重要的思想。

一 苏联的建立及其产生的问题

巴塔耶首先指出，作为第一个社会主义国家，苏联的建立具有很大的新颖性。从 1847 年马克思和恩格斯在《共产党宣言》中所指出的"一个幽灵，共产主义的幽灵，在欧洲游荡"[1]，到 1917 年俄国十月革命建立世界上第一个共产主义国家，再到 1949 年，共产主义已不再是个幻影，"这是一个国家和一个军队（很多，地球上最强大的），同时也是一种有组织的运动，通过一种对个人利益的所有形式的毫不怜悯的否定，它在一种坚如磐石的团结中维持"[2]。这样一种前所未有的社会组织形式，与当时在欧美已经有悠久历史的资本主义制度在很多方面迥然不同，它所具有的独创性和可能的发展前景，迅速轰动了整个世界。其影响所及不仅在源发地的欧洲，即使是在文化和种族殊异的亚洲，人们也为之震撼和动摇。

尽管作为共产主义国家的苏联的建立在人类历史上是开天辟地的和新颖的，它的学说和实践也的确有很多支持者，但它的建立有一定的突然性和偶然性，而且并不符合马克思主义对共产主义的设想和论述。巴塔耶指出，这也是当时很多知识分子对苏联的建立持批评立场的原因。因为苏联的建立，在两个方面是"出

---

[1] 马克思、恩格斯:《共产党宣言》，见《马克思恩格斯选集》第 1 卷，1995 年，第 271 页。
[2] Georges Bataille, La Part maudite, Œuvres complètes, Tome 7, 2002, p.140.

第一章 巴塔耶的耗尽思想：花费、耗尽与普遍经济学

人意料的"：首先，苏联是单独建立的；其次，又是在沙皇俄国这样一个以农业为主、工业不发达的国家建立的。这与马克思设想的共产主义革命不是单独发生并且是由高度先进的生产力所产生的观点相冲突。恩格斯1847年在《共产主义原理》中回答共产主义能否单独在一个国家产生时，就明确表述这是不可能的：

> 单是大工业建立了世界市场这一点，就把全球各国人民，尤其是各文明国家的人民，彼此紧紧地联系起来，以至每一个国家的人民都受到另一国家发生事情的影响。此外，大工业使所有文明国家的社会发展大致相同……因此，共产主义革命将不是仅仅一个国家的革命，而是将在一切文明国家里，至少在英国、美国、法国、德国同时发生的革命，在这些国家的每一个国家中，共产主义革命发展得较快或较慢，要看这个国家是否有较发达的工业，较多的财富和比较大量的生产力。因此，在德国实现共产主义革命最慢最困难，在英国最快最容易。[1]

巴塔耶也认为，相对1917年的俄国来说，"二战"后的经济技术高度发达的美国才更适合建立社会主义。但是，历史的发展总是不以人的意志为转移的，列宁在十月革命中抓住了机会，在俄国单独引发了共产主义的革命，之后斯大林又坚决反对托洛茨基主义，不再把世界革命的成功作为在俄国建立社会主义的先决条件，因而社会主义才得以在各方面均比较落后的俄国建立。

---

[1] 恩格斯：《共产主义原理》，见《马克思恩格斯选集》第1卷，1995年，第241页。

由此可见，苏联的建立，一方面，是对马克思主义有关共产主义学说的一种超越；另一方面，这种超越或者突破，并不一定能在现实中产生同样的超越，这也是苏联的建立者所必须面对且必须解决的问题：落后的生产力以及由此带来的物质困难。这是苏联别无选择的和无法逃避的命运，也是其不得不面临的挑战。

所以，巴塔耶特别指出，"'一国建成社会主义'的结果是不能被漠视的：与物质困难无关，也与一个世界性的社会主义所遇到的困难无关；社会主义被局限在一个国家的事实可能使革命变质，给予它一种混合的、难以辨认的形象，并且是一种令人失望的态度"[1]。换句话说，巴塔耶并不认同上述那些知识分子对苏联的批评，这是因为，苏联的空间是给定的，它只能在这种已经被限定的条件下建设社会主义，也就是自行解决自己的生产力问题。从这个关键点出发，巴塔耶认为，苏联所采取的所有的政策和做法都是为了完成这一最根本的任务。而意识到这个急切的问题并以强力执行此一使命的就是斯大林。因此，对斯大林主义的批评也就很自然地与反共产主义的批评合为一体。

二 斯大林式社会主义的特点

因为苏联是第一个建立的社会主义国家，所以，从某种意义上来说，斯大林主义或者斯大林式社会主义所呈现的特点，也就很自然地被看成社会主义的特点。而对斯大林主义的批评也成为当时剖析社会主义的有效途径。

1　Georges Bataille, *La Part maudite*, *Œuvres complètes*, Tome 7, 2002, p.141.

第一章 巴塔耶的耗尽思想:花费、耗尽与普遍经济学

首先,是苏联对个人的处理上的特点。巴塔耶认为,斯大林主义在这个问题上并没有更多的新意,因为从一开始,布尔什维克革命就非常轻视个人的利益、思想,以及习惯和权利,斯大林主义所显示的只是列宁的思想的特点。而且,这背后既有马克思的影子,也有黑格尔的国家观念在起作用,巴塔耶认为后者把人定义为一个国家的附属物而非一个独立的个体,把国家视为个人的最高实现。"国家是伦理理念的现实——是作为显示出来的、自知的实体性意志的伦理精神,这种伦理精神思考自身和知道自身,并完成一切它所知道的,而且只是完成它所知道的。国家直接存在于风俗习惯中,而间接存在于单个人的自我意识和他的知识和活动中。同样,单个人的自我意识由于它具有政治情绪而在国家中,即在它自己的实质中,在它自己活动的目的和成果中,获得了自己的实体性的自由。"[1]也就是说,个人的实体性来自国家,其价值也来自国家。巴塔耶指出苏联的这种对个人的压制和否定与黑格尔的国家观念有关,而它显然是与非共产主义世界,特别是与资本主义不同的,后者以个人为终极目标,其"价值和真理与一种私人生活的孤独有关,而对与此无关的东西置若罔闻"[2]。但是,巴塔耶又指出,资本主义所追求的这种与个人紧密联系的"价值和真理"其实只是一种表象,它真正的追求是个人的"经济的独立",所以,建基于此的所谓个人的民主理念,或资产阶级的民主理念,说到底不过是一种欺骗和对人的命运因素的否定而已。正因为这样,资产阶级养成了一种虚假的"人性",并习惯了他的生命的孤立和平庸,进而对与之不同的

---

1 黑格尔:《法哲学原理》,范扬、张企泰译,北京:商务印书馆,1961年,第253页。
2 Georges Bataille, *La Part maudite*, *Œuvres complètes*, Tome 7, 2002, p.141.

生活充耳不闻，视而不见。斯大林式共产主义的"严厉"（la rigueur）就是要否定这种生命的惰性，以激发一种生命的紧张。

其次，是苏联所采取的国家形式。巴塔耶驳斥了那种把斯大林式社会主义看成与"希特勒式社会主义"相类似的简单看法。虽然这两种制度表面上看来很相似，如国家都是由一个领袖、一个政党所控制，军队具有很重要的地位，同样也有一个青年组织，此外，还有对个人思想的否定以及镇压等，可是这两个国家的"目标和经济结构是根本不同的，这两套系统处于你死我活的对立中，而这种做法的相似是让人印象深刻的"[1]。在巴塔耶看来，"目标和经济结构"才是决定一个国家的行为的最为根本的因素，与当时的德国相比，苏联所要解决的问题显然是不一样的。不过，巴塔耶也承认，虽然二者本质不同，但是在实现目标的方法上，的确有点相似，这也是人们很容易混淆二者的原因。

巴塔耶继而指出，苏联的国家形式其实不是一种"民族"帝国主义，而是一种"帝国社会主义"。一般来说，"帝国"是反对仅有一个民族的帝国主义的。与纳粹德国试图以单一民族建成的"第三帝国"不同，苏联这个帝国则是多民族的共同体。并且，巴塔耶强调，"帝国"（impérial），"这个词涉及一种帝国统治（empire）的必要性，这就是普遍国家，它终结了当下的经济和军事的无政府状态"[2]。显然，巴塔耶的这个观点与他的老师科耶夫所倡导的"普遍同质国家"（the universal homogenous state）有相通之处。科耶夫认为黑格尔从拿破仑的大革命中看到了"普遍同质国家"的到来，也即"历史的终结"。因为拿破仑所创建

---

[1] Georges Bataille, *La Part maudite*, *Œuvres complètes*, Tome 7, 2002, p.142.
[2] 同上书，p.143。

第一章 巴塔耶的耗尽思想：花费、耗尽与普遍经济学

的是个世界性的帝国，是"普遍"的，而在国家内部，公民彼此平等，相互得到承认，是"同质"的，国家的内外都不会有矛盾和争战，历史也因此不再有新的变化而"终结"。所以，在科耶夫看来，那种单一的"民族国家"（nation-state）或民族帝国的形式因不具有普遍性必然会被淘汰，现代国家的未来只能是个多民族的普遍性的"帝国"，并且最终会抵达"普遍同质"的状态。他也是以这个理论来解释苏联和纳粹德国的差异，以及后者不可避免的失败的。"希特勒还充当了自称是'民族社会主义'（national-socialism）这样一个政治运动的急先锋，从而将自己政治思想的本质和动机表述得淋漓尽致，因为这个运动有意识地将自己与苏联式的'帝国社会主义'和英美式的'帝国资本主义'相提并论。因此从总体上来看，第三帝国无疑是一个民族性的国家，并且还是一个特定和严格意义上的民族国家。这个国家一方面想努力实现民族性政治的所有可能性，另一方面又通过有意识地确立德意志作为国家（种族）界限，而想只运用德意志一个民族的力量来达到这个目标。可正是这个'理想的'民族国家输掉了它关键性的政治战争"[1]。因此，科耶夫对斯大林建构超越狭隘的单个民族的"帝国社会主义"举措不无欣赏，甚至认为他是现代的拿破仑，当然，他也由此成为那个发现了"普遍同质国家"奥秘的黑格尔的"转世灵童"了。显然，他的这种思想深深影响了巴塔耶。这也是巴塔耶对苏联要建立社会主义"帝国"或者"普遍国家"表示认可的一个原因。

科耶夫虽然也从经济因素及其在军事上的表现来理解现代国

---

[1] 科耶夫：《法国国是纲要》，见《科耶夫的新拉丁帝国》，邱立波编译，北京：华夏出版社，2008年，第6—7页。

家从民族国家到帝国的转化,但他更强调的是国家在政治意义上的生存,他直言,"在我们的时代里,普遍和等质的国家也成为一个政治的目标"[1]。而巴塔耶所着眼的是国家在经济上的独立与发展,在这点上,他有意背离了科耶夫对苏联的"帝国社会主义"的黑格尔化的解释而重新回到了马克思的经济决定论的怀抱。他明确指出,苏联这种帝国体制的建立是源于国家经济上的需求,也就是说,苏联的这种新颖的"帝国社会主义"的出现,其目的并非像"民族帝国主义"那样是为了建立局限于一个国家或一个民族的帝国,而是为了对那种散乱的经济和军事形式进行革新,以一种新的组织形式来服务于它的经济的发展,其目的是不同的。因此,巴塔耶指出,相对于"民族帝国主义"的封闭性,"苏维埃联盟"(Soviet Union)是一种开放的框架式结构,它可以把任何国家嵌入自己的框架中,如乌克兰等加盟共和国,因为它对应的不是一种传统的过时的民族帝国思想,而是一种新的经济结构。它也因之具有了普遍性,成为"普遍国家"。

三 积蓄与苏联的积蓄

巴塔耶认为,正是在此背景下,苏联式的积蓄应运而生。这一方面是其社会经济现实的急切的需要使然;另一方面也是斯大林式社会主义为其提供了可能的条件,并对其坚决予以保障,因而,才使得惊人的积蓄在苏联成为现实。

如果仅从字面理解,积蓄无非意指财富、力量等东西的积累

---

[1] 科耶夫:《僭政与智慧》,见《论僭政:色诺芬〈希耶罗〉义疏》,何地译,北京:华夏出版社,2006年,第189页。

与蓄积,以作为未来的保障和需要。巴塔耶的"积蓄"除了有这种意思外,还有另外一层更重要的意思。巴塔耶说:"人们称为'积蓄'的东西意味着,大量的个人财富被拒绝用于一种奢华的生活方式的非生产性的花费,而把他们可用的资金用于生产资料的购买。由此出现了一种加速前进的发展的可能性,而且,甚至,随着生产的发展,反过来一部分资源的祝圣(la consécration,即奉献)还会向非生产性的花费增加。"[1] 在本质上,积蓄是对"非生产性的花费",即"花费"或"耗尽"的一种否定,其目标是为了更大的发展,而更大的发展又会招致更多的积蓄,所以,积蓄就成为它自身的目标。因此,工人阶级所发起的各种运动,如要求增加工资缩减劳动时间的罢工等,它减少的不仅是老板用于奢侈生活的份额,还有用于积蓄的份额。只有让工人做得多,挣得少,才可以把更多的资本的利润用于生产力的发展,也就是积蓄上。

苏联积蓄的目的是非常明确的,那就是为了工业化的实现,而工业化对生产资料的巨大的需求,所要求的积蓄也是超越以往任何一个时代。因此,一个国家如要实现工业化,必须进行大规模的积蓄,与之相伴,"工业的发展要求一种对消耗的限制:设备拥有第一位的重要性,人们屈服于即时的利益"[2]。但必须说明的是,在巴塔耶看来,苏联因为工业化而引发的强烈的积蓄其实是一个通则,并非特例。这也是他在探讨苏联的积蓄时的一个非常重要的前提,自始至终,他都没有把苏联的积蓄作为特例来讨论,而是将其放在一个大的框架下,即在他的普遍经济学的理

1　Georges Bataille, *La Part maudite*, *Œuvres complètes*, Tome 7, 2002, p.144.
2　同上书,p.90。

论视野中来考虑。以同样的视角,他对 1789 年法国大革命的发生进行了解释,他认为,正是大革命的爆发,才使法国的宫廷和贵族的巨大的非生产性的花费被迫进行了剧烈的缩减,从而有利于法国工业化的积蓄,因此弥补了其时法国资本主义相对于英国资本主义的落后局面。中国辛亥革命也可以据此来理解,其目的也是把以非生产性的花费为特征的清政府推翻,以满足当时的国内资本主义工业化的内在的需求,以及应对外在的远超中国的日本资本主义的现实威胁。但辛亥革命也好,其后的国民党政府也好,出于种种原因,都未能完成这个任务。

同理,在巴塔耶眼中,1917 年的沙皇俄国的情况和大革命前的法国是一样的,整个国家被和法国相同的没有能力积蓄反而大肆耗尽的贵族阶层控制,一直到十九世纪末,规模不大的工业才发展起来。这种情形自然让人焦虑,即使在苏联已经进行了大规模积蓄的 1934 年,也只有 53% 的资金被投入工业发展,相较于同期的德国和法国,苏联在各方面都相当落后,所以列宁曾不无忧虑地说,"我们正越来越落后"[1]。1917 年苏联建立后,所要解决的最大问题就是为了工业化而必须进行积蓄的问题,并且,相比 1789 年就已经开始积蓄,并已经积蓄了将近一百多年的法国等国家,苏联要在短短二三十年中完成这一积蓄过程,其难度自然可想而知。而为了工业化的目标,它只能选择终止过去的沙皇俄国时期的耗尽的模式,以便把本来用于非生产性花费的资源转到生产性消费的工业设备的制造及运行上来,这样势必要挤压和缩减那些有产阶级的利益,并会导致他们的反抗,但在当

1　Georges Bataille, *La Part maudite*, *Œuvres complètes*, Tome 7, 2002, p.146.

时苏联没有更好的选择。除了这种经济法则的内在的决定性外，巴塔耶又强调，一般来说先进的工业化国家的发展主要由其内部决定，而落后的国家的工业化的发展却主要由外部决定，但是，在1917年的俄国，外国资本主义对俄国的资源的分配和增长的影响是很迟缓的，俄国自己的资产阶级的力量也异常弱小，所以，苏联建立后，无产阶级只有把这种积蓄的意愿施加于自身。

这当然是一种无奈的，却是迫不得已的选择。因为，此前的俄国不仅没有任何相应的财政手段以回应工业化的需要，而且就是它的人员也没有相应的心计来应付这样一种新的生产方式，整个俄国其实是个反对工业化的农业国家，如今它虽然突然跳跃到了共产主义，但是与其配套的各种条件并未成熟，特别是在经济上，它从资源到设备的分配就无法在一夜之间完成。所以，为了与这种"跳跃"（le saut）配套，新生的苏联只能依靠自己进行积蓄。而在这个过程中，建立社会主义的初衷不得不发生转移，原来由马克思的理念出发的理想的社会主义的建设让位于围绕工业化展开的积蓄工作，同时，为了与这种积蓄配套并且为了保持积蓄的顺利进行，所有社会的制度以及对人的要求也不得不随之发生变化。从这一点出发，巴塔耶指出了苏联工人的必然的命运，他们不得不为了未来的利益放弃当下的利益，与之同时服从强制性的劳动，以努力回应围绕国家工业化展开的各种需要或"刺激"（stimulants），他们不得不生活在贫穷、危险和苦难之中。不过，巴塔耶并没有因此肆意贬低苏联的布尔什维克领袖，因为他们的命运在这个积聚的大背景下与工人是一样的，他们像原始积累阶段的资本家一样克勤克俭，反对浪费与奢侈，而其在物质享受上与工人的区别并不大，他们与工人之间的道德认同是真实的、不可否认的。

在这种积蓄的要求下,工人所完成的劳动价值和分发给他们的工资价值之间的差距变大了,或者,尽可能地被拉大了。如1938年,苏联的生产总值被设定为1 840亿卢布,其中,1 145亿卢布被用作生产资料的生产,只有640亿用于消费品的生产,而工人的工资报酬就在这一部分里面,由此可见在工人的劳动价值和国家付给他们的工资价值之间的差距之大。甚至,即使在"二战"期间,重工业的发展也保持着其优越地位。而这一模式从1929年,即第一个五年计划起就开始实施了,其最大特点就是把所有的过剩资源都用于生产资料的分配。

为非生产性消耗辩护的原则被苏联的共产主义坚定地拒之门外。它绝不是要废除这种原则,但是,它所引起的社会的颠覆排除了最昂贵的形式,而它的不断的行动,倾向于向每个人要求最大的生产力,以至于人力的极限。此前没有任何一个经济组织能够为了生产力的增长,也就是说,为了系统的增长,留出如此多的过剩的资源。在任何社会组织中,就像在任何活的有机体中,可用的过剩资源在系统的增长和纯粹的花费之间被分配,而花费对生命的维持和增长,是没用的。但是,这个因没有能力为增长保留一个足够巨大的份额而差点灭亡的国家,通过对它的平衡状态的一种突然的颠倒,把迄今遗弃在奢侈和惰性上的份额缩减到最小:它只是为了它的生产力的无限的增长而活着。[1]

---

[1] Georges Bataille, *La Part maudite*, *Œuvres complètes*, Tome 7, 2002, p.149.

第一章　巴塔耶的耗尽思想：花费、耗尽与普遍经济学

为了最大限度地维持这一模式的运转，对反抗者的镇压和流放就成了苏联常见的现象。在这个真实的世界里，展开了一种似乎是不真实的生活，一个人除了获得最低限度的生存条件外，其唯一的选择就是像机器一样不知疲倦地工作。巴塔耶认为，正是工人们这种令人难以想象的日复一日地辛勤的甚至残酷的工作，在短时间内，他们完成了几乎不可能完成的任务，从而积蓄了无数的财富，建造了苏联这座让人炫目的大厦。

在解释了苏联对工人的积蓄后，巴塔耶在"土地的集体化"一节中，又解释了苏联对农民的积蓄。实际上，这只是一个问题的两个方面，因为两者都是为了满足工业化的需要。一方面，是因为苏联工业化的发展是以重工业为主，轻工业的发展并不受重视，当然，这也是不得已为之，那么压缩农民的消费并对其进行管制就成为必然，因为只有这样，才能平均地减少农民可消费物品的份额，进行可能的积蓄。另外一方面，工业化总是需要人口向城市的大量转移，以满足对工人的需求。正常情况下，循序渐进的工业化会以农业的机械化补偿农村人口的减少，但是，苏联的从农业社会向工业化的突然的跳跃，使城市对人力的需求陡然增大，故只能实施土地的集体化，同时以机械化弥补农村人力的缺失，才能维持工业的扩张。所以，从这个角度看，农村的土地集体化是必要的，而且也是必然的。

四　对苏联的积蓄的评价

巴塔耶从普遍经济学的角度对苏联的积蓄的解释和评价很容易给人一种感觉，即他是赞成或者拥护苏联的做法的。不过，这

并不是他的本意。他在谈论苏联对农村的积蓄时就直言,他并不认为当时富农所受到的残酷的对待是正当的。但他写书不是为了谴责苏联的积蓄所造成的恐怖,也不是为了批评斯大林从工人和农民那里所获得的东西对所有人造成的损害,对于苏联工业化的"严厉",他坦陈,"我不是想要去辩护,而是想要去理解"[1]。

从这一点出发,对那些针对苏联的工业化的积蓄的批评,巴塔耶提出了自己的看法。他认为在当时新成立的苏联并不被欧洲资本主义势力认可的情况下,从国家的角度考虑,斯大林及其同事的作为是合乎形势的。首先,对那些指责由于这种积蓄导致苏联1941—1942年在对德战场上失败的观点,巴塔耶指出,正是因为这种严厉的积蓄使苏联能在随后的战争中幸免于被毁灭,那些批评斯大林的人都忘了,苏联所继承的是农业化的沙皇俄国的遗产,如若不能把它的资源尽可能地整合并尽可能地分配到工业装备上,苏联是无法在其后更为残酷的战争中幸存的。而当初在斯大林格勒,苏联正是依靠它自己的手段拯救自己的。其次,还有一种比较流行的意见,那就是如果沙皇制延续下去,资本主义将会自然到来,并以一种似乎不那么残忍的方式积蓄与发展。对此,巴塔耶也并不认同,他认为这种说法本质上并无什么新意,较少的无情或残忍同样冰冷,并且无法避免。无论如何,为了生存,苏联这台社会机器必须有人来操作,斯大林是被选中或被推上这台机器的操作者,他所能做的也只是顺应现实的需要,来完成历史和现实赋予他的使命。巴塔耶承认,虽然从个人来说,谁也不愿意去建立恐怖的统治,同时也不愿意忍受非人的生活,但

1　Georges Bataille, *La Part maudite*, *Œuvres complètes*, Tome 7, 2002, p.152.

第一章 巴塔耶的耗尽思想：花费、耗尽与普遍经济学

是对于一个拥有庞大人口的国家来说，只能想方设法谋求自身的生存，即使忍受再多再大的痛苦也只能在所不惜。对于接手了落后的沙皇俄国的遗产的斯大林而言，为了让苏联实现工业化，他必须要采取严厉的积蓄措施。因为，苏联当时并没有更多的选择，如果拥有更多的选择，谁也不愿为未来放弃自己的当下欲望，放弃一种更加符合理性的积蓄方法。"事实上，斯大林的政策是对有条理的经济的必要性的严厉的回应——非常严厉的回应——它实际上要求一种极度的严厉。"[1]苏联也就因此离开了它之前所确立的社会主义的理想。在对其进行"道德"批评的同时，也应该考虑的是，这种对理想的社会主义的偏移，是和苏联建立前俄国的特殊环境、条件紧密联系的。

当然，巴塔耶再次强调，苏联的这种专横的道路是没必要一定去追求的。其实，他的这种态度与科耶夫很接近，因为科耶夫也反对以道德说教来评价斯大林。他曾在和施米特的通信中说："在我讲课的那段时间里（即在战争之前），我私底下一直在念的不是'拿破仑'，而是'斯大林'，但同时我又在解说《精神现象学》（用您的术语来说：斯大林＝'我们这个世界的亚历山大'＝'工业化的拿破仑'＝世界［＝国家］帝国）。"[2]显然，科耶夫是把斯大林当作骑在工业化时代马背上的新的"绝对精神"来看待的。而实际上，巴塔耶对斯大林的看法与科耶夫大同小异，由此可以看出，他们思想中的强烈的黑格尔因素。

---

[1] Georges Bataille, *La Part maudite*, *Œuvres complètes*, Tome 7, 2002, p.155.
[2] 科耶夫、施米特：《科耶夫—施米特通信》，见《科耶夫的新拉丁帝国》，第162页。

五　耗尽与美国的马歇尔计划

鉴于特殊的历史背景，苏联在积蓄的道路上，痛苦和残酷地前行。对于在经济上支配世界的美国来说，它所面临的却不是如何满足工业化的要求来进行积蓄的问题。它迫切需要解决：如何把因为自身发达和强大的工业化所产生的巨大的能量不求回报地消耗掉。否则，按照巴塔耶普遍经济学的理论，随着美国的能量的持续积累，现有的维持美国乃至世界的那个系统将会随时崩溃。

而系统崩溃的最直接也是最可能的方式就是战争。当然，战争的威胁不仅来自美国，苏联无限的积蓄也迟早要达到自己的限度，一旦到了那个时候，它随时也有可能发动战争。相对而言，美国这个威胁更大，也更迫切，因为它已经到了能量积累的极限。毫无疑问，美国的经济是有史以来地球上所能达到的最大的积聚，如果不能及时找到能量过剩的释放的出口，就极易引发战争。所以，美国需要立即解决的问题与苏联的正好相反，尽管美国在两次世界大战中都进行了"释放"，但并没有完全解决其日渐增长的过剩的能量的问题，这两次战争只是暂时地使其系统平衡，免于其早就面临的崩溃而已。换句话说，若非"二战"让美国以战争的方式耗尽其过剩能量，可能它早就不存在了。而今"二战"虽然结束，但它仍然面临同样的问题。

不过，巴塔耶认为，美国并不愿意发动战争，它习惯于旁观别人发动战争，并在火中取栗，以获得巨大利益，而两次世界大战又强化了它的这种成功的经验。所以，为了使自己不至于因过剩的能量而崩溃，美国尽可能地去寻找新的类似的方式来解决这个问题，以摒弃战争这种传统的大规模耗尽的形式。巴塔耶深刻地指出，与我们日常所想象的不同，一场规模巨大的经济竞赛的消耗与战争的消耗相差无几。其实，马歇尔计划就是美国回应苏联日益增长的积蓄带给自己的压力而采取的积极措施。这一计划对美国来说，就起到了"释放"的作用，它可以将自己过剩的能量平稳地耗尽而不会引发大的震动。对美国来说，这无疑是个一举两得的措施。

因此，巴塔耶称其为一个伟大的计划，并借法国著名经济学家弗朗索瓦·佩鲁（Françis Perroux）之口指出，"它是一个异常重要的历史事件"[1]。表面上，马歇尔计划是为了补救与美国相比欧洲国家的支付赤字。但巴塔耶提醒道，赤字在"二战"前就已经存在，战后欧洲对美国的产品的巨大需求又进一步增加了赤字，它已经偿付不起美国的债务。美国自身并不缺钱，相反，这些偿还的赤字将使其本来就过剩的能量变得更加过剩，其系统崩溃的危险性也会再次加大。马歇尔计划就是解决这个问题的很好的方法，比如，美国给予欧洲的五十亿美元的捐助非常重要，其金额少于1947年美国的酒精消耗的花费，大约与三个星期的战争花费相等，相当于美国国民生产总值的2%。但是，这样一个数目对战后贫穷的欧洲来说，却是巨大的支援。若无马歇尔计划，这2%可能又会有不少被用于美国财富的增长。这自然更不利于美国的能量系统的平衡。

巴塔耶还认为，这种因苏联的积蓄的威胁所产生的马歇尔计

1　Georges Bataille, *La Part maudite*, *Œuvres complètes*, Tome 7, 2002, p.163.

划和计划的实施,即把美国过剩的财富自由且不求回报地分发给世界,在客观上也起到了在世界范围内,甚至包括苏联,提高人民生活水平的作用。在这个过程中,美国为了捍卫自由企业,也增加了国家调控的力度,使得一种与苏联相似的国家控制经济的发展成为可能。在此,巴塔耶也顺便谈论了自己对于战争的看法,他认为正是战争的威胁促使美国采取这样似乎大公无私的政策,并且,战争也促进了社会各方面的发展,所以,战争的存在并非一无是处。不过,我们应考虑的是如何尽可能地为过剩的能量寻找一个合适的出口,而不是选择战争。

六 总 结

显然,如果不清楚巴塔耶的普遍经济学的理论架构,或者对他的整体的思想构成有所了解,很可能会把他对苏联工业化的阐发视为异端邪说,同时,也把他对马歇尔计划的理解视为无稽之谈,但若能够从他的理论出发,再对他的解释进行评析,则会改变这种很容易就会产生的简单的看法。而对于这种可能会产生的偏见,巴塔耶自己早有预感,也早有准备,他在这本书的最后坦言,他或许会被当成"疯子",因为只有疯子才能领会"马歇尔计划和杜鲁门计划中的这一点",也即积蓄与耗尽的特点与关系。对此,深受尼采影响的他不仅没有感到痛苦,反而颇为自得地承认,"我就是那个疯子"[1]。

如果能够认真对巴塔耶看似宏观甚至多少有些天马行空的思

---

1 Georges Bataille, *La Part maudite*, *Œuvres complètes*, Tome 7, 2002, p.179.

考进行思考，就会发现他的思考是相当认真，也是相当有价值的，尤其对我们认识历史乃至今天的现实，不无启发意义。如他对苏联工业化的阐述，就多少能够让我们在今天反思和重新认识1949年后中国的历史时多一个维度。彼时的新中国所面临的问题与1917年刚由俄转苏的苏联并无二致，因人口众多，资源的贫乏，自身的条件之差可谓有过之无不及，在这样的条件下，从农业社会到工业社会的"跳跃"，其积蓄的难度可想而知，而为了工业化所采取的那些措施，其"严厉"程度，所产生的后果和影响也非当时的苏联可比。无论怎样对待历史，生活在现在的我们均已继承它的遗产，如果我们能够从巴塔耶对苏联的工业化的解释中加深对那一段历史的理解，而不求全责备，当不无裨益。

同样，时至今日，美国依然是世界上最强大的国家，按照巴塔耶的理论，它仍然需要不时"释放"，以耗尽自己过剩的能量，保持自己不致崩溃。可能出乎早在1962年就已经过世的巴塔耶的预料，"冷战"结束，苏联重新还原为俄罗斯后，美国却并没有像当初实施马歇尔计划那样，慷慨不求回报地把自己的货物分发给世界，而是以各种名义，多次卷入或者发动局部的战争，以直接"释放"自己的过剩的能量。这当然并不是巴塔耶所希望看到的。在我看来，如果巴塔耶健在，他当会从当下美国表面的"衰退"中看到世人所看不到的另一面：这其实并不是美国的衰退，而是它庞大的过剩能量又一次巧妙的"释放"，唯有如此，它才能保持自己的系统的平衡，并从中获得更多财富，迎来更为强大的未来。

第二章

巴塔耶的色情思想：
色情、禁忌与越界

第二章 巴塔耶的色情思想：色情、禁忌与越界

自始至终，色情问题都是巴塔耶所关注的焦点，他的文学创作也正是从对色情的描写和探讨起步的，如他在1928年出版的第一部作品，同时也是他的小说处女作《眼睛的故事》就以大胆甚至"肮脏"的性描写而让人瞠目结舌，他也因此获色情作家的名头。关于色情的论述也是他的思想体系的最重要的组成部分之一，在他所构建的总题为"普遍经济学"的思想大厦中，第二卷《色情史》与第一卷《耗尽》，还有第三卷《至尊性》共同构成了他所言的"被诅咒的部分"。他认为，正是这三个"被诅咒"的元素的存在，才使一个人的生命得以确立，也才使人类社会得以运行。这三卷的主题彼此相关，但也各有侧重，《耗尽》主要论述的是各种社会形态中尤其是在经济和宗教领域中的生产与耗尽（即非生产性的花费）的特点，《至尊性》讨论的则是人在这些不同类型的社会中的政治性的存在方式，而《色情史》探讨的是"赋予人类生命的活动的基础（基础，乃是最简单的形式）"[1]。而这"基础"，在巴塔耶看来，就是色情。"第二卷有很大不同，它描述了在人类的精神中通常被视为邪恶的一种能量的耗尽的结果。在这种情况下，没有人能够从色情的至尊的特征转变到它可以拥有的有用性上来。性至少对某些东西是有益的。

---

1 巴塔耶：《色情史》，刘晖译，北京：商务印书馆，2003年，第7页。

但是，色情……这次，它只涉及一种至尊的形式，它不为任何东西服务"[1]，换句话说，他所研究的色情是与习见的性不一样，因为性是指向生产，即人类的繁殖，是一种"有用性"，色情虽也消耗人类体内的能量，却被视为"无用的"，甚至被看成"邪恶"的或卑下的。他对色情的研究就是围绕色情与性的区别，以及色情如何产生，乃至它又是如何成为"无用"的东西所展开的。

不过，虽然巴塔耶很早就在自己的写作中触及色情这个问题，他对色情的系统研究却是在其思想体系基本成型后进行的，因此，他对色情的论述相对来说更系统化，或者说是在他的一个已经建立起来的理论框架中进行的。这也给我们理解他的色情思想提供了便利。

---

[1] Georges Bataille, *L'Histoire de l'érotisme*, *Œuvres complètes*, Tome 8, Paris: Gallimard, 1976, p.12.

第二章 巴塔耶的色情思想：色情、禁忌与越界

第一节
色情的概念

究竟何为色情？巴塔耶并没有给出精确的定义，即便有所涉及，也语焉不详，如他指出："总的来说，色情是人的性欲活动，它与动物的性欲活动是互相对立的。并非人的一切性欲都是色情，但是人的性欲通常是色情的，如同它不只是兽性的。"[1] 从这个说明中，可以看出，巴塔耶"色情"的复杂性，其虽与动物的性欲或性行为有关，却不能简单地等同于动物的性欲或性行为，即"动物性"或"兽性"，相反，色情与其对立。在某种意义上，色情是人才有的一种特征，或者说它是将动物的性欲"人化"的结果。显然，在这里，巴塔耶强调的是色情的"非动物性"，将它归为"人"的一种属性。从巴塔耶对色情的否定性的表述方式中也可看出，色情是一种否定性的力量，因此巴塔耶在描述它时，才会使用这样一种否定性的话语。可尽管如此，这个定义仍不免失之简略，对于理解巴塔耶的色情来说，还是有相当难度的。

---

[1] 巴塔耶：《色情史》，第17页。

一 色情、性欲与总体性思想

巴塔耶之所以不能给色情一个明确的定义,也的确有其难处,因为他所言的色情概念虽与人们通常对色情的看法有近似之处,但更多的是差异,故很难用一两句简单的话说清楚。究其原因,就在于他用自己的理论重新建构了色情这一名词。因此,在谈到何为色情的时候,他的措辞总是比较审慎:

> 可以说,色情是对直达死亡的生命的赞许。确切地说,这不是一个定义,但是我认为这个表述赋予色情的意义比别的都好。如果需要精确的定义,它一定是来自确定的生殖的性行为,其中色情是一种特殊的形式。在有性别的动物和人中,生殖的性行为是共有的,但显然,只有人可以把他们的性行为变成一种色情行为,这就是区别色情和性行为的东西,它只是对在生殖和对孩童的关切下所赋予的自然的目的一种独立的心理探寻。此外,我要立即从这个基本的定义回到我最初所提出的那个表述,根据其定义就是,色情是对直达死亡的生命的赞许。实际上,尽管色情行为首先是一种生命的丰盈,如我所言,这个对生命的生殖的关切的、独立的、心理探寻的对象,并非与死亡没有关系。[1]

与前者相较,这个定义显然"清楚"了不少,但仍较为复杂

---

1 Georges Bataille, *L'Érotisme*, Paris: Les Éditions de Minuit, 1957, p.17.

第二章 巴塔耶的色情思想：色情、禁忌与越界

和难解。首先，与前述色情的定义相同的是，巴塔耶在承认色情与"有性生殖行为"（即动物的性欲）相关的同时，依然强调其是一种人的属性。因为只有人才能把动物性的性行为转化为色情活动，而这正是人区别于动物的所在。其次，色情和动物的性行为的目标不同，前者没有"功利性"的目的，是不"自然"的，后者则是为了生殖和后代的繁衍，是"自然"的举动。再次，与动物性欲纯为肉体活动相异，色情是一种心理或精神的体验，是一种"心理的探寻"，即"内在经验"的一种。最后，色情在本质上是生命对死亡的一种接近和碰触，甚至它就是一种死亡，但它并非真的就是死亡，或者真的要去死，而是想通过死亡来肯定生命，即巴塔耶所言的"对直达死亡的生命的赞许"。

显然，在巴塔耶的对色情的定义的解释中，牵涉很多方面，如他对动物和人的区分，对人的活动的自然状态和功利性，以及生命和死亡的关系等问题。这就使理解其色情概念变得更为复杂。而若想对其进行全面和深入的把握，首先就必须了解巴塔耶的"总体性"的思想。当然，他的这个总体性概念并非独创，这里既有他从马塞尔·莫斯研究礼物和列维-斯特劳斯研究亲属结构中所受到的那种综合性研究方法的启发，也有黑格尔把精神、自然和历史融为一体的思考方式的影响。当然，他的总体性思想与卢卡奇所总结的马克思主义的总体性方法有更多相通之处，如整体对部分的优先性，主客体的统一等，但与马克思侧重从具体的经济活动来把握在历史过程中的人的存在不同，他更倾向于从更加广泛的经济范畴即他所谓的"普遍经济学"的视角来思考和把握人的存在，相较马克思的经济所指涉的对象而言，他的经济观点更接近于"经济"这个词的传统意义，所涉及的方面更为宽

泛，也更为"普遍"或"一般"。所以，"总体性"对他来说，既是一种更为全面地理解事物存在的方式，也是一种主客体相交融、统一的物我两忘的状态。

正是从其总体性思想出发，巴塔耶构建了自己的总体性"世界观"。他首先从人的两面性入手来考察围绕其生存的不同世界的存在。人是一种非常复杂的存在，其性格中的矛盾和对立常常出人意料却又相当自然。例如，同一个人会突然由善良变得凶残，他与家人在一起时温情脉脉，可走出家门，却坦然出入色情场所而不觉得丝毫羞愧；由一个与人为善的农民到战场上烧杀抢掠的士兵之间的转化似乎也非常容易。巴塔耶指出，这种发生在同一个人身上的屡见不鲜的矛盾的现象说明，人不仅生活在矛盾之中，还生活在两个截然相反甚至相互冲突的不同世界之中。但是，我们用来评估和确定人的存在状态的基准却是前者，即那个正常的、善良的和理性的世界中的人的作为，因为前者的行为可以给我们提供人的确定的形象，容易被我们把握。而在人的这一确定的形象背后其实具有某种一致性的、可以理解的思想，以此为据，我们建立了一个可以确定、可以理解的世界，即"思想世界"，至于后者的由种种狂乱的非理性的行为所构成的那个世界，则是被否定的、"被诅咒的"世界，而这就是"色情世界"。巴塔耶认为，人类的思想世界其实是一个理性的世界或"理智世界"，这是一个人类可以认识的世界，而这源于对色情世界的隔离，或者对非科学的非理性的世界的隔离。但是，从总体性出发，这两个世界虽然是对立的，可同时又是互相补充、缺一不可的，就像人虽然有可以把握的可以用理性来分析的一面，同时也一定会有无法把握的非理性的一面，所以，巴塔耶说："我只将性行为放在一个具体而坚实的总体性范围内进行考察，在这个总体性中，色情世界与理智互相补充，地位平等。"[1]而要想了解其中任何一个世界，不可能脱离对另一个世界的思考，同样，要想真正地把握人，则必须对这两个世界同时进行考察，这样才能拼合出整体的人而非把人人为地割裂。巴塔耶举例说，这就像一个真正的世界或总体性的世界，既有圣女，也有妓女，既有恶棍，也会有善人。而在同一个人身上，也会不可避免地集合这些元素。虽然我们这个思想的或理智的世界并不推崇妓女和恶棍，但我们也知道，他们不仅是存在的，而且还是不可或缺的。

对于这两个世界的区别，巴塔耶用了一句有趣的话来说明："思想是没有性别的。"[2]显然，在其看来，思想世界并不依赖性而形成，色情世界虽有赖于性产生却又不止于性。不过，巴塔耶在总体性思想的观照下所构建的世界，除了这两个相互对立的世界，还有一个动物世界。思想世界是人通过劳动否定了动物世界之后产生的，它与世俗世界或实践世界相一致。色情世界则隶属于圣性世界，它试图摆脱自身的动物性与在世俗世界中所不得不受到的奴役，以追求丧失的至尊性。

二 色情的两面性：美娜达与妓女，耗尽与礼物

对于色情的特征，巴塔耶的论述同样较为复杂，牵涉的问题较多。他认为，在色情的构成中，存在两个相互冲突的方面：一是其具有的"纯粹的否定性"（la pure négation），二是其同时具

1　巴塔耶：《色情史》，第13页。
2　Georges Bataille, *L'Histoire de l'érotisme*, *Œuvres complètes*, Tome 8, p.19.

有的"肯定的、诱人的特征"（l'aspect positif, séduisant）。前者是色情的本质，是让人震惊的一面，它以否定的面目出现，是一种"动物性的爆发"，正是这种"爆发"导致了"对规则的越界"的"狂欢"（l'orgie），并进而否定了常规的"人性化的秩序"，[1] 从这个角度来看，色情是可怕的，它不仅不可能吸引人，还让人恐惧，因为它的"动物性的爆发"常常给人带来毁灭性的威胁和恐惧。而另一方面，色情则又必须要以其"肯定的、诱人的"面目出现，因为如果它不是肯定的，就不会对人有诱惑力，更无法让人沉醉其中。所以，色情具有两面性，这种两面性，虽然彼此冲突，却又相辅相成。巴塔耶以一个年轻漂亮的裸体女人为例来说明这个问题。首先，她的年轻漂亮是必需的，因为只有这样，她才会具有强大的吸引力，使人的色情欲望被唤起；但一旦被其诱惑，必然会引起越界，由此产生的行为不仅会让人处于混乱之中，还会让人不由自主地感到恐惧。这就犹如飞蛾扑火，灯火须光明耀眼才会吸引飞蛾，飞蛾扑入却会将自己燃为灰烬。所以，说色情是融激情与死亡为一体并不为过。

　　色情具有这两种相互冲突的因素。色情的对象，即"欲望的对象"（l'objet du désir）的形成没有那么简单，这里面主要牵涉主客体的关系问题。因为一个人若将另一个人视为色情的对象，就存在着前者将后者视为"物"的可能和现实，而巴塔耶认为，这从根本上是不可能的。因为这个色情对象即客体说到底也是一个与主体相同的主体，它并不真的是物，可以任我宰割，而是像"我"一样可以说"我是"的人，并始终是一个主体，"物"是不

---

[1] Georges Bataille, *L'Histoire de l'érotisme*, *Œuvres complètes*, Tome 8, p.119.

会说"我是"的。正是因为巴塔耶对人所具有的至尊性的肯定和人为保持自己的属性而永不停息地追求至尊性的强调,他指出,那种将同类视为物的奴隶制的存在从某种意义上只是一个"虚构",因为奴隶是不可能真正地停止做人的,"但是,这个虚构意义丰富,我们的祖先就是借助这个虚构将他们的同类视为物的。虚构主要表现在这个事实中,即人可以是有用的财产、占有的对象和交易的对象。但是当这些人将他们的一部分权利让与自主的总体性的时候,他们同样获得了这个总体性的一个功能,也就是色情功能"[1]。即作为色情对象的人在把自己"有用化"和"物化"的同时,作为补偿,获得了总体性的另外一面,即色情的"肯定的、诱人的"面目。

这就是巴塔耶从他的总体性思想出发推演出的所谓的"色情总体性"。为了更好地阐述他的这个观点,他用希腊神话中酒神的侍女美娜达的狂野的动物性和高级妓女的精心装饰的美来进行具体说明。作为酒神狄奥尼索斯的侍女,美娜达,她披头散发,狂野奔放,具有一种不可压抑的动物性,因此"美娜达"这个词也于日后演绎成为那种性情疯狂的女人的代称。巴塔耶使用美娜达来指称"至尊的总体性"中的动物性的部分是有其文化含义的,因为美娜达的狂野以及对性之快乐的追求,实际上是对同质性的生产世界即物的世界的否定,同时也是一种对生命的肯定。在这一点上,他与尼采使用狄奥尼索斯来象征一种旺盛的不可压抑的生命力的用意是一样的。但显然,美娜达蓬勃的生命力以及洋溢的激情一旦爆发,便会让人感到恐惧。而这正是巴塔耶所要

---

[1] 巴塔耶:《色情史》,第116页。(此处提及的"自主的总体性"即"至尊的总体性"。)

表达的色情总体性的动物性一面的理想符号。至于他所说的高级妓女，其实就是那种有实力依靠各种奢华的物质手段将自己装扮起来的高等妓女。这种妓女在自己的身上所建构的美更多是通过人工的精心装饰来完成的，而这已经是一种"物"的美，或者说这种装扮本身就是一种将妓女"物化"的过程。正是通过这种物化，妓女才得以把自己由一个主体改变成客体，即色情对象，它表达的是色情肯定性一面。而这个物化的妓女所掩饰的正是蕴藏于身体内部的那个狂野的美娜达。后者就是色情的否定性力量的真正所在。

在巴塔耶看来，妓女的物化是非常重要的。他甚至将此称为"色情的炼金术"（l'alchimie de l'érotisme）。为了说明这一点，他又引入了自己的"花费的概念"或"耗尽"的思想，以从"普遍经济学"的角度来说明这个问题。简而言之，"花费"，即指无论国家还是个人，其财富除有一部分用于生产性的消费，以维持人的基本的生存和社会的正常运转外，总是有一部分"过剩"的能量会被有意无意地用于非生产性的消费，而对这部分过剩的财富的使用是"无用的"，它不可能带来任何物质的回报。原因在于其背后起作用的是"损耗原则"。而那部分注定了要损耗或丧失的"无用的"财富，就是他所说的"被诅咒的部分"。巴塔耶指出，从某种意义上来说，物化的妓女正好成为这个"被诅咒的部分"，成为要"损耗"的对象。这刚好给人们提供了某种便利，因为虽然人们的欲望要求尽可能的以及最大程度的"损耗"，但其实，"损耗"在现实生活中是不可把握的，而物化的妓女及其可供买卖的色情服务却提供了明确的可测的"损耗"。所以，巴塔耶说，"实际上，她（妓女）不只是色情，也是采取了物

第二章 巴塔耶的色情思想：色情、禁忌与越界

的形式的损耗"[1]。如妓女用来化妆打扮的华丽服饰，以及精心装饰的身体和面孔都是财富的直接的化身。巴塔耶指出，这种在妓女身上呈现出的财富和价值却无意中成为耗尽另外一些人的劳动的熔炉。巴塔耶的这个观点，也可说明我们习惯把妓院称为"销金窟"的原因，因为对个人来说，花在妓女身上的钱并不能创造任何效益，进入妓院，也只有一个结果，那就是将金钱化为灰烬，却并不能带回什么有用的东西。

更重要的是，由妓女体现出来的财富的耗尽，既冒险又危险，这种危险并非只止于金钱或物质，有时甚至会让人失去自己的生命，让受害者家破人亡。但这只是妓女所具的"损耗"功能的一面，她还有更为深刻的意义。

巴塔耶指出，其实，妓女不仅仅是财富的化身，她还有着更为复杂的功能，那就是她本质上还兼有"礼物"的作用。"现在让我们从损耗和冒险的双重原则出发，更简单地描述这些物：妓女接受了作为赠礼的大量金钱，她们把钱用在奢侈的消费上，这种消费令她们更加诱人并增加了她们从一开始就具备的吸引赠礼的能力。这种财富流通并非从一开始就是唯利是图的交易。金钱付出了，同样，妓女把自己当成了一份赠礼。"[2] 显然，巴塔耶在此强调的是色情买卖的特殊性，与妓女的交易其实并不像常人所想象的那样是一种单纯的"商业性的交易"或纯粹的金钱交易，而男人付给妓女的金钱也并非斤斤计较的结果，这种"钱色交易"更像是一种"礼物"的交换，男人们为此付出的金钱其实是一种慷慨的"赠予"，而妓女也并非只是纯然的接受，她极尽

---

[1] Georges Bataille, *L'Histoire de l'érotisme*, *Œuvres complètes*, Tome 8, p.123.
[2] 巴塔耶:《色情史》，第119页。

奢华精心装扮自己以将自身转化为一个昂贵的物,并把自己作为"礼物"回赠给了赠予其金钱的男人。巴塔耶进一步解释,在这个流通环节中的妓女,已经不再以一个人的形象出现,它更多表现为一种过剩的财富。同样,那个前来消费她的男人所耗尽的也是自己过剩的财富,但是,这个男人有时也会失去理智,不仅把自己的财富消耗殆尽,还把自己的生命也作为过剩的部分耗尽,此时,他也和把自己当成礼物的妓女一样,是作为过剩的东西在使用的,只不过有可能"损耗"的是生命而已。很多文艺作品都以妓女为题,其中不少都是男主人公"爱上"妓女并最终改变了自己的命运,而这种"爱上"其实就是一种"损耗"。著名作品有小仲马的《茶花女》,再如我国明代冯梦龙所编撰的《警世通言》中的《杜十娘怒沉百宝箱》也是一例。太学生李甲爱上京师名妓杜十娘后,不仅把自己的钱财挥霍一空,自己也为杜十娘改变了之前的人生规划,直至最后杜十娘投江自尽,而自己也"家破人亡"方才结束了这场可怕的"损耗"。

从这个角度也可来解释色情的两面性中妓女的物的一面。而妓女采取物的形式的直接影响,就是把妓女从有用性的链条抽出。因为若要把色情对象从日常生活中分离出来,其首先必须"死亡",不再作为人存在,而要变成物,这样才能从同质化的社会中所塑造的追求有用性的生命链条中分离出来,因为她变为妓女后,不再需要像常人那样含辛茹苦地劳动,即退出了生产秩序,转变成了物,如此她才可以被"损耗"或耗尽。当然,妓女的物的一面或者所呈现的只是物的外表,真正地对有用性的毁坏还是其所具有的色情的动物性的爆发,在这种物质的消耗过程中,美娜达随时会不期而至,她不仅将自己耗尽,也将诱使迷恋

第二章 巴塔耶的色情思想:色情、禁忌与越界

她的对象把自己耗尽。

三 色情的历史,狂欢与婚姻

在上文关于色情概念的论述中,巴塔耶曾指出"人的色情"与"动物的性欲"相关,但不仅仅是动物的性欲,其意在强调的是色情的"人"的属性。色情之所以产生,也是因为"人"的出现。在此之前,沉浸于动物世界的人类与别的动物并无区别,其性欲也是动物性的,它以追求即时性的直接的满足为目标,性行为随意自然,不受丝毫限制,故也无任何色情成分可言。色情的出现与实践世界即人的思想世界的出现密切相关。人通过劳动对自然世界进行否定,从而实现了与动物分离并得以建立崭新的世俗世界。这个世界充满了各种"禁忌",这些禁忌的核心在于对人具有的动物性的掩饰和否定,那些具有强烈动物性色彩的特征与行为,如排泄、性欲、死亡等成为禁忌的对象。出于自我保存和生殖需要,在这些禁忌中,人们还是给人的性欲和性行为留下了一个比较大的空间。而巴塔耶认为,在这个允许的范围内发生的性欲及性行为,实际上并不是色情活动或并不被视为是色情的。

但是,色情的历史根本不是在规则所确定的界限中被接受的性活动的历史;事实上,色情只包含一个由违反规则来规定范围的领域。这总是意味着打破被认可的界限:在类似于动物的性活动中没有丝毫的色情。或许色情是相对罕见的(很难做出决断,因为我们几乎没有可靠的资料):它存在于这

个事实中,即被认可的性骚动的形式是这样产生的,以至它们不再是可以接受的。这就意味着从合法性过渡到禁忌。人的性生活自被诅咒的、被禁止的领域而非合法的领域形成。[1]

简而言之,色情就是对禁忌,尤其是对于性欲的禁忌的一种越界,它是对建立在禁忌基础上的合法性的违反与挑战,因此,巴塔耶说"让我们记住这点,色情是从婚姻之外的、不道德的性(la sexualité illcite)开始发展起来的"[2]。色情不仅是"不道德的性",还是对道德越界的结果。与色情相关的还有对"裸体"的禁忌。在巴塔耶看来,裸体其实是动物性的显现,这从裸体禁忌大都与性器官及其毗邻部位有关中就可以看出。这也赋予了对动物性的身体进行遮掩的穿脱衣服以特殊的意义:因为禁忌而穿衣;脱衣却是对这种禁忌的越界,因而具有了色情的意味。脱衣舞的色情意味由此产生。"淫秽"由此产生。

当然,巴塔耶也指出,作为一种越界的色情的出现还有更深一层的原因,这就是人天生具有的对神性或圣性的不可遏抑的追求。人固然是通过对其动物性施加各种禁忌而得以成就的,他也试图从实践世界的"算计和劳动"(les calculs et les travaux)中将自己与动物世界区分开来,但是人并未因此而完全放弃自己的"自主的欲望"(le désir de l'autonomie),所以,只要这些算计和劳动把人变为手段,而不是把人变成目的,人就会予以反抗。而"狂欢"和婚姻就是其表现形式。狂欢一般与"节庆"相关,在这些节日或庆典上,人们放纵自己的欲望,纵情于酒色,从而

---

[1] 巴塔耶:《色情史》,第104页。
[2] Georges Bataille, L'Histoire de l'érotisme, Œuvres complètes, Tome 8, p.111.

肆无忌惮地打破各种禁忌，借以寻找和重获自己的至尊性。显然，把狂欢作为一种越界的形式是容易理解的，因为人们在狂欢时，醉心的活动就是那些日常生活中被视为异端的和不被允许的活动。巴塔耶把婚姻也作为一种越界的形式，"婚姻是一种缩减了的越界形式——它是最小的可能的越界"[1]。这难免让人有些费解。从理论上来说，婚姻是一种合法的性关系，既然合法就不存在越界。但巴塔耶认为婚姻是一种越界的形式，即使是轻微的，这与人们对婚姻的惯常看法相冲突。

之所以如此，巴塔耶指出，是因为婚姻具有一种"暧昧的性质"，它本质上是一种规则允许的越界。首先，婚姻与献祭类似。因为杀人行为是被禁止的，但在献祭过程中所发生的越界行为，如对人的杀戮却是被许可的，所以巴塔耶说："如果我们承认献祭是一桩罪行，我们就认可了一桩合法罪行——一次被规则认可的与规则的决裂——的悖论！这里有一个困难。如果人们同意我的观点，在献祭中进行的谋杀在根本上是被禁止的，同样，在婚姻中进行的性行为从根本上也是禁忌的对象：禁忌就是规则——婚姻是一种违反。"[2] 显然，巴塔耶在此试图通过在献祭中的"合法的"越界来解释婚姻所具的"合法的"越界特征。在献祭中，对日常生活中杀人禁忌的违反成为合法的，而同样，在婚姻中，日常生活中所禁止的与女性发生性关系的禁忌，也被允许突破。当然，这只是个假设，为了论证这个观点的合理性，巴塔耶认为，色情是一种历史过程，婚姻只不过是围绕性的禁忌尤其是乱伦禁忌所建立起来的一种规则而已。

1　Georges Bataille, *L'Histoire de l'érotisme*, *Œuvres complètes*, Tome 8, p.130.
2　巴塔耶：《色情史》，第104页。

其次，与充当色情功能的妓女是一种礼物相类似，婚姻中的女性实际上也是一种礼物，其本质是她的父兄对乱伦禁忌的一种刻意的回避。父兄把与自己有亲缘关系的女性作为"礼物"通过婚姻这种形式"赠予"别的男人，这种行为对于父兄来说，也是一种"损耗"。因为这个举动已经把她从自己的部族的"有用性"的链条抽出并抛弃，让其成为对自己"无用"的人，这已经构成了对世俗生活的一种越界。此举其实也是一种献祭。婚姻同时还具有另一面，那就是婚姻虽然是一种色情的合法的越界行为，但是婚姻中的女人还承担着生殖和劳动的作用。也就是说，她虽在父兄眼中是被从有用性的链条中抽出，却进入以丈夫为核心的另一个有用性的链条之中，并发挥其生产性的功能，而她的角色的这种转换在某种意义上也使婚姻的特征更加"暧昧"。"在合法的夫妻的生活中……妻子没有变成满足所有男人欲望的色情对象。一个作为物的妻子，一方面考虑丈夫的嫉妒，一方面无视丈夫的嫉妒，她主要是生育和从事家庭劳动的妇女：这是她作为一块砖或一件家具存在的形式。"[1] 从中可以看出，在这里巴塔耶对妻子这个角色，其实也是对婚姻的作用，有了区分：即在婚姻中妻子虽然有色情的特征，对男性来说，是可以合法享有的色情对象；她本人也的确可以发挥色情的作用，但她更重要的职能却是生产性的，是以劳动的面目出现的，是物的或者说有用性的链条上的一环。她曾经具有的耗尽性特征逐渐失去并被掩盖起来。其只是性欲的对象，而不是色情的对象。

而正是因为婚姻的这种不完全的、暧昧的色情性质，狂欢才

---

[1] 巴塔耶：《色情史》，第117页。

成为色情的补充和爆发。当然，与婚姻一样，狂欢也是被认可的越界形式，只不过，其表现得更加强烈，也更为充分而已。而狂欢本身就是一种剧烈的越界行为。也就是说，狂欢也是合法地对禁忌的违反，是规则中允许的例外。借此机会，人们彻底地颠覆了自己在实践社会中因劳动所受到的奴役和降级，从而短暂地恢复和获得了自己的至尊性。

四 总 结

巴塔耶从他的总体性思想出发，指出了色情与性欲的区别，对色情本质上所具有的耗尽和礼物的属性进行了论述。同时，他也试图用婚姻和狂欢来建构和描述色情发展的历史，以说明色情的越界特征。他认为，色情作为人的独特的品质，表现了人的那种不可压制的否定性，而这也正是人之为人的原因。所以，他对人的色情活动更多地持一种赞许态度，虽然色情活动并不被社会规则所允许，"但是，从诱惑到诱惑，去寻找一种最终是自主和真实可信的生活，这才是人"[1]。这或许是他本人在生活中经常从事越界的色情活动的原因。

---

[1] Georges Bataille, *L'Histoire de l'érotisme*, *Œuvres complètes*, Tome 8, p.132.

第二节
色情的生产

在巴塔耶有关色情问题的论述中,对人类社会的各种"禁忌"的讨论,尤其是对"乱伦禁忌"的讨论占了很大篇幅。这固然是因为色情本来就与社会的禁忌有关,若要研究色情的由来,必须对它们之间的关系予以关注,但更重要的还是与巴塔耶对色情的理解相关。他指出色情虽与人的性欲或性行为有着密切的联系,却并不仅仅是或等于那种动物性的性欲或性行为,色情只属于人,是人的特性之一。但与一般人所以为的色情是人的天然的或固定的特性的观点不同,巴塔耶认为:就像从人到动物有个转化过程一样,从动物的性欲或性行为,到人的色情同样也有一个转化过程或途径,因此,与其说色情是人的与生俱来的或固定不变的特性,不如说它是一个动态的历史演化过程,在其中,色情的要素不断呈现并转化为相应的事物。

巴塔耶之所以要探讨禁忌或乱伦禁忌,其目的就是想弄清在由动物的性欲转化为人的色情的过程中它们所起的作用。他认为,没有乱伦禁忌,就不可能有色情。因此,他把乱伦禁忌看成色情产生的前提之一,这就需要对色情产生的历史进行考察。"这一点尤其重要,特别当色情后来发展出各种各样的形式,这些形式重申色情的基本主题:'婚姻的颠覆'、费德尔情结、消耗

第二章 巴塔耶的色情思想:色情、禁忌与越界

自身的欲望在一向以总体性为目的的活动中起作用。"[1]在色情的这三大主题中,除"耗尽自身的愿望"外,"婚姻关系的颠覆"和"费德尔情结"(le complexe de Phèdre,或译菲德拉情结)[2],这两者与乱伦禁忌有着更为直接的关系。所以,概而言之,巴塔耶讨论禁忌和乱伦禁忌的问题,其实意在讨论色情产生的缘由与其基本特征。巴塔耶对此问题的思考的重点,就是对色情的历史属性的强调和考察。本文亦循此思路,来审视巴塔耶对色情的产生与禁忌的关系的探讨。

一 否定,禁忌与色情

因为巴塔耶认为从动物的性欲或性行为向人的色情的转化的过程与动物向人的转化的过程密切相关,所以他对后者尤为关注,而他的独特的"世界观"也就建基于此。他首先将世界划分为动物世界和实践世界——"人的世界",人这种动物就是在这两个世界的区别中完成了由动物向人的转化。然后,巴塔耶又把人因出于对神性或圣性的向往而对实践世界的否定和超越所产生的那个世界称为"圣性世界"。

显然,这三个世界的发生和展开需要一个源始的动力,巴塔耶将之归于人天生就有的"否定"能力。这是人的一种根本的能力,也是驱动人走出自然成就自我的力量之源。黑格尔强调人的最重要的能力就是否定,尼采也曾把人描述成一个永不停息的充满否定的冲动的存在。

---

1 巴塔耶:《色情史》,第103页。
2 Georges Bataille, *L'Histoire de l'érotisme*, *Œuvres complètes*, Tome 8, p.107.

> 诚然，人比任何其他动物更勇敢无畏，更富于创新，更桀骜不驯，更敢于向命运挑战，一切其他动物加在一起，在这个方面也不如人。人，是勇于用自身进行试验的伟大试验者，他永不满足，欲壑无穷，他和动物、自然、诸神争夺最终的统治权；人，始终是个不可征服者，他永远憧憬着未来，自身力量的驱使让他无法安定宁静，他的未来使在现实中的他犹如芒刺在背，忙碌不停。[1]

如尼采所言，人就是这样一个充满欲望的"否定者"，正是其天生具有的这种否定能力，才使人不甘于简单地接受"给定的自然"，而通过劳动制造工具以对其进行改造，即否定，得以创造出了一个全新的世界，这个也可称为世俗世界的实践世界。与此同时，更关键的是，"人同样否定自身，进行自我教育，比如拒绝在满足其动物需要方面放任自流，而动物在这方面则没有什么保留。有必要承认，人的两种否定——否定既定的世界与否定自身的兽性——是互相联系的"[2]。在此，巴塔耶主要强调的是人的否定的双重性，一方面是对外部的自然进行否定，另一方面对内部的自然进行否定。正是这两者的作用，才使人脱离动物世界，或逐渐与动物世界区别开来。尤其是人对自身的否定，其所欲否定的对象正是人所具有的那些与动物共通的动物性特征，如排泄、性欲、死亡等。巴塔耶指出，这两种否定本质上虽是同一的，其手段却是不同的，对外部的自然的否定主要借助于工具和劳动，对内部的自然的否定所依靠的就是人所设定的各种各样的禁忌。

---

[1] 尼采：《论道德的谱系 善恶之彼岸》，第84页。
[2] 巴塔耶：《色情史》，第38页。

第二章 巴塔耶的色情思想：色情、禁忌与越界

换句话说，禁忌的出现和设置是一种"人性"产生的表现，它也是一种否定的表现，其所否定的对象就是人的动物性的特征和需要。巴塔耶以《圣经》中的亚当和夏娃为例来说明禁忌与"人性"，特别是与"性"相关的特点。在《创世记》的描述中，耶和华造出亚当和夏娃时，他们本来是"赤身露体，并不羞耻"的。此时可将其看作与自然一体的动物，但当他们吃了"善恶树"上的果子，知道了"善"和"恶"后，即成为人之后，才发现自己是"赤身露体"的，因而赶紧用无花果树的叶子编成裙子围在自己的身上。巴塔耶指出，《创世记》中所描述的亚当和夏娃的这种对"赤身露体"的禁忌，其实就是对性的禁忌，而正是这样的禁忌还有别的类似的禁忌，才使人由动物变成了人。从动物的性欲到人的色情也就因此产生。没有禁忌，也就没有色情。所以，巴塔耶说，"贞洁本身是色情的特征之一，也就是人特有的性欲特征之一"[1]。动物性的性欲虽与色情相关，但并不是色情。

巴塔耶进一步指出，这些禁忌，不仅把人从动物世界中区别出来，将人置于以理性为指导和服从劳动法则的实践世界之中，还使"色情世界"的出现成为可能。对于动物世界来说，色情世界可谓是"否定之否定"，它并非"实有"，只是一种"虚构"的产物，与世俗世界中对动物性的性欲的种种限制相反，其致力于打破在其上建立的各种禁忌，以释放人的被压抑和管制的动物性。因为这些禁忌虽使人成为人，可也使人成为处于奴役状态的"非人"，把人分割为一种孤立的碎片化的而非整体性的存在，

---

[1] 巴塔耶：《色情史》，第17页。

这势必将再一次激发出人的否定性，而人也势必对加于其上的种种禁忌进行否定。显然，这个色情世界就是人们重拾自己的至尊性的圣性世界。在其中，人摆脱实践世界中劳动的奴役，得以重新成为人。

二 人的特性与禁忌的对象：性欲、排泄，与死亡

巴塔耶虽然强调从动物的性欲到人的色情的转化，与人从动物到人的转化密切相关，并且指出从动物到人的转化是一个理所当然的概念，而这也是他讨论色情的产生问题的一个前提，但他坦承，这个重要的观点并非他独创，而是受黑格尔的相关思想的启发。不过，他认为，黑格尔虽对此一结论的发现和表述有所贡献，可并不全面。在此一过程中，被黑格尔认为起到关键作用的"欲望"却并非他所要强调的内容。"简而言之，现在我不会谈人类特性的第三个特征，这个特征涉及对死亡的认识。我仅仅要借此说明，从动物到人的转化这个几乎不可置疑的概念，根本上是黑格尔的概念。不过，黑格尔虽然坚持了第一个和第三个特征，却避开了第二个特征，他（通过闭口不谈）服从了我们遵循的普遍禁忌。"[1] 巴塔耶认为，黑格尔闭口不谈的正是禁忌本身，而禁忌以及其中至关重要的关于性的禁忌才是其中不可忽略的核心问题。

因为，在巴塔耶看来，在人的诸多特性中，否定性是其核心力量，由此出发，产生了人的三个最为基本的特征：第一，通过

---

[1] 巴塔耶：《色情史》，第39页。

第二章 巴塔耶的色情思想:色情、禁忌与越界

劳动对自然的否定;第二,对自身的动物性的否定,由此产生各种禁忌;第三,是对死亡的认识。这三个特征相互关联,共同铸就了人自身。而黑格尔只对人的第一和第三个特征进行了关注,如在《精神现象学》中,他首先演绎了人作为自我意识的诞生及其通过劳动否定自然的过程,其次又阐述了人对于死亡的认识以及其为追求承认而斗争的历史,却唯独对人如何否定自身的动物性没有予以深入研究。因此,与黑格尔不同,巴塔耶所要做的就是从禁忌的角度重新审视其余的两个特性,以探求人的自我否定方法和色情的由来。

巴塔耶认为,禁忌本质上是对人的动物性或动物需求的厌恶,即对自然的否定。它的产生有两方面的原因:一是因死亡意识而产生,因人认识到动物乃至自身的不可避免的死亡,引发恐惧,出现了对死亡和死者(或尸体)的禁忌;二是因从事劳动而发生的由动物到人的转化中所伴随的禁忌,如对性欲和排泄的禁忌等。如关于乱伦的禁忌就是一个最为突出的体现。这里有一点需要指出,那就是,巴塔耶认为,虽然人类对自己来自动物感到厌恶,并努力对其进行遮掩和控制,但无论何种禁忌,无论怎么限制和掩盖,其对人的动物性的各种否定都是虚拟的,"然而,这些形式只能被虚拟地否定。人类懂得将动物肉欲的世界限制在严格的范围内,这个肉欲的世界在这个范围内适得其所。但是人类并不愿意消除这个世界。他们甚至没有假装这样做:他们只需将它缩小,让它从光明中隐退,将它纳入黑夜,让它在黑夜中掩人耳目"[1]。"虚拟地"否定的原因,就是人不能与动物完全隔

---

[1] 巴塔耶:《色情史》,第47—48页。

离,因为它毕竟是动物,永远也不可能真正脱离自身的动物性存在,或自身所沉浸的"动物肉欲的世界"[1],若完全取消动物性,取消"肉"或"肉欲",等于最终取消自己存在的依据。这在客观上也对人给自身设立的各种禁忌进行否定,以回返自己的原本的总体性存在状态提供了可能。禁忌的否定虽然是"虚拟"的,其所起到的作用却是现实的和可见的,不管是哪一类禁忌,都为人之为人写下了清晰可辨的注脚。首先,是对性欲和排泄的禁忌。巴塔耶将性欲、腹部排泄物,如大小便、女人的经血等都归于这一类禁忌,实际上这是对人来源于动物以及其身上存在的明显的动物性特征的否定。对这些对象的禁忌,是设法引发我们对其的厌恶感,以将其视为"污秽",如我们常常对那些我们认为"污秽"的东西的气味都感到难以忍受。但巴塔耶随之深刻地指出,其实我们很难确定到底是因为我们对这些污秽的东西感到厌恶才觉得它们的气味难闻,还是真的是它们自身的气味让我们难以接受。此外,巴塔耶还引用了圣奥古斯丁的话,"我们在粪便和尿液之间诞生"[2],以说明我们诞生之初的状况。他强调,小孩起初对这些排泄物的反应并不像大人那么激烈,如对自己的大小便并不厌恶,对其气味也没有任何反感等,但我们会对其进行坚持不懈的教育,为其洗澡穿衣等,保持洁净,让其对这些东西产生厌恶,直至让这些厌恶成为"人性"的一部分。巴塔耶对此进行了质疑:"但是我们不知道,是这些我们所来自的污物本身不堪入目,还是因为我们来自这些污物,我们觉得它们不堪入目。显然,我们对自己来自生命,来自肉体,来自血腥的污秽感

---

[1] Georges Bataille, *L'Histoire de l'érotisme*, *Œuvres complètes*, Tome 8, p.51.
[2] 同上书,p.52。

到不快。从严格意义上来讲，我们可以认为，我们从其中分离的活生生的物质就是我们厌恶的首要目标。"[1]

显然，巴塔耶认为，这种对人身上的动物性特征的厌恶是必需的，因为若没有这些厌恶，以及由之产生的各种禁忌，我们和动物就没有区别。而对性欲的厌恶其实也与对人的来源，即动物性的生殖器官和生殖行为的厌恶有关。建立在这种对排泄物的厌恶之上的禁忌就是"清洁的禁忌"（les interdits de propreté），由此产生了对"文雅"（délicatesse）的追求。所谓文雅，无非是对人的动物性的得体的克制和遮掩，对这个禁忌的遵守与否，也因之成为区别文明种族和社会阶层的一个标准。巴塔耶认为，文雅是反自然的，是对动物性的焦虑，同时也是一种意欲"人化"的焦虑。而其关键点，在于对性，即对生殖器官及性行为的掩饰。不像排泄物，可以巧妙地掩饰；性的力量是强大和不可遏抑的，所以，人对于性的恐惧和厌恶要比对排泄物的更大，而加于其上的禁忌也就更强烈。从巴塔耶的这种思想中，可以看到尼采的影子：

> 我指的是病态的温情化和道德化，因此之故，"人"这种动物最终学会了对自己的所有本能感到羞耻。在成为"天使"的道路上（为的是在这里不用一个更严酷的字眼），人补益了自己败坏的胃和厚舌苔的舌头，他由此不仅厌恶这种动物的快乐和单纯，而且对生命本身也无兴致。有时他独自一人还捂住鼻子，对伊诺森茨三世教皇不加赞同地开列他所厌恶物品

---

[1] 巴塔耶：《色情史》，第48页。

的目录(不洁的生育,让人恶心的母体内的养育,业已坏了的人的生长所需的物品,可恨的恶臭,还有唾沫、小便、大便等分泌物)。[1]

当然,尼采在此谈到人对其所具的动物性的厌弃是与巴塔耶有一定区别的。尼采对人的"动物性"的评价与巴塔耶相反,尼采的动物性代表着一种意志的软弱与衰竭、没落,代表着一种"人"的失去。巴塔耶则把动物性看作人之所以为人的质的规定性,代表着"人"的回归。但两人在文明对人的动物性的厌弃这一点的看法上是相同的。

其次,巴塔耶谈到了对死亡的禁忌。本质上,对死亡的禁忌是对动物的最终命运的恐惧和隐讳,是人意识到自己的短暂与易朽而做出的一种痛苦的回避。巴塔耶把死亡的禁忌分为两种:其一是禁止杀人;其二是对与尸体的接触的限制。他认为,这两种禁忌也都与性和排泄物的禁忌有关,因为排泄物的性质很像尸体,如容易腐烂、有味道等,排泄的地方恰好接近性,甚至就是性的器官。更重要的是,死亡是与生命的产生相对立的,它是生命产生的条件,生命就是对死亡和腐败的否定。巴塔耶以亚里士多德的权力产生于"腐败"之中的观点来说明生命与死亡的关系,指出死亡对生命所产生的恐惧与诱惑。"在亚里士多德本人看来,这些自发地在地上或水里形成的动物,似乎是腐败的产物。"[2] 因为人的产生或自我意识的产生,正与意识到死亡有关,对死亡的恐惧不仅弥散到对尸体、排泄物之上,还蔓延到性

---

[1] 尼采:《论道德的谱系 善恶之彼岸》,第42页。
[2] Georges Bataille, *L'Histoire de l'érotisme*, *Œuvres complètes*, Tome 8, p.69.

行为上。而色情则是对这种恐惧的否定，它引诱人们铤而走险，去战胜自身对死亡的恐惧。这正是动物所缺乏的能力和意识，也是人所独具的"色情性"。

三 对乱伦禁忌的三种解释：科学、精神分析与社会学

无论色情是与何种禁忌相关，是与对性欲、排泄的禁忌，还是与对死亡的禁忌，其本质仍为人的特征，而禁忌的主要作用在于将其与动物的性欲分离，虽然这种分离"藕断丝连"，只是一种虚拟的否定，但也起到了至关重要的作用。在巴塔耶看来，对色情的生产来说，对性欲的禁忌才是根本的，其中直接相关的就是乱伦禁忌。"乱伦问题是在家庭范围内提出的：总是一种程度，或更确切地说，是一种亲缘关系的形式决定了与两个人的性关系或婚姻对立的禁忌。同样，亲缘关系的确定意义在于个体彼此之间的相互位置：这些人无法联姻，那些人则能够联姻，最终某些亲戚关系对可能的婚姻而言，体现了一种特权的迹象，甚至通常排斥其他一切。"[1]也就是说，乱伦禁忌发生在一种"亲缘关系的形式"之中，其实质是如何在有血缘关系的家庭内处理性关系的禁忌，即如何配置女性的禁忌。所谓乱伦就是亲属之间发生的"不正当"的性关系。

对于乱伦禁忌的回答，有诸多答案，其中比较广为人知的有几种观点。首先是科学的解答，即从优生学上讲，认为乱伦会导致人种的退化，为了规避这一可怕的结果，人类不自觉地逐渐将

---

[1] 巴塔耶：《色情史》，第19页。

乱伦视为禁忌。巴塔耶对这种解答并不满意，事实上这个结论也并不"科学"。其次，有弗洛伊德做出的精神分析学的解答，为了说明动物向人的转化，他把儿子与父亲的关系的变化作为一个重要的切入点，以试图解释杀人禁忌和不得占有其母亲或者姐妹的禁忌的产生。弗洛伊德从"塔布"（taboo）禁忌和"图腾"（totem）崇拜的关系入手，假想儿子们因出于对父亲占有自己的母亲或姐妹的嫉妒而弑父，多年后因产生追悔情绪，将父亲设置为图腾进行崇拜，因此：

> 假如图腾动物就是父亲，那么，图腾崇拜的两个主要禁戒（其内核是两条塔布禁忌：毋杀图腾，毋与属于同一图腾的女人发生性关系）就在内容上与伊谛普斯王（即俄狄浦斯王）弑父娶母这两大滔天之罪，与儿童的两大原欲（primal wishes 对这两大原欲的不充分压抑以及它们的再觉醒构成了几乎所有精神神经症的核心）吻合了。[1]

不准杀人和不准乱伦恰是人之为人的两个重要的特征，俄狄浦斯正是因为违反了这两大禁忌受到惩罚。弗洛伊德以此来解释乱伦禁忌虽然也成一家之言，但在巴塔耶看来，他的这一神话学假设还是失之漫漶，且又不够"科学"。他真正赞同的是列维-斯特劳斯对这一问题的思考。

列维-斯特劳斯在《亲属关系的基本结构》中详细探讨了亲属关系的构成，以及最为重要的婚姻制度的形成及其特点，其核

---

[1] 弗洛伊德：《图腾与禁忌》，邵迎生译，长春：长春出版社，2006年，第124页。

心为对女性在婚姻中的位置和分配规律的探讨。他指出,在古老的婚姻制度中,对男性择偶对象的规定,如异族通婚和乱伦禁忌的确立,其实是一种非常现实的选择,它针对女性而设立,却是整个社会中的"一个分配的交换系统"[1]。之所以如此,是因为女性具有特殊的生产能力,她不仅自己可以劳动,而且还可以繁育下一代,所以被视为一笔巨大的财富。而且,这种与交易不同的交换,在婚姻中交换的还不仅仅是女性的财富属性。列维-斯特劳斯认为,乱伦禁忌表面上是不准娶母亲或姐妹或女儿的法则,其实是要把她们嫁给别人(异族)的规定,而这本质上是一种"赠礼的法则"。他的这个观点的形成有赖于莫斯的《礼物》的思想的启发:

> 在今天的古典研究中,莫斯主张首先指出交换在原始社会中与其说是交易的形式,不如说是以互赠礼物的形式表现出来,其次,这些互赠的礼物在这些社会中比在我们的社会中占据了更加重要的地位;最后,这种交换的原始形式并非仅仅而且主要地具有一种经济的特征,而是让我们体会到什么可恰当地叫作"一种社会行为",也就是说这种行为同时具有社会的和宗教的、魔法的和经济的、实用的和情感的、法律的和道德的含义。[2]

巴塔耶认为,像莫斯一样,列维-斯特劳斯这种把婚姻置于原始社会的普遍的交换活动中的做法是正确的,婚姻的确是"一

---

[1] Georges Bataille, *L'Histoire de l'érotisme*, *Œuvres complètes*, Tome 8, p.31.
[2] 巴塔耶:《色情史》,第28页。

种总体的社会事实"。

但是,巴塔耶对列维-斯特劳斯的看法并不完全赞成。他认为后者虽然承认乱伦禁忌或婚姻是一种总体的或综合性的社会事实,但在理论解释中还是过于强调妇女的物质用途,并将其作为交换的重要原因。简单地说,列维-斯特劳斯强调的是性的"交换"法则,或婚姻的生产性质,"色情与这些法则之间的联系往往很难把握,因为这些法则主要是以婚姻为目标,而婚姻与色情总是彼此对立的。以生殖为目的的经济结合的特征变成了婚姻的主要特征。如果婚姻的法则起作用,那么它们应该早就已经以性生活的整个过程为目标,但是最终,事物发展到仿佛它们的唯一的目标是有用财富的分配。妇女具有了生殖和劳动的意义"[1]。而这一点巴塔耶认为恰恰是次要的。婚姻虽是一种礼物的交换,但是其后还有更为复杂的东西,这不是"总体的社会事实"所能涵盖和解释的。列维-斯特劳斯之所以不能深入阐释其更为内在的本质,巴塔耶指出有几个方面的原因,首先是列维-斯特劳斯的思维方式有很大的局限性,其过于注重科学的分析,所以会在自己的著作中列举大量的数据和总结大量的模式,而忽略哲学的总体思维,他虽然意识到了这一点,却并没有予以改善,其结果就是割裂了人与动物之间的那种不可忽略的"总体性",即主客体的融合,人与动物的交融。因为他只看到了从动物到人的转化,而没有发现,这种转化所具有的总体性的特点,或者并没有脱离其总体性的范围,所以,不能全面和深刻地把握乱伦禁忌背后的事实。巴塔耶指出,正是这种片段的分析的方法,导致列

---

[1] 巴塔耶:《色情史》,第36页。

维-斯特劳斯认为婚姻是社会的"一个分配的交换系统",其对婚姻的生产性予以强调,而没有理解婚姻与色情之间的关系的重要性。"色情一旦被婚姻摒弃,婚姻就倾向于只体现一种主要是物质的特征,列维-斯特劳斯指出了这种物质特征的重要性:因为保证令人垂涎的妇女-对象(femmes-objets)的分配规则保证了妇女-劳动力(femmes-force de travail)的分配。"[1]对于列维-斯特劳斯来说,发现婚姻的物质性特征是自然的,因为的确,从表面上看,婚姻是与色情对立的。但在巴塔耶看来,色情也好,婚姻也好,都具有双重的本质,婚姻其实是色情的一种短暂的形式,即越界的形式。这里的难解之处在于,巴塔耶指出婚姻其实开始也是一种规则(禁忌)认可的越界,但随着时间的转换,它的越界特征被遮盖和遗忘,最后呈现为一种物质化的和生产化的特征。这显然与巴塔耶对黑格尔的批评如出一辙。

四 色情的生产:婚姻、礼物与耗尽

巴塔耶对于乱伦禁忌与婚姻的关系的强调,以及对两者与色情的关联的看法,是其色情思想的一个非常重要的基点。他认为,应该在历史的发展过程中理解色情,而不应把色情理解为一个理所当然存在的特征。在这样的前提下,他把婚姻视为色情活动的一个起始点和转换点,或者说,他把婚姻的出现看作动物向人转化的重要时刻。

---

[1] 巴塔耶:《色情史》,第36页。(译文略有改动,原译文"妇女-物"修改为"妇女-对象"。)

在某种意义上，婚姻将利益与纯洁、肉欲及其禁忌、慷慨与吝啬相统一。从它最初的活动来看，它与兽性相悖，是赠礼。毫无疑问，列维-斯特劳斯清楚地阐明了这一点。他对这些活动分析得如此出色，以至于我们在他的概念中清晰地看到是什么构成了赠礼的本质：赠礼本身是放弃，是对兽性的、直接的、无保留的享乐的禁止。[1]

婚姻的复杂性即在于身处其中的女性的身份与功能的复杂，可以说，女人对于其本家族的男人来说，是个禁忌，因为她不能成为自己的性欲的对象，而只是一个礼物，所以对她的放弃使其家人包括其本人具有了人性，但对于异族的男人来说，她是一个性的对象，可以满足自己的动物性的欲望，因而她又是色情的。因此，巴塔耶认为，人的本质是由两方面的因素构成的，即乱伦禁忌和作为礼物的妇女的赠予。

得出这样的结论，当然与其思想方式有关。用他自己的话来说，就是他超越了列维-斯特劳斯的传统的"有限"经济学的考察方式，他从自己的"普遍经济学"的理论出发，对乱伦禁忌、婚姻和色情之间的关系进行了另外一种角度的观照。他指出，婚姻中的女人固然是礼物，是赠予，更是"被诅咒的部分"，是一种"损耗"，其功能与"奢侈品"相似，婚姻本身也是一种节庆的形式。

诚然，相对于列维-斯特劳斯的解释来说，巴塔耶的这个结论略微显得有些新鲜和陌生，但若从他的花费或耗尽的思想看

---

[1] 巴塔耶：《色情史》，第42页。

第二章 巴塔耶的色情思想：色情、禁忌与越界

来，并不怪异和突然。他以奢侈品和香槟酒为例来说明婚姻中女人的礼物属性，还有其赠予的意义，以及婚姻的节庆性质和其中所蕴含的对乱伦禁忌的突破所引发的色情的产生。巴塔耶认为，在礼物交换的过程中，用于交换的礼物的性质很有讲究，即充当礼物的东西，不能单纯只是用于消费的有用的物品，它多少应该具有"无用"的特点，通常都应该是"奢侈的对象"（l'objets de luxe）。"奢侈品生产的真正意义是来自那些拥有、接受或赠予的人的声望，奢侈品生产本身就是对有用劳动和人们用于生产某种有用物品的劳动的破坏（这与积累产品的有用力量、创造力量的资本主义相反）；对用于荣誉交换的物品的认可，使这些物品脱离了生产性消费。"[1] 其实，巴塔耶的这个奢侈品的论述就是其花费概念的体现，即奢侈品是注定要"损耗"的那部分东西，是"被诅咒的部分"。而且，这些奢侈品一般在仪式化的场合使用，如招待会、节庆等。香槟酒虽然也可供日常生活中饮用，但更为经常的是在一些庆典上享用，所以香槟酒本身就具有节庆的性质；节庆中人们虽然也喝自己酿制或购买的香槟酒，但更多的则是与人交换饮用，是因为赠予他人奢侈品可以带来更为强大的荣誉与声望。在节庆中，人们可以打破禁忌，肆意消耗，不再顾念香槟酒的"有用"的价值。巴塔耶认为，妇女本质上与香槟酒是一样的。她们是礼物，是命中注定要被"损耗"的奢侈品，她们被自己的父兄赠予异族，以免乱伦的真正目的是得到更为慷慨的回报和更为深刻的"交流"或"共通"。巴塔耶还进一步把妇女的赠予与性行为本身的特点联系在了一起。"当我在普遍经济

---

[1] 巴塔耶：《色情史》，第30页。

学的范围内,触及丝毫离不开色情的特征时,我们不会感到惊奇,激发普遍活动的运动的赠礼原则又建立在性活动的基础上。从它最简单的形式来看的确如此:在生理上,性行为是一种旺盛精力的赠礼。从它最复杂的形式,从婚姻及妇女在男人之间的分配法则来看的确如此。"[1]

在此基础上,巴塔耶又把妇女的交换、赠予与"夸富宴"联系在一起,同时又指出了夸富宴所具有的狂欢色彩和对性的禁忌的打破。而这正是列维-斯特劳斯失焉不察的东西,即未将夸富宴与其所具的色情结构相联系。他认为,夸富宴中妇女的交换与赠予,其目的即是家庭的建立,或婚姻的完成。婚姻也因此具有了节庆的含义。在其中,色情与对各种禁忌的越界融为一体。随着时间的推移,婚姻的这一特征逐渐被以生殖为特征的经济性目标所掩盖和替代。色情的含义也随之演变为对婚姻的越界,而不再仅仅是对乱伦禁忌的突破。

五 总 结

综上所述,可知,巴塔耶的色情生产理论立足于人的否定性,从其在人由动物向人转化过程中所起的作用入手,对各种禁忌,如性欲、排泄与死亡等产生的原因进行了分析,指出其禁忌的对象其实是人的动物性。而在众多的禁忌中,乱伦禁忌是色情最直接的生产动力,因为它在规定女性的分配与婚姻的法则的同时,也给色情的产生创造了客观的条件。巴塔耶批驳了对乱伦禁

---

[1] 巴塔耶:《色情史》,第29页。

忌的各种代表性的解答，用自己的"普遍经济学"的理论，揭开了蒙在最初的婚姻下面的色情性质，以及其中女人所具有的礼物的特征，阐述了色情表现形式的历史流变过程，从而对色情的越界本质再一次进行了强调。越界也因此成为他的思想中的关键概念和理论驱动力。

第三节
越界的理论

在巴塔耶的诸多重要的思想中,"越界"的影响颇大,甚至,只要谈到他的思想,就不可避免地会提到他的这个概念。1963年,福柯在《"越界"序言》里,就对他的越界思想,尤其是与性相关的越界思想激赏不已,"越界的经验,也许有一天它会像滋养它的土壤一样成为我们文化中一个决定因素,正如自相矛盾的经验早期的形式就是辩证思想。但是尽管有如此多的散落各处的符码,越界终会在语言中找到它的立锥之地,并将它的光芒洒满几乎整个未来"[1]。福柯将巴塔耶的努力归于对主体哲学的批判。而这种批判,即对以笛卡尔、康德、黑格尔等为线索的理性中心主义的攻击,其实并非自巴塔耶始,弗洛伊德、尼采等人已经对此展开了自己的工作,故他们的思想对巴塔耶的越界概念的形成产生了直接的作用。

诚然,巴塔耶的越界思想有对自启蒙以来所形成的"主体原则"的批判成分在内,但越界本身,在巴塔耶的思想体系中,却并不像花费、色情和至尊性等概念那么重要,或具有方法论的意义,更多的是对他所强调的人与生俱来的否定能力的一种修饰性

---

[1] 福柯:《"越界"序言》,王楠译,见《神圣与越界:基督教文化学刊》(第19辑),北京:宗教文化出版社,2008年,第53页。

表达。相对而言，越界在他的思想架构中并不是一个支柱性概念，而只是一个支持性概念。之所以越界仍受人重视，是因为越界是巴塔耶在进行各种理论构建时所依赖的一个基本的工具，而且就是把巴塔耶的整个思想体系看成一种越界的表现也并不为过。因此，从这个意义上来讲，越界在巴塔耶的思想中有着不可替代的地位。

随着巴塔耶的思想逐渐得到认识和重视，他的越界概念自身也已"越界"，溢出了巴塔耶的思想范围，成了一个普泛化的名词。可能正因为此，人们也大多在较为模糊的层面上理解和使用巴塔耶的越界概念。实际上，对于越界，巴塔耶有着较为严格的论述，它也因此拥有独特的含义，且也不仅仅与性或色情相关。

一 越界的基本概念：节庆、否定、动物性

简单地说，越界就是对某种已知的界限的跨越和否定。它既可以是一种自然现象，是对某种地理边界的跨越，如海平面的上升导致的对海岸的冲刷；也可以是一种违反社会规范的普通的"罪行"，是一种社会现象；还可以是一种宗教的"原罪"，即对"十诫"的违反。[1]若从这几个方面来看，巴塔耶对越界概念的表述与此并无大的区别。但是，他对越界的产生及其内容的理解和阐释，却比此定义更为复杂，也更为宏阔。这主要是因为他将越界置于自己的整个思想体系中，并赋予了它新的意义。是故，要想了解巴塔耶的越界概念，同样离不开对他的整个相关的思想

---

1 参见维基百科，"越界"(Transgression)词条：http://en.wikipedia.org/wiki/Transgression。

构架的把握。

与色情一样，在巴塔耶看来，越界也是一个"历史"概念，具有延展性，它的出现与"节庆"有关，而其本身也具有节日或庆典的特征。它是对日常生活秩序和状态的一种公然的否定和拒斥，是对"禁忌"的违反。他以原始社会中"国王之死"为例来说明他的这个观点。据说在一些原始部落中，国王之死，往往会引发巨大的骚动，以往正常的社会秩序会在一夜之间土崩瓦解，大家不再遵循日常生活中的法律和禁忌，肆意放纵自己的言行，整个社会因此陷入可怕的混乱中，人们烧杀抢掠、奸淫犯罪，似乎再也无所顾忌，而这种极端的情景与节日的狂欢非常相似。巴塔耶指出：

> 有时，面对死亡，面对人类的野心的失败，一种无限的绝望会成形。似乎那些自然的疾风暴雨和骚动，重新占据了优势，通常人是以向其屈服为耻辱的。在这个意义上，国王的死容易产生恐惧和放纵的最明显的结果。至尊的性质要求，这种失败的、屈辱的情绪——它总是被死亡引发——达到这样一种程度，似乎没有什么东西更值得对抗这种动物性的狂怒。[1]

在此，巴塔耶把国王之死引发的骚乱与人们对"至尊性"的追求联系到了一起，而至尊性的本质即在于对死亡的蔑视和否定。国王是一个社会的秩序和理性的象征，其死亡往往意味着理

1　Georges Bataille, *L'Histoire de l'érotisme*, *Œuvres complètes*, Tome 8, p.77.

性与秩序的崩溃,并由此使人们产生巨大的虚无感:国王所代表的理性和秩序并非坚不可摧,其生命也并非永恒之物。因而人们不仅不再恐惧死亡,反而向死亡发起挑战,以谋求至尊性的实现。并且,不仅仅是国王之死或普通人之死的情况下,人们会这样,在绝望的境遇中,如巨大的灾难面前,以及节庆中,都会这样表现。"但是,伴随死亡的放纵根本没有放弃这个世界,禁忌使这个世界充满人情味:这是节日,无疑,这也是一个时刻,人人停止劳作,随心所欲地消费产品,故意违反最神圣的法律,但是这种过分的行为认可和完善了一种建立在法则上的事物的秩序,它只是暂时地反对这个秩序。"[1]在节日中,人们有意违反和践踏日常生活中的秩序,这个秩序就是理性的秩序、劳动的秩序,是建立在一个同质化的社会之上的生产性法则。它平时对人进行约束,以积累财富,而只有在节日中才允许人们违反,对已积累的财富进行肆无忌惮的耗尽。

巴塔耶指出,人们在国王之死或者在节庆中所表现出来的恣意妄为的情形,其实是一种有指向的运动,这就是"向呕吐物的回归"(le retour au vomi),而这种"呕吐物"就是已经被人摒弃并"妖魔化"的"动物性"。但人对这种对动物性的回归,并不是彻底地回到了人的原来的动物状态或动物性,这只是一种暂时的行动,它是一个节庆的时刻。巴塔耶之所以这样认为,与其对否定的理解和对世界的看法有关。首先,巴塔耶认为,否定是人天生就有的一种能力,它是人得以存在的一个内在的质的规定性,同时也是人这种动物得以进化的基本动力。其次,在此前提

---

[1] 巴塔耶:《色情史》,第74页。

下，人们通过劳动对自然进行否定，借此脱离动物世界（即脱离自然），进入人的世界（即世俗世界）。在巴塔耶看来，这两个世界是不同的，支配前者的是动物需要的即时性的满足和死亡，支配后者的是一套建立在劳动基础上的实践性法则，它以生产为核心，因恐惧死亡而执着于对生命的保存和生殖，讲究理性和秩序，是一个不以动物性的满足为目标，或者说是以生产为目的的世界。在这样的世界中，人不免受到各种压抑而生活于奴役状态之中，但人基于自己的否定能力和天生的对神性的向往，再次对这样一个使自己陷于奴役状态的世界进行了否定，以向自己曾经否定的动物状态回归，但这并非真的回到那个原始的动物世界，而是通过这种回归活动，进入了另外一个至尊性的世界，即圣性世界。

对于这一过程中所发生的两次否定，其核心或中介就是动物性，它既是对动物性的否定，也是对动物性的回归。但根据巴塔耶的理论，虽然同为动物性，第一次的动物性和第二次是不同的：第一次的动物性是赤裸的原始的最初的动物性，与所有的动物的动物性相同；第二次的动物性是经过人的加工的动物性，即"圣性"，这是别的动物没有的。"第一次的根除没有被抹去痕迹：在节庆的过程中，人们让他们在世俗时间所否定的活动放任自由，在人类世界的范围中，这些活动有其意义——它们只在这个范围里有意义。况且，这些活动不可能被误认为是动物的活动。"[1] 在这里，巴塔耶指出了作为人的"根"的动物性在这一双重否定中所起的作用。显然，在脱离自然的第一次否定中，动

1　Georges Bataille, *L'Histoire de l'érotisme*, *Œuvres complètes*, Tome 8, p.78.

第二章 巴塔耶的色情思想:色情、禁忌与越界

物性并没有被完全"根除",或者说真的被连根拔掉,其原因在于人说到底还是动物,不可能彻底脱离动物性而存在,故只是处于一种"根除"的状态。之所以如此,就是因为"世俗时间"的"人化"所致。因此,一旦到了节日,那些被压抑和否定的源自"根"即动物性的东西就会借此机会爆发,这种爆发其实就是向"根"的一种"回归"。但这和动物的动物性的"冲动"是不一样的,动物是直接的、任性的,是"根"的欲望的无意识的释放,而不是人的向"根"的有意识的"回归"。人虽然已经成为一个"被根除的存在"(un être arraché)[1],但仍不断向自己的"根"回返,这也构成了人对至尊性的永不停息的追求。巴塔耶的思想有尼采的影响,尼采也认为人身上的那个"野兽"实际上杀不死的:

> 几乎所有我们称之为"较高文化"的东西都以残酷的精神化和深化为基础——这是我的命题;那个"野兽"根本就没有被杀死,它活着,它兴旺,它只是神化了。那构成悲剧的痛苦的欢乐的东西就是残酷;那种在所谓的悲剧的同情中,在根本上甚至在一切崇高到形而上学的最高和最脆弱的战栗中令人愉快地起作用的东西,只是从所掺入的残酷的成分中得到了自己的甜头。在角斗场中的罗马人,在十字架的兴奋中的基督徒,面对执行火刑的柴堆或斗牛的西班牙人,今天那些涌向悲剧的日本人,……所有这些人所享受的,并且从神秘的性欲冲动狂饮的东西,是伟大的女魔的"残酷"的春药。在这里,人

---

[1] 此段解释参考了相关的英文翻译:Georges Bataille, *The History of Eroticism*, see *The Accursed Share*, Trans. by Robert Hurley, New York: Zone Books, 1991, p.90。

们当然必须抛弃陈旧而愚蠢的心理学,它只知道教关于残酷的学说,它在看着别人受苦时才产生;存在着一种丰富的、过分丰富的享受,这种享受就是自找苦吃,自己使自己吃苦……[1]

尼采是用人们的非理性的疯狂行为来说明人身上的这种动物性不可磨灭和让人恐惧的"残酷"的爆发,如罗马相互杀戮的角斗士,在十字架上垂死挣扎却又不无兴奋的基督徒,还有西班牙玩命的斗牛士等。后者巴塔耶不止一次提及,他的小说《眼睛的故事》中就有西班牙斗牛士亡命斗牛场的情节。但在此他则用作为人的发泄的笑与节庆的关系,与动物的发泄相比较,以区分在这两种否定中所展现的动物性的不同。因为动物在满足自己的欲望或发泄时是不会笑的,而人却会在节庆的到来之际开怀大笑。事实上,笑就是节庆的开始。巴塔耶以此指出了两者的差异。因此,巴塔耶指出:

在这里我要强调一点:节日表面上是人回归令他作呕之物,但归根结底有相反的意义。我说过,人与动物的对抗是最初的、创造性的人类否定,涉及人并没有选择的自然状况及身体的依赖:节日的中断根本不是放弃独立的一种方法,而是朝自主运动的结果,自主与人永远是一回事。[2]

因此,节庆解放的不是那种单纯的"最初的动物性",而是"圣性的动物性"。节庆否定的是通过禁忌和劳动所建立起来的

---

[1] 尼采:《论道德的谱系 善恶之彼岸》,第247页。
[2] 巴塔耶:《色情史》,第74—75页。

世俗世界。这个世界否定的是那种动物性的状况,即服从于"死亡和非常盲目的需要",对"神性"的向往要求否定所有的"依赖性",其在世俗世界中就是一种奴性——它服从于劳动和生产法则。对此的否定,即越界,它表现为一种向动物性的回归,但实际上这种动物性只是采取动物形式的"圣性"。

当然,这两种否定所引发的反应是不同的,巴塔耶指出了两种否定的不同特征:世俗生活对自然的否定让人平静,而越界的否定却是让人激动和狂热。越界即为这种否定,是来自"神性或圣性世界的否定"[1],它对人的世界的世俗性剧烈地否定。

二 越界与禁忌:费德尔情结与死亡

如巴塔耶所言,越界本质上是"对动物性的否定"的否定。对动物性的否定,方使人成为人。其具体的否定手段,巴塔耶认为是禁忌。他指出,我们之所以对自然感到"厌恶"或"恐惧",将其视为"呕吐物",是因为我们意欲回避我们的动物性,回避我们的肉体,回避我们是会死亡的存在的事实。"我们厌恶自然的基本意义是什么?我们什么也不愿依赖,我们回避肉体的诞生地,由衷地反抗死亡的现实,普遍地怀疑肉体,也就是说,怀疑我们身上偶然的、自然的、不持久的东西,这对我们每个人来说,代表了某种活动的意义,这种活动促使我们以远离污秽、性功能和死亡的形象看待人。"[2] 在这些厌恶动物性的活动中,巴塔耶认为宗教的表现最为典型,其基本上就是通过否定人

---

1 Georges Bataille, *L'Histoire de l'érotisme*, *Œuvres complètes*, Tome 8, p.81.
2 巴塔耶:《色情史》,第75页。

对自然条件的依赖和喜好,来指导并强化人的精神属性,以脱离所谓野蛮状态。

不过,巴塔耶认为,我们固然可以否定性欲、污秽、死亡,可以坚持认为世界屈服于自己的活动,但这种否定是"虚拟"的,它并不能真正地否定我们是动物的事实,因为我们无论如何也会死去,我们最终必然会腐烂,会消失,所以我们才会做出越界行为,才会出现对动物性的回归,以求得至尊性的瞬间体验。因此,巴塔耶指出,越界实际上就是对动物性的禁忌的否定。这些禁忌,就是越界所欲僭越的"边界"。在越界中,其与边界的关系互为表里,相当复杂。福柯在谈论巴塔耶的越界概念时是如此描述越界和其所僭越的那条"边界"的:

> 越界是与边界息息相关的一种行为,一种这条线的狭小的区域内展现出或隐或现的道路,但或许是完整的轨迹,甚至看得到的起点;很可能它占据跨越边界的整个空间。规诫与越界之间的活动似乎受到单一斥力的控制。越界在每次极短的时间内不断跨越、再跨越一条转瞬即逝的边界,并最终被迫重新回到恰好不可逾越的起点。但是所发生的关联是相当复杂:这些元素被置于不确定的互文中,被放在瞬间让人失望的确定性中,以至于思考一旦试图抓住越界的瞬间,顿时失灵。[1]

所以,如要真正理解越界,则必须要知道它所欲逾越的界限在哪里,又是什么东西。这是理解越界的前提条件。对于巴塔耶

---

[1] 福柯:《"越界"序言》,王楠译,见《神圣与越界:基督教文化学刊》(第19辑),第53页。

来说，他的越界所要不停地穿越的那个"边界"就是各种各样的禁忌。通过对人类社会的禁忌的研究，巴塔耶将关于动物性的禁忌分为两种类型：一是对性欲及排泄的禁忌；二是对死亡的禁忌。他认为，正是这两种禁忌，使人在否定外在的自然的同时，也否定了自己内在的自然，脱离了动物世界，成为世俗世界中的人。他在探讨越界时，就从这两个方面予以展开，即以人对这两种禁忌的否定来考察越界的类型与特点。

首先是对性欲及排泄方面的禁忌的越界，其中，尤以乱伦禁忌为最大的"界限"，因此，对乱伦禁忌的否定或越界就更为典型，也更能唤起强烈的震撼。巴塔耶认为正是对此一禁忌的越界产生了色情。他以"费德尔情结"指称由此产生的越界行为。费德尔是古希腊神话中的人物。而最早以其为原型进行创作的是古希腊戏剧家欧里庇得斯，他在《希波吕托斯》一剧中，讲述身为后母的费德尔为了报复养子希波吕托斯对自己的爱的拒绝，以及逃避她爱上前者的耻辱，设计上吊自杀留下遗书，以诱导丈夫忒修斯（Theseus）驱逐儿子并发出诅咒，让海神波塞冬杀死他，希波吕托斯也因此在海边遇到公牛，因他的马受惊吓而出事身亡。但在此剧中，希波吕托斯的死亡是由于他不尊崇库普里斯（即爱神阿佛洛狄忒）而受到后者的报复，如库普里斯看到希波吕托斯喜欢打猎，唯独对森林女神阿尔忒弥斯情有独钟，而对爱神亦即自己不以为然时，勃然大怒："敬重我权力的，我也尊重他们，/ 对我傲慢无礼的，我将打倒他们。/ 因为，神界也有同样的习气：喜欢受到人们的崇敬。"[1] 巴塔耶所命名的"费德尔

---

[1] 欧里庇得斯：《希波吕托斯》，见《古希腊悲喜剧全集》（第4卷），张竹明、王焕生译，南京：译林出版社，2007年，第535页。

情结"来自法国十七世纪戏剧家拉辛在《费德尔》剧中所塑造的费德尔。与欧里庇得斯的《希波吕托斯》相比,拉辛的费德尔不仅是希波吕托斯死亡的直接责任人,还是一个面对自己的不伦之恋极为矛盾的人,一方面,她知道自己对儿子的爱是不道德的,所以,将自己的爱化为恨,"为迫害他我简直不遗余力,/为了驱除我钟爱的敌人,/我装成一个暴虐的后母"[1],另一方面,她却因为对方对自己的恨而更爱对方,"我要避开您,还要驱逐您。/我有心显得可恨,不通情理,/为了抗拒您,我挑起了您的仇恨。/但是这些努力不都是枉费心机?/您越是恨我,我却越是爱您"[2],这就是所谓的"费德尔情结"。通过费德尔情结,巴塔耶探讨了"恐惧(或厌恶)与欲望的联系",即指欲望与乱伦禁忌的冲突。因为正是有禁忌,希波吕托斯才会对费德尔产生诱惑和由之引发越界的冲动。这种禁忌越强烈,越让人恐惧或厌恶,它的诱惑也越大,而克服想得到的欲望就更加强烈。"通常来看,要克服抗拒,欲望的意义应更加丰富:抗拒是一种考验,它为我们提供欲望的真实性并以这种方式赋予欲望一种力量……如果我们的欲望没费多大力气克服我们不可否认的厌恶,我们就不会相信厌恶如此强烈,我们就不会在它的对象中看到如此有权刺激欲望的东西。因此,由于对可能犯罪的恐惧,费德尔的爱情变得强烈了。"[3] 当然,巴塔耶也指出,这种恐惧或厌恶固然有诱惑在内,但其不能超过人的容忍程度。否则,效果可能适得其反。不仅不能让人产生越界的冲动,反而会使人失去对禁忌对象

---

[1] 拉辛:《费德尔》,见《拉辛戏剧选》,齐放等译,上海:上海译文出版社,1985年,第205页。
[2] 同上书,第225页。
[3] 巴塔耶:《色情史》,第79页。

的欲望。

其次是对于死亡禁忌的越界。巴塔耶以尸体或"腐败的尸体"对人的吸引力为例来探讨其与死亡禁忌的关系。显然，自从人脱离动物世界迈入人的社会之后，不准杀人就是一个普遍性的禁忌。而与死亡有关的各种事物也成了此一禁忌的对象，对死亡或死去的人的尊重即是一例。面对一个人的死亡或者面对一个人的尸体时，我们也常会产生恐惧或厌恶的情绪，即便如此，我们还是会忍不住对死亡或死人予以关切。巴塔耶以比较极端的例子，即腐烂的尸体对人的吸引力来说明这种情况。他认为，这种矛盾的现象固然有费德尔情结的作用，但并不是关键的因素，因为费德尔情结更多地作用于乱伦禁忌。巴塔耶推测，对死人的禁忌和禁止杀人这两种禁忌其实有着密切的关系，因为原始人认为死人都是被谋杀致死的，非自然死亡。尸体之所以对我们有一种吸引力，并不是尸体本身，而是其后所隐藏的那种杀人的事实。"倘若果真如此，我们不会对我们几乎意识不到这一点感到惊奇。我们不愿意想，我们会杀人，更不用说我们会喜欢杀人了。"[1] 换句话说，巴塔耶的结论意在说明，人们想否定杀人禁忌，对其进行越界。尸体所产生的吸引力本身就是一种越界的表现。

三 越界的经验：焦虑、恐惧，与总体性

在巴塔耶看来，无论越界是哪种类型，它在发生时往往会伴

---

[1] 巴塔耶：《色情史》，第81页。

随着强烈的情感状态,那就是"焦虑"。他认为,越界本身是一种焦虑的表现,而焦虑的状态其实就是一种"花费"或"耗尽"的状态,在这一过程中,通过对死亡的挑战,来获取至尊性的实现,同时以达到对"总体性"的追求,以将处于世俗世界的奴役中的人重新还原为享有自主性的人。这也是越界的真正的意义。在巴塔耶看来,焦虑又与"恐惧"密不可分,焦虑实质上是对可能的恐惧的焦虑。而恐惧是对人身上与生俱来的动物性或不可抗拒的死亡的体验。当一个人面对动物性或死亡的到来时,就会产生恐惧,并进而为此焦虑。

因此,在越界中,焦虑的存在是不可回避的,因为越界就是直接面对动物性或死亡,这其中就有恐惧的发生,有恐惧便会有焦虑。事实上,焦虑的出现恰可从一个侧面来证明越界的发生。这从费德尔在对希波吕托斯的爱恋中所表现出的那种矛盾不安的情绪和状态中就可以看出来。因此,巴塔耶指出,在"费德尔情结"中,"性欲——与一个不断将一部分人抛入坟墓的活动的吸引力一致——在某种程度上被我们对这个活动的厌恶(l'horreur,或译为恐惧)激发。罪愆令费德尔厌恶,秘密地培植和孕育了她的不由自主的热情,性欲的死亡芬芳如同罪愆一样,保证了性欲的全部力量。这就是焦虑的意义,没有焦虑,性欲不过是一种动物活动,不是色情"[1]。色情在越界中产生,而焦虑是越界的状态,正是焦虑使费德尔对希波吕托斯的性欲转化为色情。巴塔耶认为,焦虑的实质就是一种对死亡的蔑视和渴求,就是一种恐惧中的焦虑体验。他以"眩晕"(le vertige)为例

---

1 巴塔耶:《色情史》,第83页。

来说明焦虑的这一特质。当人们站在高处往下看的时候，难免会产生眩晕之感，可此时我们的恐惧并不是中断了，反而出现了一种想往下掉的欲望。笑也具有同样的特点，当我们身处险境时，明知道我们应该停住笑，可还是忍不住笑。而且，越是危险，越是让人恐惧，就越是焦虑，越是控制不住自己。这是因为，焦虑让人意识到生命是"虚无"（vide）的，"在这样一个虚无面前，人是一个实体，有丧失实在的危险，人既渴望又害怕失去极限。仿佛极限意识需要一种不确定的、悬而未决的状态。仿佛人本身是对一切可能性的探索，他总是走极端和冒险。因此，一种对如此顽固的不可能性的挑战，一个如此丰盈的虚无欲望，只能以死亡的终极空虚结束"[1]。焦虑的存在就是意识到死亡的存在，也就是克服死亡的欲望。

越界就是对"极限"的挑战，就是想走极端和冒险，想知道到底有多少"可能性"，看看自己到底能走多远。与此伴生的就是焦虑及其背后所隐藏的那种意图"损耗"或"丧失"自我的欲望，显然，这个欲望的目标就是希翼获得至尊性并由此产生巨大的情感愉悦。巴塔耶以色情给人带来的那种心荡神怡的状态为例以说明其所具有的状态：它既是快乐的，也是过度的。可这种状态的获得需要消耗能量。"在欲望走向空虚——有时走向死亡的时候——焦虑或许是一个欲求更多和增加欲求之物吸引力的理由，但是最终，欲求之物总是有快乐的意义，而且不管怎么说，此物都不是无法认识的（此物不是不可得到的）。至于色情，如果不从根本上认为它的动力是快乐而去寻求，则是不可宽恕的。

---

[1] 巴塔耶：《色情史》，第84页。

一种极端的快乐。"[1]实际上,色情本身就是很"昂贵"的,具有很高的"价值",它要求我们"耗尽"更多的能量。而巴塔耶指出,不仅是色情,所有的越界行为都可视为一种耗尽活动。根据他的花费或耗尽理论,即将过剩的能量用于非生产性目标,而这部分能量是注定要"损耗"或"丧失"的部分。如色情本身就是一种非正常的性行为,它与性所要求的生产性相悖,但这是不得不"损耗"的能量使然。与此有关的能量的消耗,甚至生命的耗尽,也就因而变得可以理解了。如与夫妇关系相比,情人关系则是一种越界;与夫妇忙于"获取"不同,情人则醉心于"耗尽",以追求享乐。

通过把越界引起的焦虑归于耗尽,巴塔耶指出了越界的意义,那就是对他所说的总体性的追求。他认为这也是欲望的对象,或者说越界的目标。他指出,"欲望的对象是存在的宇宙或总体性"[2],而与"理智"的世界无关。理智代表着科学与抽象,是巴塔耶用来说明世俗世界的特点的一个关键词。人们正是依赖理智建立了"功利性"或"有用性"的世界,在其中,每个事物都要回答"它是干什么的"[3]这一问题。比如,制造镰刀是为了收割,收割是为了食物,食物是为了劳动,劳动是为了工厂造镰刀。如此周而复始,便构成了这个理智世界也即世俗世界。而巴塔耶认为理智从事物是否"有用"来确定其存在的意义,这种抽象的本质忽略了事物的"实在的具体的总体性"。其次,正是理智的这种抽象作用,使原本隶属于一个总体的事物出现了主

---

[1] 巴塔耶:《色情史》,第85页。
[2] Georges Bataille, *L'Histoire de l'érotisme*, *Œuvres complètes*, Tome 8, p.96.
[3] 同上书, p.97。

第二章 巴塔耶的色情思想：色情、禁忌与越界

客体的分离，出现了奴役和被奴役，出现了彼此的依赖而不再具有自身的意义。

显然，理智制造的这种分离是违背总体性的，且与人的天性相违背，所以，恢复这种总体性，或者说返回到这种总体性中，是一种必然性的要求。因为总体性恰恰是要打破这种分离：

> 总体性的确与一般思考不相关，原因是它同时包括客观现实和认识客观现实的主体。无论客体还是主体都无法单独形成一种包含全体的总体性。尤其，总体性以"自然"的名义为科学精神服务的东西，只是一幅漫画罢了；这是与一种观念截然对立的，这种观念认为，在（任何禁止也无法阻挡，任何计划也无法反对，任何劳动也无法限制的）无限性欲之中，它的客体恰恰是实在的具体的总体性：这就意味着我欲笨拙地加以描述的主体与客体的融合。[1]

巴塔耶在这里想说明的是，他所谓的总体性就是主客体的"融合"，即至尊性的达成或实现，而非主客体的区分以及主体对客体（自然）的科学研究，或将客体予以对象化。在总体性中，主客体最终是以融合为目标的。如在情人们的"拥抱"中，就可以看到这一点。巴塔耶指出，当自视为孤立的个人在与另一个个人拥抱时，其欲望的对象就是"存在的总体性"，即"宇宙"。只不过，此刻宇宙是以被拥抱者的形象出现的。

---

[1] 巴塔耶：《色情史》，第97页。

> 一句话,欲望的对象是宇宙,宇宙以她的形式出现,在拥抱中她是宇宙的镜子,我们在镜子中反射自己。在融合的最灿烂时刻,纯粹的光芒,犹如突如其来的闪电,照亮了可能性的广大原野,在这片原野上,这些各不相同的情人们在他们自愿达成的微妙境地之中,被缩小,灭绝,驯服了。[1]

在拥抱的那一刻,谁与谁拥抱已不重要,也没有拥抱和被拥抱者,两者同时抵达了那种久违的总体性。这种总体性,巴塔耶认为就是已经被否定的动物性,如今通过越界,即否定再否定,终于再次得到回归。所以,我拥抱的实际上是对方身上的动物性,这种动物性既让我激动,也让我恐惧,我的欲望却驱使我去体验这种恐惧,这使我焦虑,当然,"享乐"或由此产生的至尊性也就不期而至了。

四 总 结

综上所述,可知巴塔耶的越界的概念不仅不简单,反而相当复杂,牵涉了他思想的方方面面。如越界中所包含的否定、节庆、动物性的几个要素,其与禁忌的关系,内在的因恐惧产生的焦虑及其背后所蕴含的耗尽的特点,以及越界最终所欲达到的总体性等,都是巴塔耶在自己的思考中始终关注的东西。而他在此基础上还接受了布朗肖对萨德思想的解释,后者认为"萨德思想的基本特征是对利益和性伙伴生活的最漠然的否定"[2]。而巴塔

---

1 巴塔耶:《色情史》,第96—97页。
2 巴塔耶:《色情史》,第148页。

耶觉得萨德的这种否定或这种"冷漠"（l'apathie）强化了越界色彩，也因之成为色情的极为强烈的耗尽形式，而且这也是一种真正的至尊性。因为对利益和可以使自己获得快乐的性伙伴的承认其实也是一种奴役，而对其置之不理，对其冷漠待之，才是一个真正自主的人，或者说才能称为真正的至尊。因此，理解越界，不仅是理解巴塔耶的思想体系的一个很好的切入点，也是理解至尊性的一个重要的途径。

第三章

巴塔耶的至尊性思想：
至尊、至尊性与国家批判

第三章　巴塔耶的至尊性思想：至尊、至尊性与国家批判

与"花费"和"色情"不同，巴塔耶的"至尊性"是一个不断发展变化的概念。尽管他在1928年自己第一本正式出版的小说《眼睛的故事》中就已经无意识地触及了这个概念，却并没有对其进行深入的思考。此后，从1933年他最为著名的单篇论文《花费的概念》开始，以及同年发表的《法西斯主义的心理结构》，到1949年《被诅咒的部分》第一卷《耗尽》出版，他始终没有停止对这个主题的探讨，这些探讨依然较为零散和随意，篇幅也较小。直到1953年，他正式写作《被诅咒的部分》第三卷《至尊性》时，才有机会对至尊性思想进行系统的梳理并做出较为集中的论述。所以，在研究巴塔耶的至尊性思想时，因为其所具有的"将来过去时"的特点，对他的这一重要的概念的理解很容易出现偏差，甚至忽视其重要性，它的影响也远不如花费与色情思想那么大。而我认为对至尊性的理解，恰恰是打开巴塔耶思想迷宫的一把关键的钥匙。因为这是他在经过漫长的思想旅程后所抵达的终点，也是他的花费和色情思想的内核。而且，更重要的是，巴塔耶还从至尊性这个概念出发，尝试着建立自己的政治哲学体系。这也是他的思想体系的重要组成部分。因此，对至尊性进行细致分析，在此基础上再对其政治哲学的架构进行讨论，是完整理解巴塔耶思想的必需环节。

第一节
至尊与至尊性

一 至尊性的概念

正是由于至尊性是一个"生成性"的概念,是一个巴塔耶在其思想历程中不断建构和完善的概念,所以,在具体的理解中,就出现了很大的困难,甚至,连巴塔耶围绕此概念展开的相关的著作,也让人觉得困惑。对此,法国巴塔耶权威学术传记《乔治·巴塔耶:在著述中死亡》的作者米歇尔·索亚就认为,"在巴塔耶的所有文章中,《至尊性》也许是最奇怪的,甚至,也许是最'疯狂的'"[1]。而目前国内对巴塔耶的这一概念的理解同样存在很多误识,这尤其体现在对这个概念的翻译中,现在大都按照该词的词义将其译为"主权"或"自主权",若仅从这个词字面的意思来看,这样的翻译并不为错,但并不能完满地传达巴塔耶在使用这一词时所蕴含的意义。"主权"或"自主权"正是巴塔耶在定义和使用这一概念时,希望避免的一种简单化的理解。

---

1 Michel Surya, *Georges Bataille: An Intellectual Biography*, p.437.

第三章　巴塔耶的至尊性思想：至尊、至尊性与国家批判

我所说的至尊性，与国际法所定义的国家的主权的关系不大。一般说来，我所谈及的是在人的生命中，反对奴役和屈从的那一面。从前，至尊性属于那些被称为首领、法老、国王、万王之王的人，他们在现实人类——我们所认同的人类——的形成中扮演了一个首要的角色。但是，至尊性同样属于各种各样的神灵们——至高的上帝就是其中的一种样式，以及属于为其服务和作为其化身的牧师们，他们有时与国王融为一体；最后，至尊性还属于整个封建或圣职的等级制度，那些占据最高位置的人只有一些程度的不同。但是，进一步说：在本质上，至尊性属于那些占有和从来没有完全丧失被归于诸神和"显贵"的价值的所有人。[1]

从巴塔耶对至尊性的定义中，可以看出，至尊性并非国家这一实体在国际法中或政治上的权利，而是属于个体的范畴。巴塔耶首先就指出，"我所说的至尊性，与国际法所定义的国家的主权关系不大"。其次，他所强调的是这个词所具有的"最高的、至高无上的"的意思，即"反对奴役和屈从的方面"。但他显然更看重的是这个词所具有的"王权"和"神权"的色彩。因为他紧接着就指出了历史上那些曾经拥有至尊性的人，一种是世俗社会中的政治领袖，如首领、法老、国王等；另一种是神圣社会中的神灵与为其服务的圣职人员，如诸神与上帝、牧师等。而且，更重要的是它是一种"等级制度"。由此可见，巴塔耶的至尊性概念所蕴含的意思要远比单纯的"主权"或"自主权"复杂

---

[1] Georges Bataille, *La Souveraineté*, *Œuvres complètes*, Tome 8, p.247.

得多。

这就是巴塔耶选择"souveraineté"这个词而不是直接选择有"自主"或"自主权"之意的"autonomie"来表达这一概念的原因。"souveraineté"的词根"souverain",在法语里本来指的就是"君主"和"国王",且有"主人""支配者"的意思。巴塔耶指出"souverain 这个词源于后期拉丁语的形容词 superaneus,它的词义为 supérieur"[1],即"优越的""高等的""能支配的",所以,从这个角度看,将这两个词分别译为"至尊"和"至尊性",是比较贴切的。[2] 日本研究巴塔耶的学者,如汤浅博雄则将其译为"至高的王"和"至高性"[3],虽比较接近原意,但仍不如按汉语习惯译为"至尊"和"至尊性"更合适。这是因为,"至尊"一词在汉语中不仅本来就有最尊贵或最崇高的地位之意,而且多用来指享有国王或皇帝之尊位的人。如《荀子·正论》:"天子者,执位至尊,无敌于天下,夫有谁与让矣?"再如,贾谊《过秦论》:"及至始皇,奋六世之余烈,振长策而御宇内,吞二周而亡诸侯,履至尊而制六合。"而将该词用作国王或皇帝的代称,更是屡见不鲜。如《汉书·西域传》:"今遣使者承至尊之命,送蛮夷之贾。"再如唐诗人杜甫《石笋行》:"惜哉俗态好蒙蔽,亦如小臣媚至尊。"因此,将该词译为"至尊性",相对译为"自主权"来说,无疑更接近于巴塔耶使用该词时所表达的含义,同时也更符合汉语的语境。

---

[1] Georges Bataille, *La Structure psychologique du fascisme*, *Œuvres complètes*, Tome 1, Paris: Gallimard, 1970, p.351.
[2] 国内最早将该词译为"至尊性"的是谈瀛洲,参见《巴塔耶:浪费与越界的精神意义》,载包亚明主编:《后现代性与地理学的政治》,上海:上海教育出版社,2001年。
[3] 汤浅博雄:《巴塔耶:消尽》,第152页。

尼采在《什么是贵族》中也谈到了"等级"和"差别"对贵族的作用：

> 每一个高贵的典型的"人"迄今为止一直是贵族社会的产品——而且它将始终是这样——贵族社会是这样的社会，它相信在人们中间存在着一个长长的有价值的等级和差别系列，而且在某些形式或其他形式的贵族社会中需要奴隶……总是渴望在灵魂内部重新扩大距离，形成更高、更罕见、更远、更广阔的状态。总之，正是高贵的典型的人，不断"自我征服的人"在超道德的意义上使用道德公式。……高贵的种族在开始时总是野蛮的种族，他们的优势首先并不在于他们的身体，而在于他们的精神力量——他们是更完美的人（这也完全意味着他们同样是"更完美的野兽"）。[1]

尼采指出"高贵的"人之所以"高贵"与其"精神力量"相关，巴塔耶同时也指出，至尊性虽然与王权或神权相关，却并不专属于国王或者神灵，它其实是一种"价值"，而这种"价值"既为"诸神"所有，也为"显贵"所有。前者不需要更多的解释，因为神本身就是不受奴役和屈从的，而后者却需要进一步理解。因为，巴塔耶在这里所言的"显贵"与尼采所推崇的贵族相关。尼采眼里的贵族是高贵的有权势的上等人，他们只有好坏之分而无善恶之别，"当然，在大多数情况下，他们或许简单地按照自己在权力上的优势称呼自己（如'有权力者''主人''领

---

[1] 尼采：《论道德的谱系　善恶之彼岸》，第277页。

主'），或者根据有形的标志称呼自己，比如，'富人''占有者'（这是雅利安语的含义，伊朗语和斯拉夫语中也有与之相同的意思）"[1]。与这些贵族相对立的就是所谓的僧侣阶层，他们欣赏苦难、软弱、被奴役与屈从等，这种奴隶道德却是尼采所反对的。由此可见，巴塔耶的"显贵"所具有的品质或"价值"，与尼采的贵族所具有的"道德"是近似的。与尼采不同的是，巴塔耶虽然也认为至尊性是反对奴役和屈从的，但并没有像尼采那样把奴隶道德与僧侣阶层联系在一起，他也没有把僧侣视为与贵族阶层对立的卑贱的阴险狡诈的敌人，而是把僧侣阶层看成与贵族或"显贵"一样拥有至尊性的人。

正是因为巴塔耶把至尊性看成一种"价值"而非具体的"身份"，故人人都可能享有它。所以，他认为有时候，乞丐和贵族一样可以接近或者享有至尊性。因此，至尊指的不只是国王或神灵，更是拥有"至尊性"的所有人。巴塔耶之前在《法西斯主义的心理结构》一文中，把至尊性看作"异质存在的绝对形式"（la forme impérative de l'existence hétérogène），看作一种"优越性"：

> 优越性（绝对至尊性）意味着适应于人类不同处境的一整套打动人心的方面——它们决定着情感的吸引或排斥——在其中,有些人由于他们的年龄、他们的身体的弱小、他们的法律状态或只是因被置于一个人的领导的需要下,他们的同类有可能支配甚至压迫他们：确定的处境对应于不同的情况,这

---

[1] 尼采：《论道德的谱系 善恶之彼岸》，第15页。

就如父亲对于孩子,军队首长对于军队和平民,主人对于奴隶,国王对于他的国民。神话般的现实关系,在这些现实的关系之上,还要加上神话的情境,因为它所具有的独特的虚拟性质使把优越性特征化的各个方面的凝缩变得更为便利。[1]

显然,从这段文字中可以看出,巴塔耶此时更多是从政治上或"处境"或"位置"上来考虑至尊性,或者更多的是从黑格尔主奴关系来分析人与人之间的"处境"或"位置",以至至尊性还停留在一种空间的关系上,而且他虽谈到了至尊性,但还只是作为"优越性"的一个注解存在,他后来的思考则突破了这一相对狭窄的理解。

二 至尊性与花费

从这个定义出发,巴塔耶给出了至尊性的几个要素,第一个也是最为重要的要素,就是它所具有的"超越有用性的消耗"的特征。他认为,在日常生活中,判断一个人是否为至尊或者是否获得了至尊性,就是看其能否义无反顾地和不加算计地消耗自己的财富。这是因为财富只有通过劳动和奴役才能生产出来,对财富的保有与积蓄更是社会的通则和一般人的常态。而由于财富本质上是对人的生命的保障,是最"有用"的东西,所以,珍惜财富就是珍惜我们的生命。从这个角度来说,财富就是"有用性"的最直接的目标和象征,因此,围绕财富的生产和积蓄形成了我

---

[1] Georges Bataille, *La Structure psychologique du fascisme*, *Œuvres complètes*, Tome 1, 1970, p.351.

们这个社会的日常生活的基本意义和价值观,这就是所谓的"有用性"法则。至尊正是通过肆意地消耗财富,从而打破这个"有用性"的法则,借以展现自己所拥有的不受奴役及不屈从于任何事物的特征。所以,巴塔耶说:"超越有用性就是至尊性的领域"[1]。与不劳动却消耗的至尊相反,那些从事劳动的奴隶和没有工具的人所消费的财富,仅仅是为了维持自身生存及其生产所必需的很少的一部分。用巴塔耶的话说,他们劳动只是为了养活自己,养活自己又只是为了劳动。因其无法超越"有用性"的生活,不得不屈服于有用性法则的支配,他们自然不是那些拥有至尊性的人。

巴塔耶在强调至尊性"超越有用性"的同时,也强调其所具有的"无用性",即花费的特征。他认为至尊所消耗的是生产的"过剩",这部分产品是超过他的生存"需要"的,即"有用"的那部分财富,至尊性就存在于这部分"过剩"之中。而非生产性的花费的目的就在于"损耗""过剩",不再考虑其可能的"有用性",以将其不求回报地消耗掉。因此,也可以说,至尊是通过对"过剩"的花费来实现自己的。

在这个基础上,再来探讨巴塔耶所指出的至尊性的"等级制度",就比较好理解了。因为他的花费概念本来就蕴含对"等级制度"的肯定和追求。这当然与其受到莫斯的"礼物"思想影响有关。莫斯从"夸富宴"中发现,在原始部落中,礼物的流转建立了社会的等级,部落的首领们只有借助夸富宴对财富予以分发和挥霍,才能傲立于众人之上,获得至高无上的地位和尊严。巴

---

[1] Georges Bataille, *La Souveraineté*, *Œuvres complètes*, Tome 8, p.248.

塔耶从花费中也同样发现了其与社会等级之间的密切的关系,他认为,花费可以让人获得"高贵、荣誉、等级制度中的地位"。[1]简言之,花费,也即非生产性的消费确立了人的地位和尊严。当然,关于消费与人的荣誉或尊严之间的关系,此前并非无人问津,1899年,美国经济学家凡勃伦在他的名著《有闲阶级论》(*The Theory of the Leisure Class*)就曾予以论述,他认为,一个人若能"炫耀性有闲"和"炫耀性消费",都可以在社会上博取名声和尊严,"两者之所以同样具有博取荣誉这个目的上的功用,是由于两者所共有的浪费这个因素。在前一情况下所浪费的是时间和精力,在后一种情况下所浪费的是财物"[2]。而一个人要想在社会上得到好的名声、尊严乃至地位,就必须"浪费"。虽然,凡勃伦原意在于批评这种现象,但他也部分地道出了人类社会中存在的这一真理。巴塔耶不仅对这个原则进行了肯定,而且更加明确地指出在原始社会和封建社会,只有那些占据比较高的社会等级的人,如首领、法老、国王,或服务神灵的牧师等,才有可能进行这种非生产性的花费,这同时也是他们的责任和义务。显然,在对至尊性的阐发中,巴塔耶同样坚持了花费的这一重要的社会功能,即其所独具的证明和显现高阶层社会人员的身份的作用,并将这点定义为至尊性的一个基本的特征。

  同时,巴塔耶又强调了花费在至尊性中的双重性:一方面,这种"超越有用性的消耗"固然展现和提升了至尊的较高的社会地位;另一方面,更重要的是,"非生产性的花费",又显示了至尊所拥有的那种"唯我独尊"的精神气概,这就是对支配这个社

---

[1] Georges Bataille,"La Notion de dépense",*La Part maudite*,1967,p.34.
[2] 凡勃伦:《有闲阶级论》,蔡受百译,北京:商务印书馆,1964年,第68页。

会,同时也是支配绝大多数人的行为的"有用性"原则的蔑视和唾弃。这种精神气概,就是巴塔耶所强调的至尊性的"反对奴役和屈从"的那一面。就是在这种看似无用的花费中,人获得了至尊性,成为自己的主人,同时也是世界的支配者和主人。

对此,哈贝马斯曾这样评价巴塔耶:"他在消费当中看到了一种深刻的矛盾:一边是生命所必需的劳动力再生产,另一边则是奢侈浪费;这种奢侈消费让劳动产品摆脱生活必然领域,进而摆脱新陈代谢过程的主宰,而用于消费。这是一种非生产性的消费形式,从单个商品占有者的经济视角来看,它是一种损失,但它同时能够实现和证明人的自主权以及人的本真存在。"[1] 应该说,哈贝马斯比较准确地看到了巴塔耶所论述的"自主权"(即至尊性)和花费的关系。在巴塔耶看来,追求和获得至尊性,是必须要超越"有用性"法则的,换句话说,就是人必须花费才能获得至尊性。这也是巴塔耶此前认为至尊性是异质性的原因,因为至尊性是反抗以生产、以有用性为价值旨归的同质性的。

三 至尊性、死亡与奇迹

至尊性所具的"超越有用性的消耗"虽然是首要的特征,却是一种表面化的特征。巴塔耶还指出至尊性的另外几个根本的要素,那就是其所具有的"神性、奇迹、圣性"的特征。[2] 这三者本质上是一回事,那就是内在于其中的对死亡的否定和超越。人们之所以积聚财富,是为了生命的保存和生产的延续,即逃避死

---

[1] 哈贝马斯:《在爱欲论与普通经济学之间:巴塔耶》,见《现代性的哲学话语》,第261页。
[2] Georges Bataille, *La Souveraineté*, *Œuvres complètes*, Tome 8, p.248.

第三章 巴塔耶的至尊性思想:至尊、至尊性与国家批判

亡的临近,对财富的不求回报的消耗,恰是对死亡的不以为然。这正是巴塔耶的花费概念在哲学上所具有的更深一层的意义,即对死亡的思考。而他所强调的人的至尊性也正是通过对死亡的蔑视和挑战呈现出来。

在巴塔耶看来,死亡是人类社会的最为根本的戒律。他认为,人经由使用工具劳动,对自然给定物进行改造,从而展开了对自然的否定,与此同时,这一否定活动也否定了人自身的兽性,使人脱离动物世界进入"实践世界",即"世俗世界"。在这个世界中,不仅人被异化为工具,异化为物,最重要的是人产生了自我意识和死亡意识,动物是没有自我意识和死亡意识的。基于死亡意识,人产生了时间意识,并据此安排了自己在这个世界中的生活,这是一种井井有条的富有连贯性的生活,人们为未来而存在于当下,因恐惧死亡而屈从于生产和保存,从而成为为将来着想的有用性原则的奴隶,在痛苦中忍受奴役性的生活,把自己降级为工具或物。

但是,对死亡的恐惧以及由此产生的对未来的筹划,并不能从根本上阻止死亡的迫近和降临,死亡从来都是突然发生的。而且,它也从来不以人的意志为转移,更不以人对将来的筹划为前提。可死亡的这种双重性,即它既是必然到来的,又是偶然出现的,却让巴塔耶发现了死亡中所蕴含的另外一种价值:一方面,死亡的确规定了人的一切,奴役了人;但另一方面,它也具有一种救赎的功能,这就是将人从被奴役于其中的物的"连贯性"的锁链中解救出来。"因此,在物的连贯性中被很好地排列在它的中间的死亡,是扰乱这个秩序的一个结果,它通过一种否定性的奇迹,逃离了这种连贯性。死亡摧毁了个体,它把那个将自身当

成与物同一的个体和被他者当成与物同一的个体还原为'空无'(RIEN)。"[1] 与劳动最初对兽性的否定相似，死亡同样是一种否定，但这次否定不再是人身上的动物性，而是人身上的"物"或"物的秩序"。因为经由劳动，人在进入"物的秩序"的同时，"物的秩序"也进入了人的自身之中，并且因之成为主宰人的原则，死亡本质上否定的就是这样一种"物的秩序"。它通过死亡进而否定的实践世界，就是物的世界，劳动的世界，是人们在时间的同一性中处理未来的世界，同时也是一个由禁忌和法则所构成的世俗世界。巴塔耶将这种否定比成吞没城市的海啸，由此可见其力量之强大和不可遏抑。正因为死亡所否定的不仅是奠定和支配这个世俗世界的基本原则，还包括对人本身的最终的否定，所以，为了避免彻底成为虚无，对死亡的禁忌就成为维持这个世俗世界运转的真正的本质的法则。

在这个根本法则压迫下，实践世界成为一个由生产所支持的同质性的社会，人成为物，或者被当成物来看待，但问题在于人本质上又不是物。尽管他有令自身忧惧的死亡意识，可同时，他也有让自身振作的自我意识，即认为自己是不同于物的人。他固然不得不死，但他可以选择像个人那样主动去死，带着自我意识去死，却非作为没有自我意识的物一样被动地不知不觉地死。而巴塔耶所强调的就是人这种与生俱来的强大的不可泯灭的自我意识。他更是认为，人这种自我意识不仅要依靠食物生活，以维持肉身不至于空乏，同样还得依靠神的话语来生活，以使灵魂不至于枯萎。而人的这个特点最为直接和具体的表现，就是对"奇

1　Georges Bataille, *La Souveraineté*, *Œuvres complètes*, Tome 8, p.264.

第三章 巴塔耶的至尊性思想:至尊、至尊性与国家批判

迹"的渴望。奇迹究其根源无非是围绕死亡展开的一种叙述,它其实就是对死亡的逃避。巴塔耶指出,奇迹就是"不可能,然而却在那里"[1],如本该死亡的人侥幸(因为奇迹)得以幸免于难等,是一种上帝的"显灵"。巴塔耶说,正如诗人歌德关于死亡的警句,死亡就是"一种突然转变为现实的不可能性",奇迹同样也是"一种突然转变为现实的不可能性"。而就在奇迹对死亡的逃离和战胜中,人也因之摆脱了物的束缚,获得了至尊性。

巴塔耶认为,在至尊性对奇迹的追求背后,实际上是对其所具有的"神性"或"圣性"的特征的追求。巴塔耶以工人喝酒为例来说明至尊性的这个特点,倘若工人的工资让他能够买得起酒喝上一杯的话,他就会找机会来喝上那么一杯。表面上,他是想借此来赋予自己体力,其实是他想通过喝酒来暂时逃离或者忘却在日常生活中束缚着他的那套劳动原则的必需性,也即一个人为了养活自己而不得不遵循的所谓"有用性"法则或"物的秩序"。但是,因为这杯酒的味道里有一种"奇迹的因素",让他在短暂的瞬间产生了可以随意支配这个让他痛苦的劳动世界的"奇迹的感觉",也就是至尊性。从这个角度出发,也可以更好地理解鲁迅的《阿Q正传》中阿Q为何总是有空没空就到酒馆里喝上几碗黄酒,并且阿Q的故事大多围绕喝酒展开。阿Q喝酒有个特点,那就是他在受到侮辱与损害之后,一定会去酒店喝上几碗。但他在喝了酒之后,却会与之前的他判若两人。他或者"酒后吐真言",如在赵太爷的儿子进秀才的喜讯传来时,"阿Q

---

[1] Georges Bataille, *La Souveraineté*, *Œuvres complètes*, Tome 8, p.257.

正喝了两碗黄酒,便手舞足蹈地说,这于他也很光采,因为他和赵太爷原来是本家,细细的排起来他还比秀才长三辈呢"。这显然是种"越界"行为,所以,第二天就被赵太爷呵斥并赏了他一个大嘴巴。他或"借酒撒疯",如他在"醉醺醺"中主动挑战王胡和假洋鬼子,并调戏小尼姑。而阿Q之所以这么贪恋杯中之物,就是因为他"很自尊",也即一直渴望拥有至尊性。事实上,他也的确通过酒获得了"奇迹的感觉",即至尊性,因为,在他把酒喝下去的那一刻,他真的变成了"老子",而不是平时受人欺负的"儿子"。如他在"午间喝了两碗空肚酒后",更是高喊"好,我要什么就是什么,我欢喜谁就是谁"[1]。虽然阿Q的这种感觉瞬息即逝,却真实存在过,他要的就是这种"奇迹的感觉"。

这也说明,不管一个人多么卑贱,他也都希望拥有至尊性,并且也都可以获得至尊性。塞涅卡在谈到奴隶时说道:"如果你认为奴隶身份可以叫一个男人成为一个十足的奴隶,你就弄错了。他那优秀的一部分是不能泯灭的。身体可以交给主人,听由他们驱使。但是心智呢,不论如何,总是它自己的主人,它的行动是如此自由,无拘无束,即使是监狱一般的肉身都不能把它关押起来,它要追随它自己的意志,它要追求伟大的目标,它要去到那远方高原,与星空为邻。"[2] 奴隶所追求的"那远方高原,与星空为邻",就是与"奇迹的感觉"相似的可以摆脱现实的束缚的东西。"奇迹的感觉"尽管短暂,却不可或缺,更没有任何人会放弃对其的追求。巴塔耶进一步指出,至尊性的这种对奇

---

[1] 鲁迅:《阿Q正传》,见《鲁迅全集》第1卷,北京:人民文学出版社,2005年,第539页。
[2] 塞涅卡:《道德和政治论文集》,袁瑜琤译,北京:北京大学出版社,2010年,第333页。

第三章 巴塔耶的至尊性思想：至尊、至尊性与国家批判

迹，或者对这种"奇迹的因素"的渴望，其实就是对"神性"的向往，他引用《圣经》中"人活着，不能单靠食物"的经文来佐证自己的这个观点。这句话最早见于《旧约》的《申命记》8 章 3 节中摩西劝诫众人的话："他苦炼你，任你饥饿，将你和你列祖所不认识的吗哪赐给你吃，使你知道人活着不是单靠食物，乃是靠耶和华口里所出的一切话。"《新约》的《马太福音》4 章 4 节中，耶稣在饥饿时回答魔鬼的引诱时征引此言："经上记着说：'人活着，不是单靠食物，乃是靠 神口里所出的一切话'"[1]。巴塔耶据此将其作为对自己所提出的至尊性的这一"神性"特征理所当然的证明。他更是认为摩西和耶稣的这句话，乃至福音书所传达的这种精神，恰好都与自己所欲阐明的至尊性的内涵相当，"福音书的道德似乎可以说自始至终就是至尊之时刻的道德"。而且，"对于那些可以领会福音书的人来说，它是被保留下来的最简单、最人性的'至尊性指南'"[2]。无疑，这是真理中的真理。

巴塔耶指出，正是出于这种对神性的渴望，人们才会超越对食物（面包）的依赖和对生产食物的有用性原则的屈从，去追求蕴涵它的奇迹，如美酒、春天的早上使荒凉的街道面貌一新的太阳的光芒、美、财富等，还有归于神的荣耀。当然，神性只是奇迹的一个方面，在巴塔耶看来，奇迹还有另一个方面，那就是"圣性"的方面，如暴力、葬礼或者圣性的悲痛等。但我以为，也可将人们对圣性的追求看成对神性因素的向往。不过，对于这三者间的复杂的关系，巴塔耶并没有进行严格的区分，他只是指

---

[1] 所引经文见《圣经》和合本相关章节译文。
[2] Georges Bataille, *La Souveraineté*, *Œuvres complètes*, Tome 8, p.250.

出，不管是奇迹，还是构成它的神性和圣性的自身，都具有一定的"模棱两可性"(l'ambiguïté)。从这一点上来说，既可看出他本人在阐发至尊性这一概念时所持的发展的态度，也可发现至尊性本身所具的模糊性和广延性。显然，这是因为巴塔耶在对奇迹的认识中还引入了献祭的思想，献祭同样与死亡密切相关，而逃避死亡的奇迹就是一种献祭。献祭本质上是一种"毁坏"和"损耗"活动，那个在奇迹中承担了死亡的人，事实上已经被从实践世界的"物的秩序"中抽离出去，经过死亡的"毁坏"和"损耗"，从而抖落了在他身上起作用并支配他的"物"，不再被其奴役，因之拥有了圣性。

至尊其实就是主动的献祭人，他主动寻求并创造奇迹。他向死亡发出挑战，通过对死亡控制的实践世界的法则的越界，获得至尊性。巴塔耶在此对黑格尔的"主人"进行了改装，与战胜奴隶以确立自己身份的主人不同，至尊者否定的对象并不是单个的人，而是在死亡的阴影笼罩下的人的像奴隶一样的生活，或者他否定的是动物一样的生活。所以，在这一点上，巴塔耶是个人尊严或"显贵"价值的捍卫者，他认为人应该像人那样生活。因为人固然可以像动物那样生活，但不能始终像动物那样生活，所以，他应该从沉沦其中使人物化的实践世界里奋力挣出，通过追求无用的消耗，选择无用的声望和地位，有意忽略和蔑视其所生活的世俗世界的有用性法则，进行一种自我牺牲和献祭，让自己从物的或工具的状态中突然绽出，径直进入"圣性世界"，在瞬间中享受至尊的荣光。

第三章 巴塔耶的至尊性思想:至尊、至尊性与国家批判

四 至尊性与瞬间性、非知状态

巴塔耶认为,至尊性具有"瞬间性"的特点,它只存在于"当下"(présent),只能在"瞬间"获得。就在这稍纵即逝的瞬间中,作为主体的至尊肆意挥霍,尽情浪费,把劳动的剩余的产品消耗殆尽。而这一劳动的剩余的产品或过剩的部分正是人们屈从于未来而有意保留的那部分东西,也是人们忍受奴役的产物,因为人们正是依靠这个剩余来延长和保存自己,以逃避死亡的威胁和临近,但至尊以不计后果的和纵情的消耗勇敢地否定了死亡对人施予的阴影和恐吓,毫不犹豫地将人们对未来的期望化为乌有,从而间接否定了来自未来的死亡对当下的秩序井然的奴役。

正是在这一瞬间,至尊性不期而至。而且,这个对死亡的否定的瞬间具有奇迹的特征,同时也是奇迹的瞬间,"因为,在这个瞬间,我们突然置身于期望之外,置身于人的习惯性的苦难的期望之外,置身于受奴役的,并且使当下的瞬间屈从于某些预期结果的期望之外。正好,在奇迹中,我们在瞬间的存在中否决了对将来的期望,这个瞬间被一种奇迹的光芒照亮,这是生命从自己的奴役状态中解放出来的它的至尊性的光芒"[1]。显然,奇迹只能发生在瞬间,它是那种突然变为现实的不可能性。因此,巴塔耶对至尊性的瞬间性特点的强调,是与他对至尊性的奇迹特征相联系的。

---

[1] Georges Bataille, *La Souveraineté*, *Œuvres complètes*, Tome 8, p.257.

而巴塔耶之所以如此强调至尊的瞬间性，还有一个原因，那就是他将黑格尔对主人与奴隶的区隔视为空间的区隔，并将其置换成了同一个人在不同的时间段上的区隔。他认为，"人可以在同一个个体（或每个个体）那里经历主人和奴隶的片刻状态"[1]。沉沦于实践世界中的人因为是动物，出于自身的本能，所以要为保存自己进行生产，可又因为他是人，所以不能抑制自己对圣性世界的向往，为此，他在世俗时间中劳动，忍受奴役，积蓄财富，以维持自己的生存的必需和对未来的期望，而在圣性时间中则通过节日性的花费来将这些财富挥霍一空，把对未来的算计抛诸脑后，以面对死亡所表现出来的蔑视和反抗换来个人的至尊性。相对于世俗时间的漫长和难以忍受，以及所具有的被动性，圣性时间却总是短暂的、自主的、让人战栗的和转瞬即逝的。或许我们可以把巴塔耶对至尊性的这个特点的描述比喻为性爱的过程，一个人为了获得性爱（财富、生命的延续和保存）不得不付出努力（劳动），有时甚至是艰苦的努力，这其中必然有痛苦和忍耐、屈辱和奴役，而当他得到性爱之时，也就是得以做爱（花费或耗尽，对死亡的否定）的时候，其过程则是快乐的、强烈的、销魂的，但同时，其本身却是短暂的、易逝的。而且，做爱本身近似于一种死亡体验。所以，米歇尔·索亚指出，"在调和人类与上帝的希望中，巴塔耶试图用时间调和它。或者，更准确地说，代替尝试发现调和——人类与上帝或与时间——的手段，他致力于对瞬间的一种可怕的着迷的沉思，在其中，期待中的所有的时间被还原为空无，即致力于对死亡的瞬间的

---

[1] 巴塔耶：《黑格尔、人类、历史》，见《色情、耗费与普遍经济：乔治·巴塔耶文选》，第297页。

第三章 巴塔耶的至尊性思想:至尊、至尊性与国家批判

沉思"[1]。

巴塔耶的这个思想受到柏格森的影响。柏格森把时间区分为可以进行空间化处理的类似于一种"纯一媒介"的时间和构成生命之流的真正的时间,即"纯粹绵延"。人在空间化的可计算的"纯一媒介"里是没有自由的,只有在不可测量的"绵延"里他才可以享有生命的自由。与之对应的,则是两种不同的"自我"及其所处的两种不同的处境,柏格森对此做出了生动而又深刻的描述:

> 所以有两种不同的自我:(1)基本的自我;(2)基本自我在空间和社会的表现。只有前者才是自由的。所以最后有两种不同的自我,其中的第二种是第一种的(好比说)在外界的投影,是第一种在空间的以及(好比说)在社会的表现。我们通过深刻的内省以达到第一种自我。这番内省使我们掌握我们的种种内心状态,并使我们把它们当作活生生的,经常在变化着的东西,又把它们当作不可测量的状态;这些状态彼此渗透并且它们在绵延中的陆续出现跟它们在空间的并排置列丝毫没有共同的地方。但是我们掌握自己的时候是非常稀少的。我们所以只在很少的时候才是自由的,就是这个缘故。大部分的时候,我们生活在自己之外,几乎看不到我们自己的任何东西,而只看到自己的鬼影,被纯绵延投入空间之无声无嗅的一种阴影。所以我们的生活不在时间内展开,而在空间展开;我们不是为了我们自己而生活,而是为了外界而生活;

---

[1] Michel Surya, *Georges Bataille: An Intellectual Biography*, p.438.

我们不在思想而在讲话；我们不在动作而在被外界"所动作"。要自由地动作即是要恢复自己的掌握并回到纯粹的绵延。[1]

可以看出，巴塔耶的至尊与柏格森的"第一种自我"，也即"最初"的自我近似，它是"不可测量"的"内心状态"，是"具体的、活生生的自我"，他享有自由，是自己的主人。而在"空间和社会"之中展开的那个自我，则是没有至尊性的"基本自我"的"投影"，是被支配的、奴性的存在。不过，显然柏格森在思考这个问题时并没有像巴塔耶那样引入黑格尔的主奴哲学以及经济学方面的因素，而只是单纯从意识在空间和时间上的分配及存在样式来做出考察的。但柏格森对此的理解，特别是他认为不管是"基本自我"还是其"投影"都是在"瞬间"存在的，对巴塔耶把至尊性所具有的相似的时间性质的研究，即对其瞬间性的强调，还是起了重要的启发作用。

这种对瞬间，或对死亡瞬间的沉思，使巴塔耶得以发现至尊性的另一个特点，那就是在瞬间中获得的一种"非知"的状态，就是空无的状态。这是由于，去求知其实就是从无知变为有知，从一无所有到占其所有，是为了寻求将来的一个目标而去生产，是为了有用的东西而生产，而生产总是奴性的，并且，它会被永不停息地重复和继续，因为求知犹如时间一般是没有止境的，它将永远屈从于对未来的探究之中。因此，巴塔耶认为，这也是维持我们这个实践世界正常运转的原则的一种表现，同样，只有打破这种寻求知识的强制的连贯性，这种连贯性同样也是物的秩序

---

[1] 柏格森：《时间与自由意志》，第158—159页。

的连贯性的一种,才能获得至尊性。巴塔耶以笑和哭泣为例说明了这一点。其中,特别是笑,对巴塔耶来说有着特殊的意义。因为他很早就意识到笑的问题的重要性,"笑是启示,它打开了事物的深处"[1]。他认为如果能解决这个"谜",就可以解决他所关心的一切问题。而他正式开始对笑进行思考,是1920年在伦敦从事研究工作期间。有一天因为要和客居伦敦的柏格森共进晚餐,他特地在见面前到大不列颠图书馆里看了一下柏格森的《笑》。这也是他首次正式接触哲学,但是柏格森对笑的研究并不能让他满意。

> 笑就应该是这样一种东西,就应该是一种社会姿态。笑通过它所引起的畏惧心理,来制裁离心的行为,使那些有孤立或沉睡之虞的次要活动非常清醒,保存互相的接触,同时使一切可能在社会机体表面刻板僵化的东西恢复灵活。因此,笑并不属于纯粹美学的范畴,它追求改善关系这样一个功利的目的(在许多特定的情况下,这种追求是无意识,甚至是不道德的)。然而,笑当中也有美学的内容,因为滑稽正是产生于当社会和个人摆脱了保存自己的操心,而开始把自己当作艺术品看待的那一刻。[2]

柏格森以夸张的只具有单一表情的"鬼脸"为例解释了人们之所以会笑的原因。因为它体现了一种生命不应有的僵化和心灵的刻板,即"鬼脸"像个"机械"或"物"一样镶嵌或固定在了

---

[1] Bataille, *L'Expérience intérieure*, 1954, p.80.
[2] 柏格森:《笑》,徐继曾译,北京:北京十月文艺出版社,2004年,第13—14页。

活生生的人身上，似乎让人变成了"物"，而笑就是对这种僵化和刻板的批评，对人的"物"化的嘲讽。柏格森举例说，桑丘·潘沙被扔到一条毯子里，像个皮球一样被抛到空中，还有"吹牛大王"闵希豪森男爵变成一颗炮弹在空中飞时，大家都会笑，就是这个原因。而柏格森认为通过笑，可以改善人的这种不正常的状态，让人回复到生命本身的生动活泼。但与柏格森把笑看作一种偏离社会正常行为的校正和强化不同的是，巴塔耶认为笑恰恰是我们对有意识的社会行为的突然脱离。我们在笑声和流泪中思想会中断，成为真空，"笑或者眼泪在它们的对象在精神中所产生的思想的真空中爆发。但是，这些运动，就像诗歌的、音乐的、爱的、舞蹈的深沉的有节奏的运动，拥有无穷的维持，抓取和恢复其所想要的瞬间的权力，这是个断裂的瞬间，断层的瞬间。犹如我们试图抓住这个瞬间并且试图在不断地打嗝中停下来，但再次让我们哈哈大笑或者让我们号啕大哭一样。在这个奇迹的瞬间，期望溶解进空无之中，在有用的活动的链条中，我们脱离了我们所匍匐的地面"[1]。巴塔耶指出，就是在这种思想中断的瞬间，在这个带有奇迹性的瞬间里，我们才得以接近至尊性。但其原因却并不在于笑或哭泣抑制了思想，而是笑或哭泣的"对象"，即日常思想的对象的突然解体所导致的。这是一种非知状态，由于思想的对象在瞬间化为空无，人们因此摆脱了来自目的的奴役，从而进入一种实践世界的知识（即"知"）所不能把握的状态之中。而尼采同样也把某种非知状态作为摆脱一切束缚的自由状态，"我们如何从一开始就理解到保持我们的无知，

1　Georges Bataille, *La Souveraineté*, *Œuvres complètes*, Tome 8, p.254.

以便享受一种几乎不可理解的自由、不假思索、不慎重、生命的热情和愉快,以便享受生命!而只有在这个现在牢固的和非常坚固的无知基础上,迄今可以出现科学,出现基于一个强大得多的意志之上的求知的意志,这个强大得多的意志是求非知识的意志,求不确定的东西的意志,求非真的东西的意志!"[1] 巴塔耶的非知思想虽与尼采有关,但他所强调的非知是一种不期而然的状态,是瞬间性的,尼采的"无知"则是一种"意志"有意的努力。

所以,美国学者米凯莱·H.里奇曼认为,"至尊性是这样的瞬间,即当意义、在场、知识和统治的保留被取消,因此,触及了表征的存在系统的界限的那个时刻"[2]。而在这一刻,所有的事情都在瞬间被遗忘,在这一刻,笑声也好,眼泪也好,喜悦也好,哀痛也好,恐惧也好,神性也好,色情也好,厌恶也好,都会同时发生,当然,在百感交集之余,也会同时进入接近于"一无所知"的非知状态,因此,巴塔耶说,"我把没有杂质的至尊性定义为:非知的奇迹性的支配"[3]。

五 总 结

因为至尊性这个概念是巴塔耶在写作过程中不断丰富和完善的,所以,他对于至尊性的论述远比上面所总结的几个方面要复杂,但有一点是核心的,那就是至尊性所指向的正是人本身。巴

---

[1] 尼采:《论道德的谱系 善恶之彼岸》,第141页。
[2] Michele H. Richman, *Reading Georges Bataille: Beyond the Gift*, p.68.
[3] Georges Bataille, *La Souveraineté, Œuvres complètes*, Tome 8, p.252.

塔耶也强调:"今天,我们可以承认,人是他自己的,他就是人至尊价值的唯一,这尤其意味着,人是过去的至尊价值的真正的内容。"[1] 它意在将被生产性的同质世界所剥夺的人性重新还给具体的人。享有至尊,即享有做人的尊严。它围绕死亡展开,通过与死亡共舞,而蔑视和挑战死亡;以否定由支配的实践世界的法则,从中得到瞬间性的解脱,这种解脱是运气,也是奇迹,它既是神性的显现,同时也是圣性的产生。它体现了人对神性的向往和追求,因而凸显了人的价值。

其实,小到微不足道的个人,大到一个团体和国家,之所以愿意把自己的财富毫不吝啬地用于非生产性消费,其目的无非是维护自己的至尊性不至于在生产性的世界中被遗忘和耗尽,诚如汤浅博雄对巴塔耶的思想的评价,"献牲、祝祭、浪费、消尽、纯粹赠予、(对禁止的)侵犯、性欲等,无非是人类对于与'指向获得、拥有某物'部分相对抗的'至高的'部分的忧虑——期望'至高的'部分绝对不要消失"[2]。这种对"至尊"的事物的"忧虑"和"期望",就是期望人不会因为沉沦于这个物化的世界而丧失自我,因此,即使付出死亡的代价也在所不惜。

---

[1] Georges Bataille, *La Souveraineté, Œuvres complètes*, Tome 8, p.359.
[2] 汤浅博雄:《巴塔耶:消尽》,第26页。

第三章　巴塔耶的至尊性思想：至尊、至尊性与国家批判　　211

第二节
至尊性的国家批判之一：封建制度

巴塔耶在《耗尽》中是从他的独特的花费或耗尽的概念出发，对世界历史发展不同阶段的经济形态及与其相联系的宗教形式进行分析，《色情史》则是探讨人之所以为人的那种根本的规定性及其历史。而在《至尊性》中他所欲探讨的问题，我觉得，正是前两者的结合，即在不同阶段的社会结构中，人的生命对其所处的不同类型的社会结构持有的态度和反应。用他的话来说，就是人在这些社会中所享有的"至尊性"的不同的状况，"第三卷阐述自律问题的解决方法，人相对于有用目的的独立。这一卷以自主权（souveraineté）为对象"[1]。但因为这本书巴塔耶最终并未彻底完成，故其中的逻辑有的并不是十分合理，某些内容也与之前的论述多有重复，而且，因为他主要是通过自身所立足的现代社会与过往的历史对比展开讨论，行文过程中不断来回跨越，也略显杂乱，但他还是比较清晰地梳理出了至尊性在不同的历史阶段或社会形态中发展的线索。如从至尊性在人类原始部落时期的出现到封建社会的正式确立，再到资本主义对其的改造，以及随后在新兴的社会主义社会中的流变等，巴塔耶都展开了相

---

[1] 巴塔耶：《色情史》，第7页。（此处，"自主权"即"至尊性"。）

应的论述。同时,他还对至尊性的不同的表现形式进行了相当深入的研究。所以,我认为,该书基本上还是相对完整地反映了他在这一问题上的思考。

我认为,必须在这个背景下,才能对巴塔耶关于至尊性与封建制度、资本主义以及社会主义的关系的论述进行分析,以阐发他的至尊性思想的最重要的组成部分。首先,来看看巴塔耶是如何判断至尊性与封建制度之间的关系的。

一　至尊性的政治与情感面相

巴塔耶在至尊性的定义中,首先强调的最重要的特点,就是它"反对奴役和屈从"的方面。而只有不愿意接受奴役和不屈从的人,才可能享有至尊性。但是,享有至尊性的人所反对的"奴役和屈从"究竟又是什么东西呢?巴塔耶认为,这个东西当然既可以是人也可以是物,但我们无论是对人或物的屈从,还是接受人或物的奴役,都还只是表面现象,我们最终接受或者屈从的是支配这个世界的根本性的原则,那就是对生命的保存和对死亡的拒斥。因为,正是出于对死亡的恐惧,出于保全生命的强烈的愿望,我们才自甘接受奴役和屈从。由此产生的"古典功利性"原则,即所谓的"物质有用性"原则[1],就成了支配人类行为的潜在的最重要的法则。简单地说,就是物质的生产和保存直接与人的生命的再生产和保存挂钩,并为人的生命的延续服务。这一点,反映在人们的日常生活中,就是在消费中对"有用性"的有

1　Georges Bataille,"La Notion de dépense",*La Part maudite*,1967, p.25.

第三章 巴塔耶的至尊性思想：至尊、至尊性与国家批判

意无意的追求，即消费主要是为了物质的生产和保存，为了保障人的生存和发展，才是有意义和有价值的，否则，这种消费便是一种"浪费"，一种无价值和无意义的"消耗"。

是故，从张扬人的存在的超越性出发，巴塔耶反其道而行之，指出至尊性的基本要素就是"超越有用性的消耗"。因为，在消费时，若为"有用性"所控制，则必将会考虑到生产和劳动的目的，这样的消费从某种意义上来说已经转义为一种新的生产或劳动，乃至成为生产和劳动的必要环节，而若要摆脱这个过程所造成的梦魇，就必须在消费时不再考虑其功利性的追求，以进行率性而肆意的，同时又是不计后果的消耗。只有这样，才能在瞬间享受到至尊性，并同时得以摆脱奴役和屈从的状态。因此，巴塔耶认为，至尊性的一个本质特征就是对有用性的生活的超越。区别一个人是不是至尊，或者是否获得了至尊性，就看其在财富的消费上持什么样的态度。

> 从理论上说，一个被强制劳动的人所消耗的产品，没有它，生产就是不可能的。相反，至尊所消耗的却是生产的过剩。至尊，如果他不是想象的而是实际上享有超越他的需要的这个世界的产品：他的至尊性就存在于其中。当生活必需品已经被保证，生活的可能性没有限制地打开的时候，我们可以说，至尊（或至尊的生活）就开始了。[1]

巴塔耶进一步指出，这种通过貌似简单易行的消耗而开启的

---

1 Georges Bataille, *La Souveraineté*, *Œuvres complètes*, Tome 8, p.248.

至尊性的生活的背后，其实蕴含更为深刻的真理，那就是对死亡的蔑视，对奇迹、对神性或圣性的追求。这里面折射出的是人之所以为人的本质，那就是不管是谁，只要他/她是一个人，就必不甘心于永远被奴役，并且不管这种奴役以什么样的形式出现。而正是由于人人皆有的这种不可压抑的对神性或圣性的向往，对至尊性的享有才会是人人皆可为之的行动。所以，从这个意义上来说，巴塔耶才会强调，"在本质上"，至尊性是一种人人得享的"价值"和品质。

不过，至尊性的这种品质，在理论上，虽然人人得享，但在现实生活中，却并不是人人可以得享的。因此，在指出了至尊性所具有的"反对奴役和屈从"的一面后，巴塔耶又特别强调了至尊性的另一面，即至尊性在人类社会中的现实存在状况。巴塔耶认为，最早享有它的是有"首领、法老、国王、万王之王"名义的人，和"各种各样的神灵们"，"以及属于为其服务和作为其化身的牧师们"，在这里，巴塔耶指的是最早在原始社会阶段享有至尊性的人的情况，显然，这是由两种类型的人构成的，即置身于世俗社会中的人和服务于神圣社会的人，而至尊性就与区分这两类人的某种"等级"相联系。随着社会的逐步发展，这种古已有之的等级制逐渐衍生为封建社会中的等级制度，它不仅包括世俗社会中的各种官员及其下属所构成的等级，也包括神圣社会中为各种神灵服务的宗教僧侣的等级。至尊性就在此中产生。

实际上，巴塔耶认为，至尊性不仅是一种特殊的精神状态，它还是一种与封建社会密切相关的等级制度，一种政治差序格局所造成的精神状态。故这里可以把至尊性划分为政治和情感两个层面。而巴塔耶在至尊性这个问题中所处理的就是在社会政治制度发展的不同阶段的人的境况,或者说巴塔耶所处理的是人在至尊性的不同的政治层面所产生的不同的情感面相。正因为此,日本学者汤浅薄雄方才直言:"因此,《被诅咒的部分》第三卷的主要论题即是,作为'国家批判'的一环,探讨了'至高的王君临的体制'的'心理构造',挖掘出了这种非自觉的心理机制。"[1] 在这里,汤浅博雄所说的"至高的王君临的制度"就是至尊性的政治面相,而其所言的"心理构造",也就是至尊性的情感面相。

但巴塔耶同时也指出,虽然至尊性在原始的部落社会,即莫斯所说的"古式社会"(la société archaïque)中也一样普遍存在,而且更加直接和显豁,但其更多的是通过"夸富宴"这种形式在无意识中予以实现。其真正地成为自觉的社会产物,或者真正在制度层面奠定其正当性,则是进入封建社会后才成为可能。所以,若要了解至尊性的核心理念,其关键就在于对至尊性与封建制度之间的关系的探讨。

二 封建制度与至尊性的生产

虽然巴塔耶通过政治和情感两个面相来建构自己的至尊性概念,但是,其理论的根本的出发点或者基础仍然是他的花费或耗尽的思想。由此出发,他在对社会制度进行区隔的时候,首先考虑的并不是其生产性的结构,而是它的财富的花费或耗尽的模

---

[1] 汤浅博雄:《巴塔耶:消尽》,第27页。

式。换句话说,巴塔耶的至尊性的历史所处理的就是在不同的财富耗尽方式下所形成的不同的社会制度,以及在不同的社会制度下人们的心理状态。

巴塔耶在对封建制度进行概括时,他尽管也认同马克思和恩格斯对封建社会的划分,即属于资产阶级占主导地位的社会之前的社会,主要以农业生产为基础,以土地所有制为制度表现,但是,与马克思等人不同的是,他所认同的并不只是其在"生产关系"上的特质,而是更着眼于它在"花费关系"或"耗尽关系"上的独特的属性。所以,巴塔耶指出,除了"封建"这个称号外,虽然经典的历史学家对这种社会类型还给予了各种各样的命名,如王权、君主制、帝国等,但是,其最关键的一点没有改变,那就是,"在封建社会,财富的用途还没有为了生产力的积蓄而保留"[1]。这种类型的社会以中世纪的西欧为代表,比较接近的有古代中国和工业化以前的日本等。

巴塔耶指出,正是在这个前提下,某种程度的至尊性才会油然而生。封建社会就是地产的所有者拥有一定程度的至尊性的社会。这种至尊性,对享有其的至尊来说,"它涉及一种古式事物的状态,它的任性似乎是根本的;在他们看来,这种事物的状态只在那些赤裸裸的利益让其获益时,才有意义"[2]。在这里,巴塔耶特别强调的这种封建社会的至尊性的特点,具体表现在两个面相上,首先就是它的情感面相,即其所具有的那种"古式事物的状态","任性"是它的本质;其次,就是它的政治面相,即与"利益"或财富的关系。我认为,巴塔耶所论述的封建制度下的

---

[1] Georges Bataille, *La Souveraineté*, *Œuvres complètes*, Tome 8, p.323.
[2] 同上书,p.324。

政治面相,就是封建制度下的财富的生产与至尊性的产生之间的关系,而其所论述的至尊性的情感面相,则是封建制度下的财富的耗尽与至尊性的获得之间的关系。当然,巴塔耶在这里部分修改或补充了马克思等人对封建社会的定义,即封建社会不仅是一种物质形式,还是一种"精神"上的形式,它致力于保证和维持土地的所有者能够或有机会享有至尊性。

封建制度与至尊性的政治面相的关系,其实就是财富的生产与分配机制和至尊性的关系。一般来说,在封建社会,财富主要来源于地产收入(它既包括田间劳动,也包括畜牧业),它是地产所有者的劳动的产品。马克思和恩格斯在《德意志意识形态》中谈论封建所有制时认为它也是伴随着土地所有制而来的一种"等级的所有制",并且,"土地占有的等级结构以及与此相联系的武装扈从制度使贵族掌握了支配农奴的权力"[1]。但是,巴塔耶关心的并不是贵族支配农奴的权力,他关心的是由此产生的对农奴生产的产品的支配的权力以及个人的至尊性。他认为至尊性虽然更多地来自土地拥有者,可也不排除那些买了地的资本家同样享有至尊性。而且,巴塔耶认为,对地产所有者来说,如果地产收入是其自身亲力亲为劳动的产物的话,那么就不会产生至尊性。这是因为,若地产所有者亲自参与地产的经营,则势必要进行劳动,而劳动则意味着奴役和屈从。这也是黑格尔的观点,即接受劳动就是接受奴役,就是为了保全自己的生命而委曲求全,就是放弃自己成为主人的可能,并接受成为奴隶的现实。所以,要想获得至尊性,必须"不劳而获"。也就是说,必须不经过劳

---

[1] 马克思、恩格斯,《德意志意识形态》,见《马克思恩格斯文集》第1卷,2009年,第522页。

动而直接拥有地产收入。封建制度其实就是维持这种财产分配方式的一种形式。巴塔耶同时强调，这种源自地产收入的财产分配方式的前提，是地产的剩余部分的出现，即劳动的富裕部分的产生。因为在一定时空内，除了维持人们基本生存所必需的部分，劳动的果实总是能够产生剩余，正是这种残留下来的过剩给至尊性的产生提供了基础，这部分过剩的劳动被地主无偿占有，使其成为至尊，并享有至尊性。

不过，在巴塔耶看来，即使具备了成为至尊的条件，拥有由地产收入所产生的过剩的财富，也不能证明，或者保证地产所有者获得了至尊性，它只是至尊性的一个必要条件而非充要条件。若要获得至尊性，则必须要对这种过剩的财富进行"超越有用性的消耗"，也就是说，要把这些过剩用于非生产性的消费，即花费上，才能获得至尊性。这就涉及封建制度与至尊性的情感面相的关系。显然，拥有至尊地位的所有者是不需要劳动的，因为其可以通过所获得的财富，即剩余的地产，脱离劳动，所以也就具备了获得至尊性的条件。如前文所言，由于劳动首先是一种奴役和屈从，其次，其所着眼的是对生命的保存，对未来的注意和算计，可至尊性所关注的却是当下和瞬间，是对未来的唾弃和不以为然，所以，巴塔耶在这里指出，若要真正享有至尊性，就必须放弃对"有用性"的牵挂。这一点，其实就是他的花费思想的变形。从经济上来说，至尊性的谋求和获得必须通过把过剩的财富用于对非生产性的目标的追逐才有可能实现，因此，巴塔耶认为，对于至尊性来说，封建制度下的来自地产的财富固然是必需的，"但是，这不是给予至尊性的财产。至尊性永远是一种主体的品质，即使当时似乎是，这种品质的遗传与土地相联系，而土地是这种品质的起源"[1]。巴塔耶在这里对于至尊性的"一种主体的品质"的强调，意在说明至尊性的政治面相固然与封建制度下的过剩的财富有关，即与土地的所有制乃至产生于其中的财富有关，但更重要的，也是更根本的，则是只有在人们对过剩的财富进行花费或耗尽的时候，才能激发至尊性的情感面相，并最终获得至尊性。这也是巴塔耶虽然强调至尊性和土地有关，但其本身并不依赖于对土地的占有，甚至也不完全是奴隶制的结果，它只不过强化了这种形式而已。

当然，至尊的这种对过剩财富进行"无用的"不求回报的消耗的行为，其所蔑视的并不仅仅是以财富形式表现出来的未来，他所真正蔑视的是隐藏在其背后的对死亡的恐惧和逃避。因为唾弃现有的财富，就是唾弃现有的生命。他企图通过与死亡游戏，或者说直接向死亡挑战，以得到至尊性。而这种对至尊性的追求，在巴塔耶看来，其实就是对神性或圣性的向往。巴塔耶认为，人生来就是至尊的动物，他无论如何沉沦，即使不得已成为奴隶，他也不可能完全泯灭对至尊性的追求，"忽视这样的事实是不可能的，至尊性是原初的状态，是人的根本性的状态：如果自由的劳动似乎限制了这种状态，并且，如果劳动粗暴地把这种状态强制改变为其对立面，改变为奴隶状态，它仍然是不可触犯的"[2]。所以，对死亡的反抗与对神性或圣性的亲近是其永恒的命运。而其最为直接的表现，就是将可保障生命存在的财富毫不犹豫地肆无忌惮地"任性"地"损耗"掉，即把过剩的财富——"有用的"财富，有意识地用于"无用的"目标之上。

1　Georges Bataille, *La Souveraineté*, *Œuvres complètes*, Tome 8, p.325.
2　同上。

三 封建制度的至尊性的存在与传播形式

巴塔耶认为，从表面上或形式上看，封建制度下的至尊性的存在形式与原始部落时期的那种最初的，同时也是最原始的至尊性是不同的，这是因为封建社会的至尊性是强制性的后果，至尊消耗的是一个被强迫劳动的同伴的劳动的剩余，这显然是有别于原始部落中在同一家族中所产生的那种可以"平等地"享有至尊性的特点。而在封建制度下，至尊性更多地集中于有权力无偿地消耗过剩财富的人的身上。

从理论上来说，这样势必会让那些得以享有至尊性的人和不得不屈从于他的那些人之间产生冲突，但是，巴塔耶并不认为双方的这种不平等关系必然会导致矛盾，或在本质上与原始部落时期的至尊性有什么大的不同。而巴塔耶之所以会有这种出人意料的看法，是因为他将其归于至尊性所具有的那种强大的魔力，这种力量如此之强大和迷人，它不仅使至尊不必属意屈从于他的人因之产生的痛苦，也使屈从于他的人不再对此产生怨恨。其实，巴塔耶之所以把至尊性所具有的这种消弭"主客体"冲突的特点归于其独具的魔力，根本原因，在我看来，还是至尊性所具有的双重面相相互转化和影响的结果。至尊性的生产是要依赖其所具有的政治面相的，而在人们获得它的那个瞬间，却是其情感面相在起作用，而情感具有传染性、感染性，即它是一种"品质"，故人人皆有可能享有，所以，只要有分享其"荣光"（gloire）的可能性的存在，那种存在于至尊和屈从于他的人之间的龃龉就会荡然无存。还有一个原因就是，至尊性作为一种神性或圣性的显现，它蕴含了人们否定死亡和战胜死亡的强烈的愿望，故有时人们为了能够接近或者见证这种神圣的至尊性，甚至不惜放弃自己所应享有的那种"显贵的价值"，而将其直接赋予国王或者君主，使其成为至尊。"有时，重要的不再是至尊自身的存在，而是人的至尊性存在并充满了世界，从那时起，他不再看重自己所安排和延续的这种奴性的劳动，而正是这种奴性的劳动使得已经减弱了过剩仇恨的人性重新激起了怨仇。"[1]换句话说，放射出至尊性荣光的国王或君主之所以会成为至尊，是因为人们需要至尊性，所以他才会成为国王或君主。国王或君主也就成为封建社会中的至尊性的根源和焦点。

国王或君主与屈从于他的人之间的可能的冲突关系，由此演变成了一种可以沟通的等级关系，它不再是黑格尔的主奴哲学中势必要展开生死斗争的主人和奴隶，而是一种"先予后取"的交互关系，一方"承认"、赋予另一方以至尊地位，另一方则报之以由至尊性所放射出的灿烂的荣光。当然，在封建制度下，这种荣光或回报的形式是以土地或土地的所有权的赠予表现出来的。"这是合乎逻辑的，首先，美德被浓缩进一个人，其次，所有的人的至尊的资源，都进入所有权中，它是原则和源头，是君王的功绩。实际上，地产的所有权，所有的土地的所有权，都是至高的爵位的结果。"[2]显然，在此，巴塔耶把马克思对于封建社会的土地所有制的经济形式与建基于其上的"上层建筑"的关系颠倒了过来，即不是由于有了这种土地所有制才产生了至尊性，而是因为有了这种至尊性，才出现了封建的土地所有制。因此，巴

---

1 Georges Bataille, *La Souveraineté*, *Œuvres complètes*, Tome 8, p.327.
2 同上书，p.328。

塔耶认为,在封建社会里,至尊性就在君王对土地的"使用权"或所有权赠予和流转的过程中得到传播,并借此辐射到更多的人身上,让他们得以分享至尊性的荣光。如埃及的法老对服务于自己的官员和神职人员的酬谢主要就是土地。巴塔耶还从"利益"(bénéfice)这个词最初是一个"官职"或"职务"(office)的意思,来说明"利益"来源于封建的君王。而这也是至尊性流转的一个证据。巴塔耶认为古代中国的制度也与中世纪的西欧的这种封建制度近似,我国西周时期的确存在类似的现象。如《诗经·小雅·北山》中的那句"溥天之下,莫非王土;率土之滨,莫非王臣"之所以被后人一再征引,吕思勉即解其意为封建,"王即战胜之族之酋长也。战胜之酋长,以此土地,分给子弟亲故,使食其入而治其人,是为封建。以此土地,赋予农奴,使之耕种,则所谓井田之制也。农奴仅得耕作,土地初非所有,故有还受之法焉。"[1]此外,广为人知的还有"列土分茅"之说,言古代天子分封诸侯时用白茅包社坛土相授,以象征土地与权力之不可分。封建之地从天子及其下大小不一,如《礼记·王制》言"爵禄"分为五等,即公侯伯子男,而授田不同,天子之田方千里,公侯田方百里,伯七十里,子男五十里。当然,与农奴耕作井田需要"还受"相似,诸王既然受封土地,也需向天子朝贡。吕思勉亦言:"入朝者,小国对于大国,所以表示其恭敬之心。……入贡一端,尤于大国之财政,大有裨益。《周官·大司徒》:'诸公之地,封疆方五百里,其食者半,诸侯之地,封疆方四百里,其食者三之一,诸伯之地,封疆方三百里,其食者三之一。诸子之

---

[1] 吕思勉:《吕思勉中国文化史、中国政治思想史讲义》,天津:天津古籍出版社,2007年,第31页。

地，封疆方二百里，其食者四之一。诸男之地，封疆方百里，其食者四之一。'"[1]诗人白居易《长恨歌》中有"姊妹弟兄皆列土，可怜光彩生门户"，描述杨玉环受玄宗恩宠后家人也跟着"沾光"得到土地的情景。从中也可看出，不管中西，在封建社会，人们的权力或"光彩"，首先是来源于君王由高到低的等级化的分配，其次就是与其所分配的土地的所有权紧密相连。

巴塔耶把至尊性的这种传播的形式概括为"浓缩"（condensation）和"散布"（diffusion）相伴随的过程。至尊性首先"浓缩"在国王或君主身上，然后经过他们"散布"开去，同时在这一"散布"的过程中至尊性又形成新的"浓缩"，后者同时又开始新的"散布"，而就在至尊性的这种不断"浓缩"和"散布"的过程中，封建制度得以形成：

> 在这种社会中，对至尊的工作的操心占据上风，这种收缩和舒张的运动是不可避免的：授予挥霍的权力被不断地等级化和分割，条理化和分解。但是，从政治上来说，其本质是一种被束缚在至尊性中的地主的种姓等级的经济支配，它或者通过服务于至尊，或者通过遗传的特权来实现；这主要是积蓄的缺席，是可用于非生产性的目的的资源连续的耗尽。[2]

从巴塔耶的这一表述中，也可以看出他始终强调的两个要点，即尽管伴随至尊性的传播过程展开的是与其相联系的土地所有权的落实，但这并不是主要的，这只是现象，而真正予以"散

---

[1] 吕思勉：《中国制度史》，上海：上海教育出版社，1985年，第422页。
[2] Georges Bataille, *La Souveraineté*, *Œuvres complètes*, Tome 8, p.329.

布"开来的其实是"授予挥霍的权力",即把劳动所产生的过剩用于非生产性目的的权力;还有就是所形成的封建制度下的社会的特点。同样,这里巴塔耶也是从社会的资源与财富的消费方式出发来总结封建制度的特点的,他认为,在封建社会,社会的资源和财富并没有用于生产力发展的"积蓄",而是源源不断地将其用于非生产性目的的"耗尽",这就是巴塔耶所言的"耗尽社会"。在这种类型的社会里,人们花钱不是为了生产,而是为了某种"精神上"的东西,如桑巴特所言:"不管我们考察何处,我们都会遇到这样一个存在于前资本主义和早期资本主义文化之中的观念:体面只适合于花钱而不适合于挣钱。"[1]因为挣钱就是劳动,一个从事劳动的人就是忍受奴役的人,这样的人是没有任何"体面"可言的。而这种"体面",就是巴塔耶的至尊性。

我们可以看到,在封建制度下,无论是欧洲还是中国,帝王们都不约而同地把财富用于与生产力的发展无关的"无用的"目的的消耗,如修建金碧辉煌的宫殿、巨大的陵墓,举办盛大的庆典、宴会、哀悼活动,以及发动战争,这是以最奢华的形式将社会资源和财富迅速化为灰烬的一条最为便捷的方式。而国王和君主就在这一过程中获得那种稍纵即逝的闪耀着诱人荣光的至尊性,同时,他们也借此把"凝结"在自己身上的至尊性"散布"给了更多的人。

---

[1] 维尔纳·桑巴特:《奢侈与资本主义》,王燕平等译,上海:上海人民出版社,2005年,第20页。

四 总 结

从以上论述可以看出，巴塔耶从至尊性入手进行的"国家批判"，实际上其出发点还是他的花费或耗尽的思想，只不过，他同时在花费的基础上又对花费过程中所引起的人的心理状态做出了考察，即从至尊性的政治与情感两个方面来研究不同的政治制度下花费的形式及其所产生的情感。他认为封建制度下的至尊性是至尊性的典型表现形态，至尊性的产生与地租的出现有直接的关系。但同时他又指出，至尊性的获得在于地产拥有者不劳动且消耗，而且，消耗的是地产的过剩的部分，而围绕地产以及对地产过剩部分的消耗的权力的分配形成了封建制度，其最大特点就是社会的财富不用于生产力的发展，而用于"无用的"消耗。在此过程中，至尊性得以"浓缩"和"散布"，进而人们也得以分享来自国王和君主的至尊性，即那种"显贵"的品质。显然，巴塔耶"国家批判"的重点，或者说，他的政治哲学所关注的中心，还是人们在不同的社会制度下的精神状态，更进一步地说，他关注的其实是人在不同的政治处境中主体的存在状况。

第三节
至尊性的国家批判之二:资本主义

对资本主义的批判一直是巴塔耶思想的核心部分,或者说是其毕生致力的工作,而因为他在批判时的出发点不一样,其批判的方面和侧重点自然也不尽相同。但我认为,在他对资本主义所进行的林林总总的批判中,他从"至尊性"概念出发对资本主义所做的批判,基本上集中体现了他的主要的观点,同时也比较充分地体现出了他的思想特色。所以,如果想要了解巴塔耶对资本主义的批判,最好的方法就是看看他是如何通过至尊性这一角度来考察资本主义的。

对于这种批判社会的方法,即从至尊性出发来研究社会政治制度的路径,即汤浅博雄所称为的"国家批判",巴塔耶是颇为自得的,他自认为是发前人未发之言,因为他的立足点是过去,而不是未来:

> 今天,我们对在决定性的政治危机中的至尊性的最初的作用的了解并不充分。通常,从唯物主义者的观点来看,我们把过去的体制,即使不是看作迷人的奇珍异宝,也是看作与我们所是的东西的无关的现实。只有在涉及极其遥远的时代或古代社会时,我们才会严肃地看待它们,我们与它们的关系是

第三章 巴塔耶的至尊性思想：至尊、至尊性与国家批判

最远的。但是，相反，我想要尽力严肃地看待这些制度，以展现那个对于我们来说所谓的社会的过渡，即从建立在响应至尊性的需要的社会到现代类型的社会的过渡。这样，我将试图证明，在对我们所创造的东西不具有足够明确的意识下，我们所废除的东西的意义。[1]

从这段话中可以看出巴塔耶本人对此种批判方法的重视，而且也可看出他的"国家批判"所秉持的准则，那就是希望能借助于至尊性这个建立在过去的制度之上的"迷人的奇珍异宝"以进行"以古鉴今"或"借古讽今"的批判工作。而在我看来，巴塔耶主要还是从至尊性的两个面相出发来考察资本主义社会的，这就是其所内含的"反对奴役和屈从的方面"的情感面相与其所外显的"等级性"的政治面相。不过，这两个面相虽互为表里，但并不意味着"显性"的政治面相是决定一个人是否享有至尊性的根本条件。因此，巴塔耶特别强调，至尊性是一种"价值"或品质，而且是一种瞬间性的体验，所以从理论上来说，并非只有达官贵人才能获得，而是所有人都可以享受。在此前提下，巴塔耶以至尊性得以合理化和正当化的"耗尽社会"，即封建社会为镜鉴，开始了对封建制度之后新兴的资本主义的审视和批判。

一 资本主义对至尊用途的摒弃

首先，来看看资本主义对至尊性的政治面相产生的影响。巴

---

[1] Georges Bataille, *La Souveraineté*, *Œuvres complètes*, Tome 8, p.321.

塔耶认为，如果说封建社会是以财富"无用的"浪费、以非生产性花费为目的，即以耗尽为特征的社会的话，那么，资本主义社会就是一个以追求"有用性"，即生产性目标为主要特征的企业社会。在封建社会，有一种对财富的至尊用途的偏爱与赞扬，即把财富用于非生产性的用途的习惯，这些用途本质上都是超越有用性的耗尽，它并不能带来财富的增值，如修建宏伟壮丽的教堂、金碧辉煌的宫殿、巍峨坚固的城堡，举办奢华的庆典、场面壮观的竞赛、丰厚的葬礼等，甚至发动战争。这也是最为有效、最为直接的消耗财富的方式，因为它直接消耗所有财富的生产者，即人，而在任何时代，人本身都是最为宝贵的财富。这些活动之所以被巴塔耶称为至尊的用途，是因为它们可以引发至尊性的产生，或成为至尊性产生的条件。这类似奇迹，不期而至，却又灿烂辉煌，让人于"惊异"、震撼中得享瞬间的至尊性，却不能另外产生任何有形的或物质性的财富。

但是，封建社会对这些至尊性用途的偏爱，到了资本主义社会，却成为被人鄙夷和厌弃的东西。巴塔耶指出，资产阶级所偏爱的正是封建社会的至尊们所不屑为之的事物，如他们所追求和建立的已不是让人惊异的可招致至尊性出现的各种非生产性用途的"景观"（le spectacle），"恰恰相反，资产阶级的世界所偏爱的，是为积蓄而保留。在资产阶级中主导的价值观念是，为了生产，让那些最富有的人把他们的财富献给车间、工厂或矿山的装置"[1]。资产阶级的梦想被增加生产资料的欲望所驱使，即把财富的增殖作为目标，其对财富的消费并不是为了让那"命中"必

---

[1] Georges Bataille, *La Souveraineté*, *Œuvres complètes*, Tome 8, p.321.

第三章 巴塔耶的至尊性思想：至尊、至尊性与国家批判

须失去的财富"损耗"，而是为了使再生产成为可能。所以，资本主义社会在某种程度上就像个企业一样，其目标即是资本（财富）的增加，其核心就是永不停息的生产及对利润的追逐，由此产生了生产资源的积累和生产力的提高。而整个社会，其实就是围绕生产所组织起来的一个大的企业，这就是巴塔耶将资本主义社会称为企业社会的原因。巴塔耶认为，这种类型的社会的最根本的特点，就是对"积蓄"的偏爱，即把所有的财富或者过剩的财富用于生产性消费，而不是非生产性花费。换句话讲，如果说封建社会是一个耗尽社会的话，资本主义社会就是个与之相反的积蓄社会。

为了凸显这两种不同类型的社会的消费方式及其偏爱的差别，巴塔耶列举了凡尔赛宫和栋泽尔－蒙德拉贡（Donzère-Mondragon）船闸的例子。凡尔赛宫的富丽堂皇早已为世人所知，为建造这座举世闻名的宫殿，国王路易十四已是极尽奢华，而更加让人吃惊的是，为维持这座宫殿的日常运转，以及举行无穷无尽的宴会和舞会的用度以及诸项宫廷开支等，几乎需要耗费法国全年税收的一半。[1]这正是封建社会即耗尽社会的特点，人们使用财富不是为了投资和扩大再生产以追求更多的回馈，而是为了营造壮丽的景观，让人惊叹和讶异，以享受至尊性。巴塔耶更是敏锐地指出，路易十四自比太阳王，从某种意义上，恰好揭示了至尊性的真正意义，那就是对神性或圣性的追求，即向太阳献祭，以抒发对至尊性的向往之情，"人类从未具有那种透明的

---

[1] 参见 http://zh.wikipedia.org/zh-cn/%E8%B7%AF%E6%98%93%E5%8D%81%E5%9B%9B。

和不可否认的太阳的外表，它也是至尊性的外表"[1]。因为太阳的存在本身就是耗尽，它不停地燃烧自己，把光和热无私地洒向人间，从不追求任何回报。路易十四的肆意挥霍正如同太阳的光照。因此巴塔耶认为，法国大革命时资产阶级才会有意无意地把凡尔赛宫当作进攻的目标，因为它是封建社会的符号和"光辉"，它所象征的意义就在于耗尽。然而这一切在罗纳河的栋泽尔-蒙德拉贡船闸的兴建上却完全逆转了，这座建成于1952年的船闸虽然同样宏伟壮观，但它并非像凡尔赛宫是个"非生产性"的"销金窟"，而是具有强大的"生产性"的聚宝盆，它既可防洪，也可通行，还可以发电。可以说，这座大坝就是资本主义的缩影和象征，它体现了资本主义的机制和价值取向，那就是尽可能调动所有可以利用的资源进行生产和财富的积蓄，力争"物尽其用"的同时，也驱使"人尽其职"，而实际上，人也就在这个过程中被异化为"物"，变成了似乎取之不竭、用之不尽的"人力资源"。

因此，巴塔耶指出，资本主义的目标就是"有用性"的生产和积蓄，而不是无用性的花费和耗尽。由此形成的资本主义制度实际上驱散了人们享有至尊性的可能，因为，资本主义并不保障或鼓励产生至尊性的等级制，它趋向于建立一个如科耶夫所说的"普遍同质"的社会，而不是一个等级制的社会，尽管其仍然拥有与等级类似的东西，但这还是使得来自对封建地租过剩部分的权力的至尊性就此解体。用马克思的话来说，就是"资产阶级已

---

[1] Georges Bataille, *La Souveraineté*, *Œuvres complètes*, Tome 8, p.322.

经是一个阶级,不再是一个等级了"。[1] 同时,资产阶级的节俭和对生产的关注,使其反对和禁止封建性的无目的的浪费,因为资本主义所中意的工业化对生产资源的需求量极为庞大,而来自封建社会的生产资源相对于工业化的需求来说,是远远不够的。所以,为了对有限的资源进行积蓄以响应工业社会的到来,资本主义本质上必然是反对封建制度的那种以至尊性为导向的奢华和浪费的,而这也正是法国大革命或资产阶级革命的本质。巴塔耶明确指出:"现代世界所有的大革命都与反封建性的斗争相联系,它们倾向于反对这些被看作变态的奢侈的花费。"[2]

显然,在巴塔耶看来,作为一种政治形态的至尊性,它是与封建制度(土地所有制)紧密联系的,由土地的赠予而产生的等级制维持着它的运转,而其特征就是对社会财富的不求回报的浪费。资产阶级则反对这一浪费并以追求财富的增殖为己任,故鄙弃了源自封建社会的这种至尊性的特质。而只有在以维护至尊性为目标的封建制度下,类似法国大革命这样的革命才可能发生。因为巴塔耶认为,只有封建制度才能造成这样一种强大的反革命的动力,资产阶级则不可能造就出如此强大的对手,所以,几乎所有的现代革命都是针对封建制度的革命,且革命的动力直接来自对至尊性的压抑。这个观点显然与马克思论述的资本主义也将爆发革命的说法相悖。对此,巴塔耶指出,资本主义社会之所以很难爆发革命,是因为它的目标或者它所形成的现实从本质上取消了封建社会的至尊性所赖以存在的土壤。资本主义社会既不赞

---

[1] 马克思、恩格斯:《德意志意识形态》,见《马克思恩格斯选集》第1卷,1995年,第132页。
[2] Georges Bataille, *La Souveraineté, Œuvres complètes*, Tome 8, p.329.

许浪费,也不支持等级制。如科耶夫所说,它所追求的是无差异的平等,是"普遍同质"的未来,而从某种意义上来说,这也同样是无产阶级追求的目标,在两者目标一致的情况下,爆发革命的可能性自然就降低了。

二 资本主义对至尊性的改写

正是在以上这些因素的作用下,资本主义不可避免地对封建社会的至尊性的情感面相产生了巨大的影响。虽然在资本主义社会与在封建社会中一样,人们并未泯灭对至尊性的追求,如在衣食住行的方式上仍然刻意安排,试图与众不同,或者希望通过类似的方式与他人相比较以产生某种优越感。比较明显的如对服饰的讲究,对房间装潢的刻意追求,对出行的交通工具的有意选择等,潜在的还有对礼仪以及性爱规则的重视等,均可看作对至尊性的本能的渴望的显露。因为至尊性所蕴含的对奇迹的渴望,对神性或圣性事物的追求,能够让自我得到润泽和修补,以及得到瞬间的承认,而由此展现的对死亡的蔑视与大无畏的精神永远是迷人的。对渴望自由、梦想摆脱日常生活的奴役、处于屈从状态的人来说,它的呼唤和吸引力仍然是强烈的和不可压抑的。所以,巴塔耶指出,这一切,即"饮食的方式、排泄的方式、对性规则的尊重、赠予的方式、穿着打扮的方式和装饰房屋的方式,以及最近的技术工艺的用途,构成了一个永恒不变的框架,在其中,我们或多或少把自己安置在一个梯子的较高的梯级上"[1]。

---

[1] Georges Bataille, *La Souveraineté*, *Œuvres complètes*, Tome 8, p.382.

而巴塔耶所言的这个"梯子"的"梯级",其实就是我们的社会中的某种差序格局或某种等级的变形。

也就是说,巴塔耶认为,在资本主义社会,我们并未放弃对至尊性的追求,我们像在封建社会中一样试图通过占据较高的社会梯级来战胜对手,以获得至尊性。但是,巴塔耶认为,与封建社会相比,这种对至尊性的追求已不可同日而语。从某种意义上来看,在资本主义社会所进行的这种对至尊性的追求活动,更像是一幅讽刺画,因为我们通过那些衣食住行的方式所试图战胜和征服的与自己实际上大同小异的"对手",并没有什么深刻的价值,也谈不上有什么"显贵性"。这是由于资本主义世界本质上是一个物的世界,人们的尊严主要来自对物的攫取,或者说只是一种"依靠于物的显贵性"[1],而非出自某种等级上的差异,其意义因而也不可避免地随之下降和贬低。因为,在封建制度下,对至尊性的追求直接指向对物的唾弃,它的获得不仅不依靠对物的占有,相反,却是对物的毁弃和耗尽。它同时也以此种耗尽的而不是积蓄的方式来影响世界,即以客体面目出现的那个其实是由主体所构成的世界,并且它试图控制和作用于这个世界,"因为客体是为了主体而存在的"(car l'objet est pour le sujet)[2]。当然,在封建社会,尽管并非没有对物的屈从,而且社会的等级逐渐依赖于对财富即物的占有来决定,但并没有从根本上改变至尊性的规定。而真正颠倒至尊性与物的关系的还是资本主义社会。

巴塔耶指出,这种物与人的关系的颠倒,即人相对于物的这种颠倒和"深刻的降级",之所以出现于资本主义社会,正是由

---

[1] Georges Bataille, *La Souveraineté*, *Œuvres complètes*, Tome 8, p.380.
[2] 同上书,p.381。

于资产阶级对物的推崇和追求,方才造成了这一让人叹惋的状况。"在资产阶级社会里,对显贵性的关切没有终止,但是它终结于与物的欲望的混同。"[1]也因此,人的显贵性的获得彻底转向了对物的追求和依赖,而不是对等级的追求,更不是对神性和圣性的追求,即其中所蕴含的对死亡的挑战和否定。这与巴塔耶所推崇的至尊性中所具有的黑格尔式的主人意识是相悖的,因为主人并不直接与物打交道,人与物打交道并依赖物来确定自身的身份,无疑有沦为奴隶状态的可能。尽管他也有意识,却是对物的意识,甚至把自己也看成物,"不过,奴隶虽然是有意识的,但奴隶之为奴隶,其本质就在于他具有物性,就在于他本质上也是一种物"[2]。当然,尽管如此,巴塔耶还是指出,资本主义社会并没有使人们对至尊性的体验完全消亡,那就是它还保留了唯一一种可以真正带来或者产生至尊性的方式——战争。因为只有在战争中,人们才能彻底摆脱对物的依赖,不再执着于对物的迷恋,从而直接面对与死亡接触产生的奇迹,并从中获得真正的至尊性,而不是那种可鄙的拜物所赐的所谓的人的显贵性。

为了更深刻地说明这一点,巴塔耶考察了资本主义社会中的礼物流转及意义。礼物的本质其实就是"赠予"。在封建社会及此前的"古式社会"里,赠予,也就是礼物的给出,是与其显贵性的增加相关联的,一个人在物上的损失是与其显贵性的增长成正比的。如在"夸富宴"中,礼物的流转(赠予)形成了社会的等级。同样,封建社会中等级的形成,也来自国王或皇帝对土地

---

[1] Georges Bataille, *La Souveraineté*, *Œuvres complètes*, Tome 8, p.381.
[2] 张世英:《自我实现的历程:解读黑格尔〈精神现象学〉》,济南:山东人民出版社,2001年,第110页。

的赠予,他的显贵其实就来自他所"损耗"的"礼物",即土地。这些礼物其实都可看成某种"物质上"的损耗。而资产阶级虽然也赠予他人礼物,可是其赠予是极为有限的,因为赠予就意味着物质的损耗,这是一种真正的"丧失",不会带来任何回报,它也并不能形成等级。而且,对于资产阶级来说,更为可怕的是,如果礼物的赠予过于慷慨,反而会成为一种危险,它不仅不会让接受者降级,反而会让赠予者垮台。在此,巴塔耶举了一个有趣的例子,在饭店里,生活于资本主义世界的人们考虑更多的并不是赠予,即主动买单,恰恰相反,大家所在意的是谁将能够免于付钱的问题。尽管如果是由他人付钱,而不是我们自己买单会让我们有一种受挫感,使我们意识到我们的显贵性受到了损失,但是这并不能改变我们根深蒂固的那种对物的保有和追求的欲望。

这种对物的保有和对礼物功能的有意的削弱,就是资产阶级的本性,巴塔耶将其归因于资产阶级的源自理性算计的节制和分寸感。实际上,如前文所述,在封建社会尤其是在"古式社会"中,至尊性的获得不仅不依靠物,还要通过对物的毁弃来实现,这与资产阶级醉心于对物的占有形成鲜明对比。"对他而言,对至尊的显贵性的追求,只能是对与这种显贵性有关的物质财富的追求,而且,如果超越了对这些物质财富的占有,他就只能依靠一种空虚的行动过活,在这种状态下,至尊的真理被还原为它的客观形式,还原为它的物质的形式。"[1] 而正是对物的迷恋和追求,使人丧失了对至尊性的想象,同时也使物丧失了原有的用以

---

[1] Georges Bataille, *La Souveraineté, Œuvres complètes*, Tome 8, p.384.

阐明至尊性的功能,人也在对物的追寻中彻底迷失了自己,最终也把自己与物混淆起来,甚至等同于物。

这是因为,巴塔耶发现资本主义社会具有巨大的欺骗性,表面上,它并没有完全弃绝至尊性,但把至尊性仅仅还原为单纯的物,并且用丰富的物来设置和建构各种各样的层级,以此来迷惑和满足人们对尊严而非至尊性的追求。

> 让我们考虑一下,供把它们的购买者相互区别开来的那些成堆的商品、那些衣服、那些家具、那些食物和那些用具……我们考虑一下房屋、公寓或者公共场所,或多或少有点昂贵的汽车,或者被重新分成等级的车厢!没有什么东西,几乎没有什么,不有助于使我们栖息于那个民主的显贵性的梯子的梯级的高处,甚至可能是栖息在最高的一级上。这里,证明这种向高处攀登的合理性不再有意义了。[1]

显然,巴塔耶认为,在资本主义社会中,人们虽然也本能地追求显贵性,资本主义也有意设置了各种层级以满足这种对显贵性的不可遏止的追求行为,但是这种显贵性,或者这种层级都建立在对物的占有而不是消耗上。所以,资本主义社会中呈现出来的至尊性已经丧失了其最初的意义,或者资本主义社会已经不再赋予财富及等级以原有的意义,而是对其进行了巧妙的"改写"。这种改写是一种赤裸裸的又令人无法抗拒的"物化",它把至尊性的情感面相尽可能地削弱,并以物的拥有巧妙地置换了

---

[1] Georges Bataille, *La Souveraineté*, *Œuvres complètes*, Tome 8, p.385.

至尊性对奇迹的追求,对神性和圣性的追求,乃至对死亡的蔑视和否定。

三 总 结

综上可知,对于资本主义社会下的至尊性的变化,巴塔耶是持批评态度的。因为,相较于封建社会,资本主义的出现并没有使人对至尊性的追求变得更为合理和易得,相反,资本主义通过对至尊用途的废弃和对至尊性的改写,从政治面相与情感面相两个维度改变了至尊性的存在状态。一方面,从封建社会到资本主义的转型,其实是耗尽社会向企业社会的转变,这不仅导致财富的使用方式由追求"无用性"的花费或耗尽转向追求"有用性"的生产或积蓄,还使原有的财富与社会等级的关系,以及人与物的关系发生了根本性的颠倒。另一方面,正是这种关系的颠倒使人不仅没有摆脱物的束缚,反而成为物的奴隶,并进一步失去了那种"反对奴役和屈从"的精神,使人降级并堕落为物。因此,从这个意义上来说,巴塔耶是鄙夷和唾弃这种新的社会形式的。

而且,在巴塔耶看来,这种对至尊性的改写,其本质是对人的主体性的改写,而这种改写并不局限于资本主义,稍后出现的社会主义同样有过之无不及。"资本主义革命是一种否定至尊性的革命。在资产阶级的统治下,花费把自己隐藏在了关着的门后面。公众不再被古代的财富的景观所款待。共产主义革命通过它对所有人的平等和生产资料的高度合理化的坚持,进一步促进了至尊性的退却,在它之后,所有的花费都是生产性花费,都要被国家批准。巴塔耶用他的花费的尼采式的道德观,以反对这种共产主义的"憧憬"(version),在其中,至尊性只有作为一个死去的自我才可以重申它的权利。"[1]但我以为,巴塔耶引用尼采的道德观所反对的不仅仅是共产主义的"憧憬",对资本主义的批判才是其题中应有之义,因为他实际上是把社会主义和资本主义都看成生产力至上的同一类型的社会,即工业社会,而在他眼中,资本主义和社会主义一样,只是其不同表现形态而已。所以,他对资本主义的批判,其实也内涵了他对社会主义的若干批评。

---

[1] Stuart Kendall, *Georges Bataille*, p.197.

第四节
至尊性的国家批判之三：社会主义

巴塔耶从至尊性的变化入手所展开的对资本主义的"国家批判"，可归结为资本主义把以非生产性的耗尽为特征的封建社会即"耗尽社会"转化为以追求生产为目的的"企业社会"，从而彻底颠倒了财富和等级的关系；同时对至尊性进行了巧妙且有力的改写：把人对至尊性的追求，转化为对物的占有和屈从，从而贬低了人，把人降级为物，使其失去了真正的至尊性。可以说，这就是巴塔耶的资本主义批判的核心思想。

在此基础上，巴塔耶对苏联所创建的社会主义同样进行了深入的批判。这是因为，首先，20世纪初由苏联所建立的社会主义社会迥异于西欧所盛行的资本主义的社会形式，它在当时提供了一种新的社会发展可能，因而影响巨大，成为当时的知识分子关注和讨论的焦点话题。而巴塔耶因意欲从自己的"普遍经济学"的理论框架出发以构建一套"普遍历史"，故对社会主义进行了比较深入的研究。其次，巴塔耶认为，作为一种政治和经济制度的社会主义，虽然拥有新的面貌，但与资本主义有很多相似之处，两者的差别不仅不像表面上所呈现的那么巨大，从某个角度看，它们反而在很多方面是一样的，甚至具有同质性。他觉得有必要对此现象进行揭示和解释。所以，对社会主义的批判也成了他的"国家批判"的最重要的组成部分。但是有一点必须指出，巴塔耶虽然在对社会主义进行批评时一直将其与资本主义相对比，但其批评的出发点仍是建基于封建社会之上的至尊性。而我也依然从至尊性的政治面相和情感面相来具体分析巴塔耶对社会主义的"国家批判"的主要观点。

一 至尊性视野下的共产主义与革命

对共产主义的认识，巴塔耶将其分为两个层面：一是马克思所描述的共产主义的经典概念；二是列宁和斯大林，尤其是后者所赋予的共产主义在现实中的展开形式，即苏联的社会主义制度。巴塔耶着重论述的是苏联的社会主义，他非常敏锐和深刻地把社会主义作为共产主义的一个历史阶段来看待：

> 我在此所说的共产主义,通常被看作一种处于行动中的政治学说,它力求改变这个世界,而不是像共产主义理论家们在他们所预测的世界转变的最终的共产主义的阶段时再进行,在其中,每个人都各取所需,与之形成对照的,就是之前的现时的社会主义阶段,在这个阶段中,生产完全通过集体承担和组织。[1]

从这段话可以看出，巴塔耶所关注的并不是共产主义理论家们所设想的那个历史发展的最后阶段的共产主义，而是当下现实

1　Georges Bataille, *La Souveraineté*, *Œuvres complètes*, Tome 8, p.385.

第三章　巴塔耶的至尊性思想：至尊、至尊性与国家批判

生活中"行动"的正在运转的苏联的"真实的"共产主义，即社会主义。在很多情况下，巴塔耶就是在同一的意义上使用共产主义和社会主义这两个名词的。

此外，他还特别强调了社会主义在生产上的特点，即"生产完全通过集体承担和组织"的特征。巴塔耶之所以在这里特别提到社会主义的生产形式，是因为，至尊性的政治面相与社会的经济形式密切相关。而他用来考察至尊性的一个重要因素就是看社会财富在生产和消费两个环节中的分配与使用的情况，所以，巴塔耶对共产主义的关注也同样是从其经济方面的特点入手的。而且，在当时看来，与共产主义在政治体制上所呈现出的特征相比，其在经济上所呈现的特点更加突出，也更加引人注目。因此，巴塔耶说，"众所周知，问题在于对私人财产的争论上，特别是关于生产资料的，关于所有的工业企业的争论上。而在这点上，人们绝口不提"[1]。作为一种崭新的社会形态，共产主义，即苏联式的社会主义建立后，其在经济上的一些举措，如对个人财产的集体化处理，对生产资料的强力积蓄，最关键的是对工业企业发展的非同一般的重视等，都是历史上前所未有的现象。这固然让人耳目一新，但同样也引起了强烈的争议。巴塔耶认为，产生这种情况的原因，就是共产主义或曰苏联式的社会主义并非按照马克思的设想而产生，与马克思的预测相反，它并不是在对资本主义进行革命产生的。从一开始，共产主义革命就是一场与资产阶级革命相似的革命，甚至，巴塔耶认为，说共产主义革命与资产阶级革命相同也不为过，因为实际上，两者的革命的对象

1　Georges Bataille, *La Souveraineté, Œuvres complètes*, Tome 8, p.306.

都是推崇至尊性的封建制度。

对于自己的这种有关共产主义革命的看法，巴塔耶的态度是明确的，"我只能强调这些方面：我想要强调指出——在反对经典的马克思主义的同时也反对当前的马克思主义——所有的现代的大革命，从英国和法国的算起，都与一种腐败的封建秩序相联系。从来没有哪场大革命是为了推翻一种被资产阶级所建立的统治而爆发的。所有那些颠覆了一种制度的大革命都是由被包含于封建社会中的至尊性所激发的一种造反的组成部分"[1]。显然，在他看来，"现代的大革命"，不管是法国大革命还是之前所发生的英国的革命，乃至于刚刚出现的苏联的共产主义革命等，其本质都是对封建制度的革命。而革命之所以会发生，最易解释的原因就是对现实的不满，如亚里士多德所言，"有些人看到和他们相等的他人占着便宜，心中就充满了不平情绪，企图同样达到平等的境界。另一些人的确有所优越，看到那些不能和自己相比拟的人们却所得相等，甚至反而更多，也就心中激起了不平情绪"[2]。即因对现实的不满所产生的"不平情绪"让人们奋而革命。但在巴塔耶看来，这种"不平情绪"只是革命出现的原因之一，他从至尊性的角度对其进行审视，指出革命的发生还有另外的原因，即支持至尊性的等级制、赞成无用的非生产性耗尽的经济模式的垮塌或腐败才是导致革命的最为根本的原因。

---

[1] Georges Bataille, *La Souveraineté*, *Œuvres complètes*, Tome 8, p.321.
[2] 亚里士多德：《政治学》，吴寿彭译，北京：商务印书馆，1965年版，第236页。

二 原初的共产主义观点与现实的社会主义

不过，巴塔耶声明，他在此对共产主义的思考不能代替或者撤销黑格尔1806年于《精神现象学》中对近代革命所做出的思考，他所做的只是尝试给予共产主义以初步的解释。当然，这也说明对大革命的思考并不是他的兴趣所在，他的兴趣主要集中在对苏联即斯大林式社会主义的理解上。更直接地说，他对苏联的思考聚焦在斯大林这个人的身上。因为他认为，马克思等人所提出的原初的共产主义设想之所以在现实中转化为社会主义的形态，主要应归功于斯大林，正是经由他的努力和设计，才在"十月革命"后的苏联赋予了共产主义以现实的和具体的形式。但巴塔耶指出，因其与马克思等人之前对共产主义的期望和设想迥然不同，这种社会主义的"肉身"形式多少是有些出人意料的。

这是由于，按照马克思和恩格斯最初的理论设想，社会革命产生的前提就是生产力与生产关系之间的不可调和的矛盾："生产力和交往形式之间的这种矛盾——正如我们所见到的，它在迄今为止的历史中曾多次发生过，然而并没有威胁交往形式的基础——每一次都不免要爆发为革命，同时也采取各种附带形式，如冲突的总和、不同阶级之间的冲突、意识的矛盾、思想斗争、政治斗争，等等。"所以，"一切历史冲突都根源于生产力和交往形式之间的矛盾"[1]。由此出发，他们认为，共产主义革命在资本主义的"外壳"即生产关系不能满足其高度发达的生产力的时

---

[1] 马克思、恩格斯：《德意志意识形态》，见《马克思恩格斯选集》第1卷，1995年，第115页。

候就会发生，但这只可能在工业发展程度很高的国家发生。因此，恩格斯在1847年写就的《共产主义原理》中说："共产主义革命将不是仅仅一个国家的革命，而是将在一切文明国家里，至少在英国、美国、法国、德国同时发生的革命，在这些国家的每一个国家中，共产主义革命发展得较快或较慢，要看这个国家是否有较发达的工业，较多的财富和比较大量的生产力。因此，在德国实现共产主义革命最慢最困难，在英国最快最容易。"[1]依此理论，在工业不发达的国家，因为依然保持着封建社会的形式，所以只会产生资产阶级革命。

现实的情况却与马克思等人想象相反，在先进的资本主义国家，如英国、美国等，工人阶级因为生活水平的明显改善和提高，革命的可能性不断减弱甚至消失，倒是在那些落后的非工业国家，如俄国、中国等，共产主义革命获得了意想不到的成功。对此，巴塔耶指出，与列宁、托洛茨基在这一过程中所起的作用相比，斯大林的作用更为突出和关键。"我在此想强调，斯大林的行为给共产主义一种出人意料的形象，这样一种行动所挑选的地域处于农业国家，法律机构差不多是封建的，工业上也是落后的。斯大林并没有明确地从中总结经验教训，但是，在他死亡的那天，他留下了一个世界，在其中，由于他的算计或者它们是无意的，他帮助共产主义获得了这种意义。"[2]显然，在巴塔耶看来，斯大林的重要性就是赋予了抽象的共产主义的原初想象以现实的俄苏的社会主义形式。

以此观点为指导，巴塔耶系统梳理了斯大林对共产主义思想

---

[1] 恩格斯:《共产主义原理》，见《马克思恩格斯选集》第1卷,1995年,第241页。
[2] Georges Bataille, *La Souveraineté*, *Œuvres complètes*, Tome 8, p.317.

的认识过程。其中包括斯大林从一个教条的马克思主义者到创造的马克思主义者的转化，以及他最终逐渐形成"一国建成社会主义"的思想，即他的在落后的封建社会通过社会主义的社会阶段建成工业社会的构想与举措。当然，巴塔耶认为，斯大林的这一思想并非一蹴而就。他当时绝大多数的同事，包括列宁、托洛茨基，在俄国革命成功的初期，甚至直到20年代初，他们都还认为，只有西欧，即发达的资本主义国家的无产阶级革命成功，才能促成苏联社会主义的最终建成。1917年前，斯大林也持这样的观点，但是之后，他的思想发生了变化，"确切地说，俄国将是铺砌社会主义道路的那个国家……在俄国，革命的基础比在西欧要宽广得多，在那里无产阶级只能单独反对资产阶级。而在我们国家，工人阶级有贫穷的农民的支持……在德国，国家权力机构用不可比拟的最高的效率工作……我们应该抛弃那种过时的观念，即只有欧洲能向我们指出那条道路。存在着一个教条的马克思主义和一个创造性的马克思主义。而我选择后者"[1]。斯大林明智且明确地指出，在一个国家建立无产阶级政权只是社会主义胜利的第一个阶段，如果不能实现社会主义的首要任务，即建成社会主义生产组织，这种胜利将是不完全的。可话虽如此，他对在俄国这个贫穷的农业国家独自建成社会主义还是持怀疑态度的。直到1924年秋天，他才开始坚定不移地将这一思想付诸实践，从此，他推动了苏联由沙皇俄国时期的封建的"耗尽社会"，向积蓄的社会主义社会——工业化的"企业社会"艰难——转型的进程，与之相伴的便是直到今天苏联消亡后仍饱受

---

[1] Georges Bataille, *La Souveraineté*, *Œuvres complètes*, Tome 8, p.313.

诟病的各种政治措施，如为集中资源进行工业化而实施的集体农庄政策等。

三 作为"工业社会"的社会主义社会

巴塔耶直言，对于发动了这么一场变革的斯大林的评价，他是赞同波兰苏联问题专家伊萨克·多伊彻（Isaac Deutscher）的观点的，那就是，"斯大林的目标是这样一个政治家的生命，他最终选择了'一国建成社会主义'，他使俄国共产党成为工业投资的代理人"[1]。做出这个判断的前提，就是巴塔耶认为，在工业化的大背景下，建基于落后的封建社会形式上的社会主义社会，其根本的工作，也即斯大林所认为的社会主义第二阶段的任务——工业化建设。而在巴塔耶看来，资本主义社会和社会主义社会都是从封建的耗尽社会向工业的企业社会进化的路径，二者在积蓄社会资源以支持国家工业化这点上，并无本质不同，即使有差异，也只是手段上的，而非目的上的。并且，巴塔耶还指出："对于贫穷的国家来说，唯一要紧的是，共产主义是实施富裕国家很久以前就已经实现了的那种'工业革命'的仅有的手段。"[2]

从这个角度出发，巴塔耶对斯大林为谋求苏联的工业化所采取的那些措施进行了解释，他认同多伊彻的观点，即斯大林在苏联所做的一切和英国工业化初期所做的具有惊人的相似性。而这也正是马克思在《资本论》第一卷的《所谓原始积累》中描述过

---

[1] Georges Bataille, *La Souveraineté*, *Œuvres complètes*, Tome 8, p.310.
[2] 同上书, p.317。

的情景。巴塔耶便以此来理解苏联的"原始积累":

> 马克思指出,依靠这个最初的强制的阶段,一个社会阶层把生产资料积累在自己手里,而别的阶层所依赖的他们的土地和生活资料却被剥夺了,并且他们被缩减为工薪阶层的身份。在三十年代,这个在苏联展现的进程,可以得到在一个国家建成社会主义的"原始积累"的名称。马克思描述为"圈地",并且依靠这种开垦,英国的地主和工厂主剥夺了自耕农,这个"独立的农民阶层"。我们可以在苏联的法律中发现与这种"圈地"的相似性。斯大林在第十六次代表大会上暗示这条法律,它同意集体农庄"围住"或"扩大"他们的土地,以便它能形成一个连续的面积。以这种方式,个体的农民不得不或者自己加入集体农庄,或者实际上是他们对征购厌倦了。马克思让人想起那种把英国的自由民改变为农业工人的"血腥纪律","这是国家的可耻行为,它利用警察,通过增加对工人的剥削的程度,以加速资本的积累"[1]。

通过这段话,巴塔耶意在说明,苏联的历史赋予斯大林的使命,就是为国家的工业化完成资本的原始积累。这一过程是残酷的,但是,巴塔耶认为,不能就此认为斯大林在苏联进行的积蓄比英国或其他国家在工业化初期所进行的积蓄更为残酷。他指出,这种积蓄与革命一样,都是需要残酷的手段的,而且,从历史上看,所有的积蓄都是残酷的。马克思在谈到资本的原始积累

---

[1] Georges Bataille, *La Souveraineté*, *Œuvres complètes*, Tome 8, p.317.

时也表达了同样的观点:"大家知道,在真正的历史上,征服、奴役、劫掠、杀戮,总之,暴力起着巨大的作用。但是在温和的政治经济学中,从来就是田园诗占统治地位。正义和'劳动'自古以来就是唯一的致富手段,自然,'当前这一年'总是例外。事实上,原始积累的方法决不是田园诗的东西。"[1]而事实上,积蓄本身就是一场新的革命,即"工业革命"的代名词。巴塔耶指出,这场始于18世纪的革命从根本上改变了传统的国家的经济结构,并且颠覆了封建社会的经济生活法则,如今,它正从英国、法国和德国向俄国扩散。巴塔耶预言,这一革命最终还会扩散到中国。而从至尊性的政治面相来说,它的本质就是,"我们从至尊的工作至上——它与农业的主导地位和封建秩序联系在一起——转变为积蓄至上"[2]。而对于当年的斯大林来说,他所不得不面对的情况就是:因为沙皇俄国时期的资产阶级力量弱小,致使其没有能力事先为苏联完成工业化积蓄,但工业化又是一个必然的历史任务,于是,这个任务就压到了无产阶级的肩头。是故,斯大林只好迎难而上。

巴塔耶认为,无论是资本主义还是社会主义,对于其上层建筑来说,生产资料的生产所涉及的问题的关键就是过剩资源如何使用的问题。在资本主义社会,所进行的是个体的积蓄,即资产阶级个人把自己的过剩资源投入生产资料的生产,与其相较,社会主义社会所进行的是集体的积蓄,它把以工人阶级为名的财产投入生产资料的生产中去。二者虽在生产资料的所有权上不同,但这只是形式上的差异,其实质上都是为了增加国家生产力总

---

[1] 马克思:《资本论》第1卷,见《马克思恩格斯文集》第5卷,2009年,第821页。
[2] Georges Bataille, *La Souveraineté*, *Œuvres complètes*, Tome 8, p.331.

第三章 巴塔耶的至尊性思想:至尊、至尊性与国家批判

额,而正是这种对过剩资源使用方式的差异,导致了不同于封建制度的资本主义和社会主义的企业社会的形成。科耶夫对此的看法与巴塔耶极为相似,他认为美国人已经进入了共产主义的最终阶段,而苏联人还处在美国人之前的贫穷阶段,而且,在他看来,"苏联式的共产主义延续着攫取型的资本主义,是国家而非特殊的资本家在攫取,目的是对劳动和消费品进行平等有效的分配。尽管它不再是马克思在依然被称为资本主义的国家中所理解的那种资本主义,但它仍以攫取型资本主义为中介,在富国和所谓的发展中国家之间维持并扩张自身"[1]。

在这一点上,雷蒙·阿隆的意见也与巴塔耶相同。与巴塔耶将资本主义社会和社会主义社会都描述为积蓄型的企业社会相比,他更是明确地提出了"工业社会"的概念,并以此来解读和理解社会主义社会和资本主义社会的异同。雷蒙·阿隆认为的工业社会虽然包含工业化、对劳动生产率创造更多产品的关注等几个方面,但在社会的具体运行上,他的看法与巴塔耶的描述并无本质区别。因此,他指出,马克思所发现的资本主义社会的重视"资本的积累"的特征其实是所有的工业社会的共同特征,因为工业社会有着对利用机器提高生产率的追求和生产出更多的产品的愿望,它必然要不断地增加资本的投入量,以扩大生产资料的生产。所以,在资本主义社会出现的"血律",如"圈地"等,同样会在新兴的社会主义社会出现。这两者"名异实同"。"在两种制度下,对工人的'剥削'并不是采取同样的形式。在资本主义制度中,用于投资的价值通过生产资料的占有者的个人收入转

---

[1] 多米尼克·奥弗莱:《亚历山大·科耶夫:哲学、国家与历史的终结》,第353页。

手;而在苏联式制度中,则是通过国库转手。在两个社会中,某些个人是特权者,即他们获得的收入比处在低层等级的劳动者收入高得多。资本积累现象或'剥削'现象是两类工业社会所共有的,并非仅为一类社会的特征,而另一类则不然"[1]。但新成立的苏联出于历史和现实的状况,它只能选择并发明了与资本主义不同的新型的"工业社会",即斯大林式社会主义社会。这其中有个很重要的原因就是苏联只能独立建设社会主义,它不像西欧的资本主义国家在进行积蓄时具备了马克思所描述过的那些条件:

> 美洲金银产地的发现,土著居民的被剿灭,被奴役和被埋葬于矿井,对东印度开始进行的征服和掠夺,非洲变成商业性地猎获黑人的场所——这一切标志着资本主义生产时代的曙光。这些田园诗式的过程是原始积累的主要因素。接踵而来的是欧洲各国以地球为战场而进行的商业战争。这场战争以尼德兰脱离西班牙开始,在英国的反雅各宾战争中具有巨大的规模,并且在对中国的鸦片战争中继续进行下去,等等。
> ……但所有这些方法都利用国家权力,也就是利用集中的、有组织的社会暴力,来大力促进从封建生产方式向资本主义生产方式的转化过程,缩短过渡时间。暴力是每一个孕育着新社会的旧社会的助产婆。暴力本身就是一种经济力。[2]

显然,等到苏联开始积蓄时,只剩下了马克思所说的"国家

---

[1] 雷蒙·阿隆:《阶级斗争:工业社会新讲》,周以光译,南京:译林出版社,2003年,第5页。
[2] 马克思:《资本论》第1卷,见《马克思恩格斯文集》第5卷,2009年,第860—861页。

权力"了。当然,斯大林对苏联的"暴力"的集体积蓄的方式是有所偏爱的,这不仅因为它可以尽一切可能迅速集中资源进行生产资料的生产,在他的设想中,还有可能避免在资本主义社会中因为生产资料的占有者资产阶级的个人所有权所引发的生产过剩的周期性的经济危机,从而实现生产的连续性扩张。斯大林的这一设想当然还是为了更有效的积蓄,以实现苏联工业化的目标。事后看来,苏联的这种积蓄方式也是可行的。美国历史学家弗朗西斯·福山认为,苏联,还有中国就是以这种高度中央集权的经济形式完成欧洲1950年以前的工业化的。并且,他也得出了和巴塔耶、雷蒙·阿隆相同的观点,即"利用独裁的国家权力打破既有社会团体的支配,并不是列宁主义左翼所专有;有时,右翼政权也会运用这种权力拓展市场经济之路,完成最尖端的工业化"[1]。所不同的是,福山从社会主义社会的工业化得出其最终必然会走向资本主义社会,从而抵达历史的终结处,即进入科耶夫所言的"普遍均质"的社会。巴塔耶的结论却与其有所区别。

四 社会主义背景下的至尊性

从至尊性的政治面相出发,巴塔耶已明确指出,与封建制度相联系的至尊性是激发"革命"这种社会突变事件的重大因素,不仅资产阶级革命的爆发依赖于此,社会主义革命的产生同样源自对这种封建社会的至尊性的不满。但是,如果说至尊性在资本主义社会被对物的占有所置换、发生变形的话,那么在社会主

---

[1] 弗朗西斯·福山:《历史的终结》,黄胜强、许铭原译,呼和浩特:远方出版社,1998年,第144页。

社会，它的命运则是另外一种形态，这自然导致与其相关的至尊性的情感面相也随之发生了根本性的变化。

据巴塔耶的表述，建基于封建社会中过剩地产的分配上的至尊性是追求等级和差异的，正是基于这种等级和差别，人们方得以处理自己与他人的关系并进一步形成封建社会的各项制度。而斯大林对此相当反感，他所向往的是一个无差别的平等的社会，因此，他才会提出要废除城乡之间以及脑力劳动和体力劳动之间的对立和差异。而若要实现这一切，最重要的就是必须实行无产阶级"专政"（la dictature）。不过，这并非斯大林的独创，它早已是马克思主义致力实现的目标。马克思和恩格斯早在1848年的《共产党宣言》中就已提出无产阶级专政的设想："工人革命的第一步就是使无产阶级上升为统治阶级，争得民主。无产阶级将利用自己的政治统治，一步一步地夺取资产阶级的全部资本，把一切生产工具集中在国家即组织成为统治阶级的无产阶级手里，并且尽可能快地增加生产力的总量。"[1] 之后列宁也对无产阶级专政进行了强调，并且特别提出了无产阶级专政必须使用革命暴力。但巴塔耶认为，马克思、恩格斯，还有列宁对无产阶级专政的设想都只是片段的甚至抽象的论述，唯有斯大林赋予了无产阶级专政以具体的形式，而经过这种"专政"所创造的社会是个无阶级的社会。当然，这样一个社会虽然划分了阶级，却并不是为了维护或者加强原有的那种差序格局，而是为了消灭隐藏在其后的由经济上的不平等所造成的差异，这正是至尊性产生的条件和赖以存在的基础。巴塔耶认为，就是这种差异或至尊性才使

1　马克思、恩格斯：《共产党宣言》，见《马克思恩格斯选集》第1卷，1995年，第293页。

第三章 巴塔耶的至尊性思想：至尊、至尊性与国家批判

得不同阶层的人出现对抗，产生革命。共产主义的使命就是要铲除革命产生的条件，以最终终结这种革命：

> 显然，共产主义者以一种不可能被超越的明确性反对神或人的至尊的所有形式，并且他们的行为的一致性是无可争辩的。共产主义运动在其原则上是一台消除人与人之间的差异的机器，它没有任何限制：被称为"差别"的所有的东西，在这台机器的齿轮中都必须永远地消失，被压倒，被粉碎。斯大林后来的著作表明，如果需要的话，共产主义的这种基本的运用会不停地加入这种深层的意义。重要的是废除至尊，并且拔除一种人性之根，直至最终没有差别。无疑，我要表明的是，同等的属于每个人的原始的至尊性被留给了这种粉碎，但是这是以对之前发生的革命的抛弃为条件的。[1]

因此，巴塔耶指出，虽然在斯大林式社会主义社会中存在着工资级别的"差别"，甚至这种差别与资产阶级社会的一样大，但这种差别却不能最终造成类似于封建制度下的那种至尊性，因为它无法成为像至尊性那样的确定人与人之间的关系的东西。诚如斯大林所言，在社会主义社会"本质差别"已经消灭，所保留的只是"非本质差别"，"工业和农业间本质差别的消灭，不能引导到它们之间任何差别的消灭。由于工业和农业中的工作条件有差别，工业和农业间的差别虽然是非本质的，无疑是会存在的……关于脑力劳动和体力劳动间的差别，也必须这样说"[2]。

1　Georges Bataille, *La Souveraineté, Œuvres complètes*, Tome 8, p.385.
2　斯大林：《苏联社会主义经济问题》，中央编译局编译，北京：人民出版社，1958年，第21页。

而在巴塔耶看来，社会差别是至尊性的基础，如今这一基础已经失去，至尊性也就不复存在了，取代它的是"权力的客观性"[1]。权力可能具有的深层意义被否定并被抽空。首先，权力不再属于个人而属于集体，这就与对至尊性来说至关重要的个人的主体性相分离，没有主体体验的至尊性是不存在的。其次，是个人与物的分离，因为物不再属于个人，与权力同属集体，个人不可能将自己与物的所有权联系在一起，也就不可能通过花费来获得至尊性。因为权力控制了积蓄，它反对花费，这也在根本上去除了建基于其上的"等级"以及至尊性。权力也因此被完全客观化了。在这种情况下，至尊性只能在理论上存在了。巴塔耶举了个例子，这就像一个人拥有一盏灯，它虽然拥有越来越大的能量（权力），但他却从不点亮这盏灯，那么至尊性也就不会出现了。

另一方面，巴塔耶认为苏联的权力还与传统至尊性的"古代的、次要的形式"有关联，那就是它的权力采取了一种"军事形式"。如共产党就是一种军事组织，共产主义的活动是一种战斗，阶级斗争是一场战争等。但是巴塔耶指出，它的军事领导既不能指定为一个至尊的人，也不能产生至尊性，因为其缺乏"某种圣性的起源的形式"，而这恰恰是人们最期望拥有的东西，但它更多的与宗教因素有关。并且，巴塔耶认为，至高的权力，例如王权等，有着深刻的宗教背景，"作为王权的起源，与宗教的吸引力相比，军事的吸引力不可能拥有首要的价值。在可能对人类遥远的时期做出有根据的判断的范围内，这看来是有点清晰

---

[1] Georges Bataille, *La Souveraineté*, *Œuvres complètes*, Tome 8, p.386.

的，是宗教而不是军事，才是社会权威的源头"[1]。这些宗教的因素有很多，如"上帝、神话的谱系、罗马帝国或日本神道的崇拜、神权的基督教理论"[2]，等等。但苏联的权力很难将自身与这些因素相联系，所以苏联的这种军事至尊性不可能持久。并且，在共产主义社会，积蓄除了可以用在战争上，不可能用于别的目的，这也就剥夺了至尊性产生的条件。

简而言之，巴塔耶认为，与资本主义制度下至尊性被置换为对物的追求和崇拜相比，在社会主义制度下，至尊性则被权力的客观性所置换，但是，不同的是，前者还存留至尊性的痕迹并给至尊性的存在留下残余的空间，后者则因为整个社会强大的积蓄力量，已经完全消除了至尊性的存在条件，如人与人之间等级或差别的存在，对物的个人化的占有等，并且权力的客观性使权力与个人的内在经验不再相关，同时也与个人的主体性无关。这也就迎来了一个无差别社会。尼采曾对这种可能性进行过批评：

> 人的全部的蜕化堕落，沦落直至成为今天在社会主义的笨人和浅薄者看来作为他们的"未来的人"的东西，作为他们的理想！——人的这种蜕化堕落和贬低为完全的群体动物（或者像他们所说的，成为"自由社会"的人），人动物化为具有相同权利和要求的侏儒般的动物，这种动物化是可能的，这是毫无疑问的！谁一旦对这一可能性彻底地加以思考，谁就比

---

[1] Georges Bataille, *La Structure psychologique du fascisme*, *Œuvres complètes*, Tome 1, 1970, p.360.
[2] 同上书，p.361。

其余的人更多认识一种憎恶，而且也许还认识一个新的任务！[1]

尼采所说的这种"群体动物"或"动物化"是与巴塔耶的"动物性"不同的，它意味着"末人"时代的到来，人将失去其原有的高贵，沦落为只知道吃喝的动物一样的东西。同样，巴塔耶也不认为这种现象是合理的，因为这是非人的，它意味着人性的泯灭，追求差异，而追求至尊性是人的至深的本能，也是人之所以为人的最本质的原因之一。所以，巴塔耶明确反对社会主义对至尊性所进行的否定，但同时矛盾的是，尽管他对"这一可能性彻底地加以思考"，却没像尼采期待的那样又多认识"一种憎恶"，并且，他也不认为对至尊性的追求就是历史的目的或终结，相反，他认为，无差别的社会倒是有可能是未来历史可能发展的方向，也即，历史将终结于无差别社会的出现。尽管他对此并不喜欢。

当然，至尊性——实际上，财富的非生产性目的的用途——不可能作为历史的目标被赋予。我甚至指出相反的一面：如果历史有某个目标，至尊性不可能是那个目标，甚至，如果至尊性不是为了显现出来，它不会与那个目标发生任何关系。也许，恰好相反，那个目标是无阶级的社会；无阶级社会至少是历史在我们的时代所采取的方向。然而，让人困惑的是，大量的人停止赞成特权阶层的存在。显然，我们所汇聚的

---

[1] 尼采：《论道德的谱系 善恶之彼岸》，第218页。

那个点,它被一种与水的重力所相似的重力所吸引,是无差别的人性。[1]

正是从这点着眼,巴塔耶才对斯大林对至尊性的否定产生了困惑,也才愿意对斯大林进行的资本原始积累予以承认。但是,他还是始终保留自己的意见,那就是个人无论如何也不可能被国家完全吸收,"国家在任何程度上都无法耗尽我们自身与色情或个体的爱相关的部分。这是因为它无法超越利益(利益的普遍性),我们自身的一部分(恰恰是那被诅咒的部分)无论如何都无法产生于利益的范围之内"[2]。当然,作为科耶夫的忠实的学生和密友,这也应与科耶夫所提出的历史将终结于"普遍均质"社会的思想不无关联。只不过,他把社会主义社会也看成与资本主义社会一样的通往历史的终结处的一条道路,而非像福山那样把资本主义社会看作唯一的道路。

五 总 结

综上可知,巴塔耶从至尊性的角度对共产主义,即对斯大林式社会主义所进行的批判,不仅涉及其政治面相,也涉及其情感面相,他理论的关键点在于,他尝试用一种新的眼光,即工业革命或工业社会需要的积蓄为前提,来解释现实中的斯大林式社会主义对马克思关于共产主义的经典论述的背离。基于此,在谈到共产主义与资本主义之间所发生的对立时,他指认其根本上还是

---

[1] Georges Bataille, *La Souveraineté*, *Œuvres complètes*, Tome 8, p.322.
[2] 巴塔耶:《色情史》,第136页。

一场贫富之争，社会主义是贫穷的无产阶级建立的工业社会，而资本主义是富裕的资产阶级建立的工业社会，两者的冲突因而也是无法避免的。而这正是斯大林无法看清楚的历史的本质，因为斯大林始终认为资产阶级间发生冲突的可能性是远大于社会主义与其发生冲突的可能性的，巴塔耶指出，这也是斯大林思想的局限之处。

对于斯大林在实施苏联工业化的过程中对人民采取镇压，巴塔耶是持批判态度的，但是，对于斯大林创造性地发挥马克思主义，并将其现实化和具体化，以完成俄国这个落后的封建的农业国家实现工业化的任务，巴塔耶还是予以一定程度的同情。他认为斯大林只不过在让无产阶级来完成俄国资产阶级没有完成的任务，同时，他也预言，中国的无产阶级也不得不完成这项痛苦而艰苦的工作。这就是马克思在谈到资本的原始积累时所必须承担的"原罪"。1959年12月21日，在斯大林逝世6年后，他昔日的对手，英国首相丘吉尔就在一场演说中提及，"苏联万幸的是，在她经受艰难考验的年代里，领导她的是天才且坚韧不拔的统帅约瑟夫·斯大林。他是一位杰出的人物，赢得了他所生活的我们这个残酷时代的敬仰……斯大林缔造了一个庞大的帝国并使其臣服于自己。他是一个用自己的敌人之手消灭自己的敌人的人，甚至能使我们这些被他称为帝国主义者的人去同他另外的敌人——法西斯主义者们作战。斯大林的确是一个世界上无人可与之相比的最大的独裁者。他接手的是一个犁耕手种的俄国，留下的却是装备有原子武器的苏联"[1]。相信巴塔耶是赞成丘吉尔对

---

[1] 参见维基百科：http://zh.wikipedia.org/zh-cn/%E6%96%AF%E5%A4%A7%E6%9E%97。

第三章 巴塔耶的至尊性思想:至尊、至尊性与国家批判

斯大林的评价的。

虽然历史有时并不以个人的好恶为转移,对其的理解和解释却可以是多元的。现在我们已经知道,苏联在斯大林统治时期并不像巴塔耶所想象的那样真的得到了平等和无差别,他也无法预料到苏联后来的解体。这只能归于其的历史局限。巴塔耶在分析大革命时也谈到自己的批判并不能取代黑格尔对此的研究,他也不认为自己有能力或者有责任对共产主义的未来做出预测;他虽然推崇建立在不平等和差别上的至尊性,可也觉得其并不是未来历史发展的目标。这一切,都是因为时代的进步和人的发展,诚如黑格尔所言,"人类被提升到了一切哲学的顶峰,这个顶峰高到令人头昏眼花。但是人类为什么这么晚才想到重视人类的尊严、赞赏人类可与一切神灵同等并列的自由能力呢?我相信,人类本身受到尊重,这一点乃是时代的最好标志。围绕在人世间的压迫者和神灵头上的灵光正在消失,就是一个证明。哲学家们正在论证人的这种尊严,民众将学着去体验这种尊严,他们不是乞讨他们的受到践踏的权利,而是自己恢复——重新占有这种权利"[1]。

---

[1] 黑格尔:《黑格尔通讯集》,第24页,转引自张世英:《自我实现的历程:解读黑格尔〈精神现象学〉》,第204页。全文可参见苗力田编译:《黑格尔通信百封》,上海:上海人民出版社,1981年,第43页。

第四章

巴塔耶的文艺思想:
孩童、献祭与共通

第四章 巴塔耶的文艺思想：孩童、献祭与共通

巴塔耶虽然享有思想家和哲学家的令名，但与同时代或稍后的那些法国思想家，如科耶夫、梅洛-庞蒂、雷蒙·阿隆、萨特等本来就是以哲学为专业的人相比，1922年毕业于巴黎国立文献学校的他并非"专业出身"。这却并没有妨碍他成为一名思想家和哲学家，因为这所学校培养的学生，虽然主要从事的是图书档案的管理工作，其使命却是对"人文和社会科学，尤其是历史科学的探索"。[1] 不过，他的哲学思想的建构，却并不是由"思想"而"思想"，如像科耶夫那样从对黑格尔的《精神现象学》的细致解读来展开自己的思想，他是从具体的文学创作走向思想体系的建构的。他于1928年正式推出的第一篇作品《眼睛的故事》就是部小说；他最重要的论文《花费的概念》却是1933年才完成的。巴塔耶对文学的看法却与其此后所形成的基本的思想密切相关：一方面他的文学实践本身就是他思想大厦的重要基石；另一方面他的思想的成形与其对文学经验的感悟密切相关。并且，身为作家，巴塔耶特别重视作家、艺术家的作用，因为作家和艺术家天然就是呵护至尊性的人，"在巴塔耶看来，作家或诗人之所以写作，在很大程度上是因为他们承担着维护自主性（即至尊性）的使命，这种使命是自己加给自己的。或者说，他

---

[1] 参见巴黎国立文献学校网页：http://www.enc.sorbonne.fr/formation.html。

们把自己想象成自主性的守望者,他们试图通过写作来取消自己身上的依赖性和奴性。自由的写作体现了对奴性的对抗。在时代的高压下写出的作品之所以常常具有震撼人心的效果,就是因为这类作品不仅显示了在时代高压(政治压迫、经济压迫、情感压迫和个人生存压迫)下顽强生存下去的自主意志,而且点亮了自由思想的明灯"[1]。

若要理解巴塔耶的文学观,就需要将其放到他的整个思想体系中去考察,这样才能比较准确、比较系统地把握他在文学乃至艺术方面的思想。当然,若要更好地理解巴塔耶的思想,也需要从他的文学作品以及他对文学艺术的思考中去寻找奥秘。本章主要分析的就是巴塔耶的代表性的文学作品及其相关的文艺思想。

---

[1] 汪堂家:《巴塔耶之前与之后》,原载《译文》2005年第2期,上海译文出版社,2005年。

第四章 巴塔耶的文艺思想:孩童、献祭与共通

第一节
眼睛的故事

1927年,身为图书馆资料员,年近30却还籍籍无名的乔治·巴塔耶开始写作《眼睛的故事》。一年后,也就是1928年,他终于完成了这部作品。这是他的第一部长篇小说,也是他第一部正式完成的作品。之前,他几乎没有完成任何像样的东西。而与此同时,他的那些超现实主义的朋友们早已声名鹊起,想必这给了他很大的压力。并且,不幸的是,在此期间,他还产生了精神上的危机。因此,在写作这本书的过程中,他不断拜访朋友,从事精神分析工作的阿德里安·波雷尔(Adrien Borel)大夫,并且每写一章就让后者阅读,以咨询对方的意见。尽管他不承认或者不认为这是一种治疗,但可以想象,治疗在某种程度上产生作用了。[1] 不过,这种奇特的写作背景,只是给这部小说蒙上了一层神秘的色彩,真正使这部小说在文学史上产生巨大影响,并在巴塔耶的思想体系中占据相当重要的地位的原因,还是其惊世骇俗的大量的"色情"内容。

尽管写作该书时,巴塔耶的很多思想都还没有成形,但是,作为第一部略具规模的作品,巴塔耶还是尽可能地在《眼睛的故

---

[1] 参见 Michel Surya, *Georges Bataille: An Intellectual Biography*, pp.96-99。

事》中表述了自己的一些文学和思想的观点,其中,既有他对色情写作的探索,也有对自己的"内在经验"的转化和表达,还有他的非常重要的"越界"思想的展开与具体化,以及他日后所涉及的一些核心内容,如对性、死亡和人体排泄物等的描述。

或许是考虑到该书内容对当时公众的接受力可能造成的威胁,在此书出版时,巴塔耶特地使用了洛德·奥歇(Lord Auch)这个笔名。但这并不表明他在写作该书时就已经做好隐藏自己观点的准备,恰恰相反,他的文学观就是向其时的社会习惯或禁忌发起挑战。在这本书的封底,他特地写下了这么一段话:"人与动物的区别在于他们遵守禁忌,但禁忌是模棱两可的。他们遵守禁忌,但他们也需要违反它。对禁忌的越界不是他们无知:它需要一种坚定的勇气。在越界中必需的勇气对人来说是一种实现,这尤其是文学的实现,这种优先的行动是一种冒犯。真正的文学是普罗米修斯式的。真正的作家敢于触犯现有社会的基本法规。文学是要拿一种正常性的、固有的谨慎的原则去冒险的。"[1]《眼睛的故事》所展现出的图景,就带有大量的"越界"色彩,因而从"越界"这一巴塔耶文学和思想中非常重要的概念入手,来分析和解读这部作品,相对来说,也就更容易把握巴塔耶的思想理路和文学追求。

一 眼睛与越界

越界本意是对某种规范、标准或职责的违反。而在巴塔耶看

---

[1] Georges Bataille, *La Littérature et le mal*, *Œuvres complètes*, Tome 9, Paris: Gallimard, 2010, p.438.

第四章 巴塔耶的文艺思想:孩童、献祭与共通 267

来,"越界"则主要是对"禁忌"的违反。他认为,人类社会的禁忌主要是针对人的"动物性",也就是和其他的动物并无区别的兽性而设置的。正是对兽性的否定和超越,人才由纯粹的动物转化为社会意义上的人。所以,围绕着兽性而建立起来的禁忌,其目的就在于回避我们肉身的短暂性与必死性,使我们得以"远离污秽、性功能和死亡的形象看待人"[1]。在《眼睛的故事》中,人物的行为也正是围绕着对这些禁忌的违反展开的。但这种越界和眼睛又有什么关系呢?

福柯曾比较深入地考察了这个问题。他指出,巴塔耶一生对眼睛非常痴迷,这是由于巴塔耶把眼睛看作"内在经验"的"象征",而且,眼睛连接黑暗和光明,也是二者之间的界限,它不断的开合本身,就是一次次越界。福柯进一步指出:"这是因为,眼睛——这个把自身的黑暗封闭起来的既小又白的球体——所探查的只是目力所及的有限的范围。而在其自身的黑暗之内,眼睛的昏暗的核心,就像一股喷泉那样倾注到它可以看见的,也就是说,它可以照亮的世界;但是在瞳孔那个既小又黑的斑点里,眼睛也积聚了世界所有的光亮,在其中它被转变成明亮的夜晚中的一幅图景。眼睛是镜子和灯:它把自己的光照射到周围的世界,同时在一个并不必然矛盾的运动中,它把相同的光投射进自身的源泉的透明体中。它的球体拥有一种神奇的种子的可拓展性——就像一枚朝向夜晚和极度的亮光的中心内爆的鸡蛋,它是鸡蛋,但它又已经不再是鸡蛋。这就是存在在越出自身边界的行

---

[1] 巴塔耶:《色情史》,第75页。

为中的象征。"[1]因此，在巴塔耶看来，眼睛和越界之间的联系不仅是天然的，也是必然的。当然，对于人来说，眼睛的自我存在就是越界得以成立的最重要的原因和最直接的表现。

2003年，美国独立电影导演安德鲁·瑞帕斯克·迈克亨尼（Andrew Repasky McElhinney）把《眼睛的故事》拍成电影《乔治·巴塔耶的眼睛的故事》（*Georges Bataille's Story of the Eye*）搬上银幕。在电影中，除了简略的画外音不多地吟诵巴塔耶著作中的句子外，主要角色并没有什么对话。电影评论家戴维·克尔（Dave Kehr）在《探查观看（或调头不看）的诱惑》一文中认为，导演采用这种表现形式，是符合原著的，"这部电影忠实于著作的标题，眼睛是作品的主角"，但这个"眼睛"一方面是巴塔耶作品中一再强调的眼睛，以及类似眼睛的鸡蛋、牛睾丸等意象，还有正在观赏这部作品的更多的眼睛，"我们观看，但同样，我们也把脸转过去，迈克亨尼先生想要我们意识到我们相互矛盾的冲动。每个观众都会有他或者她自己的界限，当我们本能地瞥一眼就掉头他顾的时候，我们就会了解那些界限之所在"。[2]

戴维·克尔谈的虽然是电影，但这一描述或者看法对那些阅读《眼睛的故事》这部小说的读者无疑也是适宜的。实际上，我们的眼睛——观众或读者的眼睛——是《眼睛的故事》的另一个主角。只有眼睛才能看到和理解越界的含义。眼睛虽然是我们沟

---

[1] Michel Foucault, "A Preface to Transgression", 参见 *Aesthetics, Method and Epistemology*, Trans. by Robert Hurley, New York: The New Press, 1998, p.81。

[2] Dave Kehr, "Exploring the Temptation to Look (and to Look Away)", *The New York Times*, 2004-09-22。

通内外的媒介，但在某种意义上，它代表着我们的理性，直接与我们的内心相连，与我们那颗由社会规范所规训出来的良心相连。其实，我们的眼睛本身就是判裁人之行为和事物的法官。而在银幕上或者书中所展开的那些故事，其实正是为了银幕或书本之外的眼睛而存在的。我认为这才是我们理解巴塔耶《眼睛的故事》的关键。在这一"观看"（look）的过程中，我们受到文本的"询唤"，从而得知我们的"界限"，并决定是否越界，以及越界到何种程度。

当然，此处提到的越界之所以具有双重性，其原因在于除了这种外在的因观看而产生的越界行为外，更为根本的还是文本中人物的越界行为。

二 狂 欢

在小说中，有三处比较重要的情节和场景：第一个场景是第二章《诺曼底衣柜》；第二个场景是第十章《格拉内罗的眼睛》；第三个场景由第十一章《塞维利亚的阳光下》、第十二章《西蒙娜的忏悔和埃德蒙德先生的弥撒》和第十三章《苍蝇的腿》构成，这三章主要讲述的是主人公西蒙娜、"我"和埃德蒙德先生在塞维利亚的教堂以性虐的方式残杀一个年轻英俊的金发牧师的故事，这也是作品的最后一个重要的场景。这部小说是以时间为线索呈线性展开的，相对于其他部分较为平淡的叙述，这三个部分具有小说高潮的性质，集中了这部小说三个最为核心的情节。在这三个核心情节中，无一例外，都散发出一种强烈的"狂欢"气息，具有一种爆发性的和毁灭性的美。巴塔耶认为仪式化的狂欢是能量的剧烈释放，其最显著的特征就是对禁忌的越界。

首先，是小说所营造的场景的狂乱和怪异。在第二章《诺曼底衣柜》中，当"我"和西蒙娜在大街上碰到之前曾被"我们"共同捉弄过的女孩玛塞尔时，"我们"立即把她拉到自己家中，与三个女孩和两个男孩（他们都只有十六七岁）喝茶聚会。一个多星期前，在夜幕降临的海边，"我"曾经一边疯狂地抱住玛赛尔一边为西蒙娜手淫，此后，三个人更是在雷雨交加下相互手淫并在泥坑里接吻。这一次的聚会不仅人更多，也更为疯狂。这不仅是因为他们把茶换成了香槟，还因为西蒙娜率先跳了一曲狂乱的查尔斯顿舞，把她自己从腿到屁股的部分都袒露了出来，率先挑起了狂欢的气氛。然后，西蒙娜与一个男孩打赌，在众人面前当场把小便撒到桌布上，并躺在了上面。那个赌输的男孩只好接受惩罚，被西蒙娜脱光了衣服。但这还只是开始，衣衫不整的西蒙娜很快又滚到这个男孩脚下，用一种渴求的声音嘟哝了起来："往我身上尿尿……"[1] 至此，一场下午茶演变成了一场可怕的淫乱的狂欢。在《格拉内罗的眼睛》中，其场景在形式上就极为壮观，所有的情节都伴随着马德里斗牛场上斗牛士格拉内罗与牛的搏斗展开。燃烧的太阳炙烤着斗牛场里每个人、每件东西，观众狂暴的喝彩声，插进牛身的剑，肮脏的看台，四溢而强烈的尿的气味，构成了一幅狂乱的图景。虐杀牧师的场景虽然没有斗牛场这么宏大壮观，也不像第一个场景那样有众多的人物和混乱不堪的场面，只有西蒙娜、"我"、埃德蒙德先生和那个可怜的牧

---

[1] Georges Bataille, *Histoire de l'oeil*, Paris: Pauvert, 1967, p.19.

第四章　巴塔耶的文艺思想：孩童、献祭与共通　　　　　　　　　271

师，但巴塔耶对地点的选择却不无深意。这个传说由唐璜所建的塞维利亚的教堂不仅像那些常见的教堂一样，有着鲜红透明的布窗帘、木雕装饰的天花板、镀金的宗教小玩意装饰的墙面、圣坛和巨大的巴洛克风格的后部装饰，而且，更为重要的是，门口还悬挂了画家瓦尔德斯·里尔（Valdes Leal）两幅著名的油画《腐尸图》。仅从这两幅画的标题就可想象出画面的阴森可怖："死亡的凯旋"（Triunfo de muerte）和"世间荣耀的终结"（Finis gloria mundis），前者是死神，一具骷髅怀抱棺材，手拿一把镰刀站在画面中，后者是一个手握权杖的人龇牙咧嘴躺卧在棺木中，在尚未完全腐烂的身体上，爬满了让人恶心的臭虫，而且，"一个眼窝正被一只老鼠咬穿"[1]。这样的场景自然有一种疯狂诡异的色彩。

其次，就是人物行为的极度乖张和随心所欲。在第一个场景中，伴随着西蒙娜等人的疯狂，即使是羞涩的玛赛尔也在那种迷乱的气氛中躲进诺曼底衣柜，开始手淫，并且因为极度兴奋尿在了衣柜里。在第二个场景中，当西蒙娜目睹斗牛士格拉内罗杀死一头黑毛的公牛后，兴奋难抑，在观众无尽的欢呼声中，她拉着"我"的手，在酷热中来到外面院子里，她抓住"我"勃起的阴茎，"我"则抓住她的屁股，在一个苍蝇乱飞、臭气烘烘的厕所里，两人开始手淫，然后性交。而在格拉内罗再次向另一头公牛挥动他手里的红布时，异常兴奋的西蒙娜不仅一口咬住了格拉内罗杀死的第一头公牛的一只睾丸（按西班牙习俗，业余的斗牛士可以让斗牛场的看守把第一批被杀死的牛的睾丸烤熟后拿到斗牛

---

[1] Georges Bataille, *Histoire de l'oeil*, p.84.

场的头排座位上,在观看下一批斗牛时吃掉它们,而疯狂的西蒙娜要求吃的是生的牛睾丸),还把另一只塞进了自己的阴道。在塞维利亚的教堂里所发生的一幕则更为骇人,西蒙娜不仅尽情戏弄了那个金发牧师,还残酷地用性作为手段折磨他,最后让其精尽人亡。而在这个牧师死后,西蒙娜先是和"我"在尸体旁性交,然后又让埃德蒙德先生用一把小剪刀挖出了牧师的眼睛,把它放在自己的大腿间、屁股里和阴部玩弄。

在这三个场景中,人物始终是在追求一种极致的肉体的愉悦,他们的行为也具有很强的狂欢色彩。其中,在第一个场景里,西蒙娜和"我"对玛赛尔以及其他几个男女的引诱和随之而来的狂欢,是对正常的社会规范或性禁忌的越界;第二个场景中斗牛场的狂欢是对死亡——一方面是对牛的死亡,另一方面是对斗牛士格拉内罗的死亡——的不以为然,这是对生命本身或死亡禁忌的越界;第三个场景中对那个金发牧师的性虐杀,可以看成对宗教或者救赎的越界。

由此可以看出,巴塔耶所描述的这三个狂欢场景,都带有一种强烈的越界色彩。这是因为,巴塔耶认为,狂欢是和越界联系在一起的。"狂欢也不乏某种意义,这种意义赋予它违反禁忌的特征。这样看来,它甚至达到违反的顶点,仿佛全面地——坚决而无保留地——解除限制。"[1] 狂欢的价值就在于给人提供了一种越界的可能,并且,它自身就是一种越界。在这一过程中,即在随意地宣泄自己的"动物性"(或曰"兽性"),随意地毁坏和杀害的过程中,得到一种超越常情的愉悦。这种愉悦没有悲痛之

---

[1] 巴塔耶:《色情史》,第108页。(此处,违反即越界。)

第四章 巴塔耶的文艺思想：孩童、献祭与共通　　　　　　　　　　273

情，也没有同情与惋惜可言，它只有快乐。这一点，甚至巴塔耶也为之自得，他后来在《厕所：〈眼睛的故事〉序言》中说："相反，我对《眼睛的故事》中那种爆发性的愉悦始终满意：没有什么能抹掉它。曾经有过的类似的愉悦，限定了一种天真的荒诞的行为，保持了对焦虑的超越。而焦虑则显示了这种意义。"[1]

三　污　秽

这部小说中充满了我们在日常生活习惯和观念中所认为的污秽或肮脏的东西，如小便、精液、汗液。除了这些排泄物和它们散发出来的气味外，还有就是我们觉得污秽的性器官，如阴茎、阴部、肛门和睾丸，以及污秽的行为：如上文提到的西蒙娜躺在自己尿湿的桌布上打滚，包括我们认为多少有些污秽的性行为，尤其是反常的性行为，如手淫、口交。甚至，可以说，正是这些触目惊心的"污秽"构成了这部小说的主体，同时，它也成为其主题的有机组成部分。

但是，在对这些"污秽"进行描写的过程中，巴塔耶所使用的是一种"自然"的笔法，他并不刻意渲染这些污秽的事物和行为，而只是对其做出客观自然的陈述，以还原人的感官（而不是感情）在接触到这些污秽时的反应。如在《诺曼底衣柜》中，躲进衣柜的玛赛尔在手淫时小便失禁，巴塔耶也只是写小便自橱柜的门流到了外面而已，并不对其进行更多的评价和引申。又如观看斗牛那一章，在描述西蒙娜和"我"在斗牛间隙到场外院子的

---

[1] Georges Bataille, *Œuvres complètes*, Tome 3, Paris: Gallimard, 2008, p.59.

厕所里去手淫和性交时,他也只是写,因为天气非常炎热,尿的臭味让人窒息,对此也并未进行更多的刻画。巴塔耶在处理这些污秽的题材时,基本上都采取类似的态度,也都带有这种还原的意味。

在这种还原中,巴塔耶把我们所认为污秽的东西的"污秽",重新置于其原初的位置,把它视作与我们日常生活中别的行为无异的行为,试图让人对这些行为"习以为常"。这或许也是全书充斥"污秽"的原因。这种对"污秽"的"去污秽化",对"污秽"的"习以为常",正是巴塔耶所追求的。他认为,我们对这些"污秽"的厌恶,是刻意为之。虽然表面上我们总是下意识地讨厌我们的排泄物,但是,"我们无法确定导致我们对这些和那些'污物'产生厌恶的基本因素是什么。我们甚至不知道,这些排泄物是因为我们对它们感到厌恶才气味难闻,还是因为它们的气味令我们厌恶"。[1] 巴塔耶进一步指出,这种对"污物"的厌恶实际上来自一种禁忌,即对人的兽性的禁律,"因为,没有这种厌恶,我们与动物没有两样"[2]。所以,我们才有意培养出了对这些排泄物,或者说,对与动物性有关的东西的厌恶。正是对这些禁忌的建立和维护,我们才脱离动物成为人。

在《眼睛的故事》中,巴塔耶所着力否定的第一个对象,就是我们对"污秽"的厌恶习惯和有意无意的遮掩。这就是他在小说中会如此不吝笔墨反复描写污物的原因。其目的,自然是为了让我们注意到自己和这些污物无法弃绝的联系,从而在对其的越界中,获得解脱的快感。当然,巴塔耶在小说中对我们兽性的产

---

[1] 巴塔耶,《色情史》,第48页。
[2] 同上书,第49页。

第四章　巴塔耶的文艺思想：孩童、献祭与共通

物进行还原时，除了把我们认为污秽的东西"去污秽化"，以与我们所认为的不污秽的事物等同外，他还有一种做法，就是把我们认为可以代表人，或者似乎只属于人的东西"污秽化"，以还原其本来的动物面目。我认为，小说中最为突出的就是巴塔耶对眼睛这一器官的还原。我在前文曾提到，和人的其他器官相比，眼睛在我们的日常生活和观念中常被认为是一种更为"高级"的东西，它仿佛与我们的心灵直接相连，脱离了我们肉体的卑俗性而单独存在。我们如此频繁地使用它以至习焉不察，也许正因为如此，以至若非病痛，我们很少会意识到它的存在。

为了把眼睛拉下"神坛"，巴塔耶所做的首先就是把眼睛还原为普通的东西，它与某些形状相似的事物并没有什么不同，如鸡蛋、太阳，甚至牛的睾丸。小说开始时，西蒙娜非常喜欢鸡蛋，她的乐趣之一就是观看生鸡蛋、空鸡蛋壳或煮熟的鸡蛋在马桶的水里沉浮，还喜欢把生鸡蛋在浴缸边沿磕，玩弄它，或者观看人吃掉它。当"我"问西蒙娜"尿尿"这个词让她想起了什么的时候，她回答："雕琢，眼睛，一把剃刀，红色的东西，太阳。"而鸡蛋让她想起"牛犊的眼睛，既因为牛犊脑袋的颜色，也因为蛋白就是眼白，蛋黄就是眼珠。按她的说法，眼睛是蛋形的"。[1] 这也是西蒙娜在斗牛场上把玩牛睾丸的原因。当西蒙娜回到座位上时，看到盘子里放着两只赤裸的牛睾丸，"形状大小和鸡蛋差不多，珍珠般白亮，带有些微的血丝，恍若一颗眼球"[2]。通过这种相似性，巴塔耶把高高在上的眼睛降为与动物性直接相连的睾丸，并且是牛的睾丸，来恢复或者还原其作为动

---

[1] Georges Bataille, *Histoire de l'oeil*, p.51.
[2] 同上书, p.76。

物器官的性质。还有就是把眼睛作为普通的玩物来对待，彻底将其"矮化"为普通的"物"，在西蒙娜看来，眼睛与鸡蛋或牛的睾丸无异，这才会有她叫埃德蒙德先生把那个金发牧师的眼睛挖出来亵玩的情节。

　　这里自然也有巴塔耶自身情感体验的转化，他之所以会把小便、眼睛和鸡蛋等联系在一起，则与他幼年和父亲在一起生活的经历有关。他父亲患性病而导致双目失明，每次小便时，都会不自觉地睁开自己又白又大的眼睛，这给了巴塔耶很深的印象。他作品中经常描写小便的气味，还与他父亲病后瘫痪在床，经常浑身散发出尿味有关。这也是他小说中描写人物小便时常会出现鸡蛋和眼睛等意象的原因。巴塔耶对他病中的父亲的描写，也是更突出其动物性的而不是人性的一面，如对父亲因病痛发出的呻吟、大而无神的眼睛以及因瘫痪而大小便不便所导致的难闻的气味的描写，都是出于这个缘由。

　　但不管是"去污秽化"还是"污秽化"，这些都是针对我们人之兽性的禁忌的一种越界。这也是巴塔耶之"越界"的一个最为直接和最为外在的表现。

四　色情和死亡

　　巴塔耶在小说中对污秽的还原和拥抱并非其主要的用意，他真正的目的还是要对与之相连的更大的禁忌，即性和死亡的禁忌进行越界书写。这是因为，在巴塔耶看来，"禁忌的自然领域不仅是性欲和污秽的领域，也是死亡的领域"[1]。前文已经说过，

---

[1] 巴塔耶：《色情史》，第64页。

在对污秽的禁忌中，其实已包含对性的禁忌，如对性器官与性行为的禁忌，但巴塔耶所说的污秽，主要还是指动物的排泄物。不过，对性和死亡的禁忌，其本质与对污秽的否定并无不同，其目的都是否定人的自然状况，即否定人的兽性，以使人成其为人。在《眼睛的故事》中，巴塔耶有意对此种禁忌进行了否定性的表述，通过描写人在性和死亡方面的越界行为，他向我们展现了人的动物性的一面。苏珊·桑塔格也清楚地指出了这一点："如果不横加干预，人类的性欲是一种自然的愉悦功能；而'淫秽'是一种成见，是由确信性功能，包括性愉悦具有可耻一面的社会虚构出来强加于自然的。以萨德、洛特雷阿蒙、巴塔耶和《O 的故事》以及《色像》的作者为代表的法国传统，所挑战的正是这些假设。"[1]

巴塔耶所说的色情，其实就是人对各种强加给自身的性的禁忌的越界。在《眼睛的故事》中，这一点首先体现于小说人物的色情的自发性。从小说开始，西蒙娜坐在为猫准备的一茶碟牛奶上，让牛奶浸湿自己的阴部，与"我"各自手淫达到高潮起，各种各样正常与反常的性行为就成了推动故事向前发展的动力和目标。在这些自发性的性行为中，人物丝毫不考虑环境和条件，只要一有冲动，就随心所欲地施行，如西蒙娜偎依在自己母亲怀抱里的时候，"我"还利用这一刻，撩起她的裙子，把"我"的手放进她的两腿间抚弄她的阴部。而在此之前，西蒙娜还当着她母亲的面旁若无人地和"我"玩性游戏。他们随时随地手淫、性交，与其性冲动的自发性保持高度一致。而这正是动物的特点，兽性之所以为兽性，就是从不考虑冲动的后果，只寻求冲动实现的即

---

[1] 苏珊·桑塔格：《激进意志的样式》，何宁等译，上海：上海译文出版社，2007年，第62页。

刻性。还有就是人物的不断死亡。这些死亡颇为随意,形式也各种各样,既有西蒙娜和"我"高速驾车把一个骑自行车的漂亮女孩撞死,也有玛塞尔因被"我"囚禁和虐待而在诺曼底衣柜里上吊自杀,还有拉格内罗在斗牛场被牛角挑死,以及他们在教堂里虐杀那个金发牧师,这些突然性的、随意的死亡,使人对生命的可计划性和永恒性产生了怀疑,对人的生命在本质上的短暂和没有理由的存在做出了说明。再就是小说中色情与死亡的关联。几乎伴随着每一次死亡,人物都会进行手淫或性交,西蒙娜和"我"第一次真正的性交,就是在上吊身亡的玛塞尔的尸体旁完成的,其余的性交也大都和死亡相关,比如他们在斗牛场旁的性交,还有在死去的那个金发牧师尸体旁的性交。并且,每次这样的场面出现时,都带有很强的狂欢色彩和歇斯底里。

性与死亡都是人之兽性最明显、最强烈的特征,性的体验和死亡的体验——其实是人所能体验到的最极致的动物性——也是动物所能经历的最高的快感形式,而对它们的毫无顾忌的追求与实现,就是对人们加于其上的禁忌的否定。在这种否定中,性成为一种非生产性的"花费",一种排除了以生殖为目标的性活动,以"损耗"人的过剩的能量,这就是巴塔耶所谓的色情的内在含义。借助色情活动,人获得了一种自由,拥有了自主处理自己的"至尊性"。巴塔耶眼中的死亡也与色情相似,即如波德里亚所指出的:"巴塔耶的作品中有一种作为过度原则和反经济原则的死亡观,由此产生了奢侈和死亡奢侈性的隐喻。只有奢侈而无用的消耗才有意义——经济则没有意义。"[1]

---

[1] 让·波德里亚:《象征交换与死亡》,车槿山译,南京:译林出版社,2006年,第242页。

第四章 巴塔耶的文艺思想:孩童、献祭与共通

不过,巴塔耶在小说中对狂欢、污秽、色情和死亡的描写,其目的不仅是对兽性的还原,他还希望构造一种"圣性"的兽性。因为,巴塔耶认为,人类世界不仅由劳动的世界构成,"它同时——或者依次——由世俗世界和圣性世界构成,这是互补的两种形式。世俗世界是个禁忌世界。圣性世界向越界打开。它是节庆的世界,是至尊和诸神的世界"[1]。通过禁忌与劳动,我们由对自然的否定,即对兽性的否定成为人,我们因此不再受兽性的控制,由自然世界进入世俗世界,而稍后我们对世俗生活中的禁忌的否定,仍然是对一种依赖性的否定,它否定的是禁忌以及建基于劳动基础上的规则,而它所恢复的兽性,与第一次否定的兽性不同,乃是一种圣性的兽性。通过越界,它使我们重获在世俗生活中被压抑和剥夺的"至尊性"。

在《眼睛的故事》中,这种圣性的兽性的化身自然就是西蒙娜,"在感官的层面上,她又如此坦率地渴求一切的激荡,来自感官的最微弱召唤,让她去一睹所有直接暗示了与深度性欲有关的东西:血,窒息,突如其来的恐惧,罪恶;无限地摧毁人类的至福与诚实的事物"[2]。她天真单纯;没有机心,每时每刻都充满了欲望,疯狂,无所畏惧,富有挑战性。她不顾一切,对污秽习以为常,并给他人带来死亡,她所追求的只是自己欲望的直接实现。但是,尽管她的行为在世人看来如此下流和癫狂,她却具有一种罕见的纯洁,她并不认为自己的所作所为下流、不可理喻或者为此悔恨,相反,她在自己惊世骇俗的行为中得到的只是愉悦。从西蒙娜身上,我们可以感受到那个圣性的世界的威力,也

---

[1] Georges Bataille, *L'Érotisme*, p.76.
[2] Georges Bataille, *Histoire de l'oeil*, p.10.

可以感受到越界所带来的那种美学上的震惊和情感上的愉悦，这就是越界的魅力，或者存在的价值。

所以，巴塔耶的写作并不是真的要完全否定禁忌的存在。因为在他看来，越界只是对禁忌的边界的超越，而非摧毁，正是通过这种超越或否定，人意识到自己的存在。《眼睛的故事》还原污秽，在色情和死亡的狂欢中重建圣性的兽性，就是想让人们意识到还存在一个和世俗世界相异的世界，使人们在越界的过程中得以释放自己被压抑的兽性，以获得至尊性。

巴塔耶曾经解释自己发表这部小说时所用的笔名 Lord Auch 的由来，Lord 是英文，在《圣经》里是上帝（God）的意思，Auch 是他一个朋友上厕所时用的口头禅，他把法语 "aux chiottes"（意思是"上厕所"）缩略成 "aux ch"，因此这个笔名的意思就是"上帝在上厕所"。巴塔耶进一步指出："每个存在都会在这样一个地方改观：下沉在此的上帝让天堂焕然一新"。[1] 因此，从巴塔耶对自己笔名的解释中，也可看出他在这部小说里描述的越界思想的真谛：一方面对代表神之秩序或人之秩序的上帝进行亵渎；另一方面，上帝也因走下神坛像动物一样大小便而获得了兽性，并因此使得自己重新拥有了至尊性。

五 总 结

如果仅从越界思想的展开和表现来说，这部小说应该是比较成功的，但这并不等于它就能在读者那里获得理想的越界效果。

---

[1] Georges Bataille, *Œuvres complètes*, Tome 3, Paris: Gallimard, 2008, p.60.

第四章　巴塔耶的文艺思想：孩童、献祭与共通

作为文学作品，《眼睛的故事》中的人物就像是上足发条的玩具，虽然活力十足，但动作单调而机械，不仅缺乏合理性，更没有心理和情感的起伏与变化，若在阅读前缺乏对巴塔耶思想的了解，会给人一种荒诞不经的感觉。有人因此讥讽他，认为他的小说读起来就像那些偷工减料的 B 级片的剧本，本来想恐吓观众，但是效果截然相反，让人看了哈哈大笑。并且，"巴塔耶的努力没能唤醒我们原始的恐惧，没能引起狂热的精神错乱或者激起亵渎感。巴塔耶的文学著作没能把我们逼疯，反而减弱了这些感觉。因为很难在道德上被这样的人物恐吓，他们的行为像一阵阵闪电那样任意或 '自主' "[1]。而罗兰·巴特在《眼睛的隐喻》一文中则认为：巴塔耶的这部小说并不是一部思想深刻的作品，而只是一个关于客体（眼睛）的故事、一部游戏或试验之作。更具体地说，是以眼睛为本体的一场"隐喻"游戏，因为小说中出现的所有的有形的物体，鸡蛋、睾丸、牛奶碟等，都是眼睛的喻体，所以，这部小说可以说是"眼睛"的旅行，其唯一重要的意义就在于它提供了或证明了文学的某种可能性，即罗兰·巴特指出的这部小说所具有的"诗歌"特质。因为这部小说所展现的不是某种现实的"可能性"，而是诗歌的"不可能性"。罗兰·巴特的说法有一定道理，但显然他对巴塔耶这部小说的"去思想性"太过了。福柯的话或许能够给读者以安慰："为了描述这种从来没有过的状态，《眼睛的故事》《爱华妲夫人》，打破了叙事的线索。"[2] 但福柯这句话并不能改变巴塔耶这部小说给读者留

---

[1] 莎蒂亚·德鲁里:《亚历山大·科耶夫:后现代政治的根源》，第 204 页。
[2] Michel Foucault, "Présentation", see Georges Bataille, *Œuvres complètes*, Tome 1, Paris: Gallimard, 2007, p.5.

下的粗糙与简陋的文学观感。而他之后写的《C 神父》（1950）、《天空之蓝》（1957）以及死后出版的《我的母亲》（1966）等小说或近似小说的片段，也都给人留下这种支离破碎的感觉。与《眼睛的故事》类似，它们也都是理念大于形式的作品。所以，我认为，巴塔耶其实是缺乏小说写作才能的。

这也许是他很推崇诸如普鲁斯特、卡夫卡、海明威等作家的一个原因，因为相较而言，他们更能使用生花妙笔将自己的思想表现出来。这可以从他对海明威的赞赏中看出来，他曾说"很少有书像《太阳照常升起》那样带给我那么多的快乐"[1]，当然，这也与海明威迷恋西班牙斗牛并在自己的诸多作品里描写了斗牛有关，如《太阳照常升起》（1926）、《死在午后》（1932）等。巴塔耶1922年2月曾在马德里的斗牛场目睹了格拉内罗被疯狂的斗牛用牛角挑死的场景，这一幕给他带来的强烈刺激不仅在《眼睛的故事》这篇小说里留下了痕迹，也对他后来的思想产生了影响，可显然，他对斗牛士斗牛的描写远不如海明威，巧的是，海明威也谈到过格拉内罗。巴塔耶认为海明威通过对西班牙斗牛士的描写，发现了人的存在的奥秘，那就是斗牛士面对死亡时的大无畏的精神，或者说对死亡的否定。海明威对此自然心知肚明："事情之所以复杂关键就在死这个问题上。斗牛，是一门绝无仅有的艺术家身处生命危险的艺术，是一门表演的出色程度完全有赖于斗牛士自尊的艺术。在西班牙，自尊可是个非常实质性的东西。他们称为 pundonor，包含了自尊、正直、勇气、自重、自尊心等等意思。自尊心是这个民族最强的特点，不表现出怯懦就是

---

[1] Georges Bataille, *Sur Nietzsche*, p.179.

第四章 巴塔耶的文艺思想:孩童、献祭与共通

涉及自尊的事。"[1]用巴塔耶的话来说,这就是一种通过越界来实现自己的至尊性的表现。可遗憾的是,巴塔耶在《眼睛的故事》中对此的描写却是笨拙的。

不过,《眼睛的故事》本来就不是为了在叙事性或文学性上征服读者,这部小说是给我们的"眼睛"而不是我们的"心灵"看的。而且,他本人也并没有那种想法。应该说,巴塔耶自己也没想到,当初为治疗自己精神问题所写下的这部小说,又成为治疗读者的某种精神问题的药方,让人在越界的同时看到了之前所没有看到的自己。正如苏珊·桑塔格所言:"被称为越界之诗的话语也是知识。越界的人不仅打破了规则,他还去了别人没有去的地方,知道了别人所不知道的"[2]。所以,即使巴塔耶在这部小说中没能够探索到我们经验的界限,也至少探测到了他自己的界限,去了我们所没有去过的地方。

---

1 海明威:《死在午后》,金绍禹译,上海:上海译文出版社,2004年,第91页。
2 苏珊·桑塔格:《激进意志的样式》,第75页。

第二节
何为作家,抑或何为诗人?

对于"何为作家"或"何为诗人"这样的问题,每个时代每个人都会有不同的理解和回答,作为一个思想家,巴塔耶对这个问题也有自己的思考。这并不仅仅是因为他所构建的理论体系客观上需要他回答这个问题,更因为他本人既是作家又是诗人,对此也早有体验和思索,故他对这个问题的探讨也别具一格。

巴塔耶虽说作家或诗人要写出自己的"内在经验",却与同时代的布勒东等超现实主义者主张作家"自动写作"以描摹潜意识有别,因为后者认为,在写作中作家或诗人只是一个不应有情感也不应有理性的媒介,"我们没有搞任何渗透活动,我们在自己的作品中不过是充作麻木的接收器,容纳了那样多的回声,是一些微不足道的记录仪,但所画下的图表并不是靠了催眠术"[1]。而这与巴塔耶对作家或诗人的期望是不同的,事实上,1929年12月,布勒东在《第二次超现实主义宣言》中还对巴塔耶的理论进行了严厉的指责。同时,尽管巴塔耶也要求作家对同质性的社会进行批判,但又与萨特等存在主义者明确强调文学的"介入"功能、要求作家承担社会良知有异。他更与秉持结构主

---

[1] 布勒东,《第一次超现实主义宣言》(1924),见柳鸣九主编:《未来主义 超现实主义 魔幻现实主义》,第261页。

第四章 巴塔耶的文艺思想:孩童、献祭与共通

义的罗兰·巴特对作家的观点不同,如他在谈到作者时所讲的以"零度写作"为由,希望作家在写作中尽可能克制自己的情感与政治倾向性,并且直言文学的完成不仅有赖于作家的写作,更需要读者的阅读,借读者的诞生以宣称"作者之死","人们将永远不会知道,其实在的原因便是,写作是对任何声音、任何起因的破坏。写作,就是使我们的主体在其中销声匿迹的中性体、混合体和斜肌,就是使任何身份——从写作的躯体的身份开始——都会在其中消失的黑白透视片"[1]。相较而言,巴塔耶并没有像罗兰·巴特和超现实主义者那样试图取消写作中的作者的存在的重要性,也不像萨特那样坚持强调作者的"理性"或"介入"的作用,而是坚持从自己的理论框架出发,对其进行解答。当然,这其中既有明晰的一面,也有复杂的一面。

一 内在人格的孩童性

首先,巴塔耶认为作家或诗人都是长不大的孩子,虽然他们的外貌与成人无异,却始终不能摆脱自己与生俱来的"孩子气"或"稚气"(l'enfantillage),不管是在生活中还是在写作中,他们都像儿童一样任性,随意,蔑视或者忽视成人世界的道德,特立独行,甚至倒行逆施。而正是这种孩子气,方才使他们异于常人,成为他们之所是的作家或诗人。巴塔耶将这种孩子气称为"孩童性"(les particularités de l'enfant)。而正是因为这种孩童性,才让作家们始终保持一种天真无邪的状态,使其能够以孩童

---

[1] 罗兰·巴特,《作者的死亡》,怀宇译,见《罗兰·巴特随笔选》,天津:百花文艺出版社,2005年,第294页。

的眼光来看待他所生活的"成人世界",从中发现悖谬之处或被他人视若不见的地方,这也是文学之所以会始终存在并令人惊异的原因。显然,从表面看来,这个观点并非巴塔耶所独有,如很多人就认为诗人之所以成为诗人,就因为他永远是一个长不大的孩子,甚至有的人还以孩子天生就是诗人来反证这个说法,但为何其仍然是巴塔耶的一个重要的观点,其关键在于巴塔耶对孩童性的理解和定义不同。

若要理解巴塔耶的孩童性,就必须对其有关世界的划分的理论予以把握。他认为就人来说,世界可分为"动物世界""世俗世界"与"圣性世界"。在人类社会成形之前,人与动物一样,是存在于动物世界之中的,此时的人与动物并无区别,而"动物在世界中犹如水在水中",人所具有的也并非日后才具有的"人性",而是"动物性"。这种动物性就是一种"内在性和即时性"[1],它没有外在的时间性,只追求自身欲望的当下实现,并且其对死亡无动于衷。而随着劳动的引入和工具的制造,人逐渐进入主客体分明的世界,这个世界就是世俗世界,也被称为实践世界,它首先通过对人的动物性的否定,建立了一系列基于性欲、排泄与死亡禁忌之上的道德,促成人性的形成,同时,为了尽可能地延长生命,它工于算计,奉行生产原则,以保证生命未来的生存和繁殖,并因之否定了欲望实现的即时性,并设法将其延迟。这就是世俗世界的法则。与此相关的就是圣性世界的出现,这个世界是对世俗世界的否定,因为世俗世界为了将来的生命劳动,却将当下的生命物化和手段化,这对具有神性的人来

---

[1] Georges Bataille, *Théorie de la religion*, *Œuvres complètes*, Tome 7, 1976, p.295.

第四章　巴塔耶的文艺思想：孩童、献祭与共通

说，是不堪忍受的。为了获得自己的至尊性，他们通过对各种禁忌的越界而重新回返曾经被世俗世界所否定的那种动物性的状态之中，然而，这个他们所欲回返的动物性的世界却并非动物世界，而是具有动物性的圣性世界。在其中，他们终于得以重温压抑已久的动物性，并体验和战胜对死亡的恐惧，进而获得瞬间的至尊性，放下了身上的重轭。巴塔耶的文学观与他对世界的这种理解有关，他认为，文学就是经验死亡，就是回返蕴含有动物性的圣性世界之中。作家或诗人显然就是能够引领我们回返那个具有内在性和即时性的世界的人，或者其本身就是这样的通路。

巴塔耶所说的孩童性就是那种已经被世俗世界所否定和遮蔽的动物性，正是通过这种动物性的存留，方使一个作家或诗人有能力保持与圣性世界的神秘的联系。"'这是孩子气的'或'这是不严肃的'，是相同的命题，不过，说到孩子气，我们开始都有孩子气，绝对如此，毫不勉强，甚至应该以最出乎意料的口吻说：人类在初生状态下就是这样（以孩子气）表现其本质的。"[1] 这种孩子气就是动物性。虽然作家或诗人已然为人，但其依然沉浸于无善无恶的动物性状态之中。他们始终未把社会已有的道德规范放在心上，并秉持直接与任性的特点，以追求欲望的即刻实现，且从不因考虑未来而对当下的生活进行算计。显然，这种动物性在人之初时是生而有之的人人皆享有的品质，但随着个人的成长，在社会的规训及"人化"下，大都被成人世界所压抑甚至泯灭。而作家或诗人，就是那些身上还存留有这种动物性的人，或者是有勇气将其唤醒并展现出来的人。这就是巴塔

---

[1] 巴塔耶：《卡夫卡》，见《文学与恶》，第121页。

耶对作家或诗人的一个最为基本的看法。这与明朝学者李卓吾所主张的"童心说"有近似之处，但李所提倡的"绝假纯真，最初一念之本心也"的"童心"还只是道德性的要求，其与成人世界的道德规范本质上并无不同，只是相对更为纯洁而已，这与巴塔耶将孩童性直接和具有圣性或神性的动物性挂钩是不一样的。

从这个观点出发，巴塔耶对一些作家和诗人的内在的精神世界进行了分析，从中发现了他们所具有的孩童性的特点。如卡夫卡就是一个典型的例子。在他的一生中，与父亲的争执或冲突始终是一个很大的问题。巴塔耶认为，这种争执的本质其实就是卡夫卡希望父亲能够对他的孩童性予以承认，并且希望父亲不要以成人社会的规范来要求他。"卡夫卡性格的奇特之处，在于他主要是希望他的父亲理解他，体谅他看书时和后来从事文学写作时的孩子气，在于他没有把他从童年开始就和本质的东西，和他的内心的特点结合在一起的东西抛在唯一不可毁灭的成人社会之外。在他看来，他的父亲就是个专横的人，只注重有效行动的价值。"[1]更为重要的是，卡夫卡本人也在一封没有寄出的给父亲的信中承认了自己这个成人的孩子气，而且，他强调自己不仅是一个忧虑的孩子，还是一个很"固执"的孩子。既是孩子，同时还很执着于自己的孩子气，这就是作家的特点。对于卡夫卡来说，对于自己的孩子气的维护如同对于自己的写作的坚持，因为倘若不维护自己的孩子气，就不可能有写作的动力和参照，也就不可能发现成人世界的悖谬之处，所以，他认为自己只有在死去之后才有可能最终与父亲和好。并且，正是因为这一点，他甚至

---

[1] 巴塔耶：《卡夫卡》，见《文学与恶》，第122—123页。

不愿意成为父亲，因为父亲恰是成人世界的代表。由于卡夫卡不愿意成为成人，或成为成人世界的一分子，他解除了两次婚约。同样，巴塔耶认为诗人波德莱尔也是一个长不大的孩子，他看待世界的立场也是未成年人的立场。在谈到威廉·布莱克的时候，他更为直接地指出了这一点："一个诗人的一生，如果完全与理性一致，那就不符合诗的真实性。它至少具有顽强性和激烈感，不然诗就是残缺的。在世界上，真正的诗人像个孩子：他可以像布莱克或孩子一样，拥有无可否认的见识，但是政府的事务不能委托给他。诗人永远是未成年的人。"[1] 这是因身为孩童的诗人并不总是与理性的法则一致，他的孩童性使他常常要打破规则或不考虑理性的存在，以这样一种心态去处理成人世界的政治事务，自然是不可能的。朦胧诗人顾城1981年写的《我是一个任性的孩子》，其中的诗句就直接袒露了他"任性"的"孩童性"的一面，如"我是一个任性的孩子/我想涂去一切不幸/我想在大地上/画满窗子/让所有习惯黑暗的眼睛/都习惯光明"，而这首诗的结尾几乎像是他的自我宣言，"我是一个孩子/一个被幻想妈妈宠坏的孩子/我任性"。他最后的悲剧性结局，也应与他"任性"的"孩童性"有关。

当然，巴塔耶如此强调作家或诗人的孩童性，只是为了表明他们是"异质性"的和不可规约的存在，还没有被或无法被我们这个理性化的社会完全驯化。正是通过他们具有的孩童性，他们把我们来自动物世界的黑暗秘密泄露了出来。如巴塔耶指出，艾米莉·勃朗特的《呼啸山庄》中凯瑟琳和希斯克里夫的爱情如此

---

[1] 巴塔耶:《威廉·布莱克》，见《文学与恶》，第55页。

让人难以接受，就是因为他们表现出的那种表达感情的方式来自童年的动物性。他们两人一起构建了"孩童的绝对至尊的王国"[1]，即那个还不知善恶为何物的"动物时期"，那时的他们是亲密的、友好的、不分你我的。而之后希斯克里夫之所以要报复凯瑟琳，就是依然执守在童年状态的他认为已成长为"人"的凯瑟琳背叛了这个王国，当然，同时也背叛了他，因为凯瑟琳此时衡量他的标准已然"成人化"或"社会化"，在其眼里，他身份卑下，是不可能与自己结婚的。显然，巴塔耶认为，勃朗特能够写出这样的故事，是与她本人所具的孩童性密不可分的。

巴塔耶对孩童性的推崇，也与尼采对孩童的推崇有关。后者在《查拉图斯特拉如是说》中，指出精神的三种变形依次由负重的骆驼变为"我意愿"的狮子，再变为小孩，而尼采之所以要让强力的狮子变成小孩，是因为"小孩乃是无辜和遗忘，一个新开端，一种游戏，一个自转的轮子，一种原初的运动，一种神圣的肯定"[2]。显然，小孩的没有机心与稚朴天真，无用的游戏的天性与按自己的意愿自我运转的能力，及其所体现的那种与生俱来的最为本原的运动的展开，以及所体现的那种神圣的对生命的肯定，同时还有其所意味的新的可能性，都是尼采看重的品质。而这些特点同样也是巴塔耶赋予自己的孩童性的特征，他甚至比尼采还要推崇孩童性，认为孩童体现了获得至尊性的"机运意志"，"权力意志是狮子，那么机运意志不就是孩童吗？"[3]

---

1 Georges Bataille, *La Littérature et le mal*, Paris: Gallimard, 1957, p.15.
2 尼采：《查拉图斯特拉如是说》，第 24 页。
3 Georges Bataille, *Sur Nietzsche*, p.207.

二 生活方式的耗尽性

作家或诗人除了将自己的孩童性在作品中表现出来之外，这种独特而强烈的孩童性，对其在现实社会中的生存方式也产生了重要的影响。因为正是这种孩童性，使他们在面对成人世界时，常常会坚持己见，任性而为，并以自己（孩童）认为合适的方式生活，而不以社会即成人世界所认可的正当的方式生活。因此，巴塔耶指出，不管作家或诗人有无职业，他们大都是一些"耗尽性"的人物，或者说，这些人在自己的生活中特立独行不说，还总是呈现出一种"耗尽性"的特点。

"耗尽"是巴塔耶所建构的"普遍经济学"中的一个重要的概念，指将财富用于非生产性的领域的消费而不是用于生产性的投资。其与巴塔耶早期提出的"花费"的思想基本相同，指那些用于非功利性的或"无用的"活动之上的消费，如奢侈、战争、游戏、祭祀等。两者所不同的是，花费所消费的财富是"注定要损耗"的部分，突出的是其发生的不可避免以及无意性。这部分注定要损耗的财富巴塔耶又称其为"被诅咒的部分"，因为这部分财富是应该"下地狱"的东西，即注定要"损耗"或"丧失"的。

从这一角度入手，巴塔耶对作家或诗人的生活方式做出了全新的观照和独特的阐释。如果把我们这个社会的所有的人都视作具有生产性的人力资源，则从理论上每个人的志业都应服务于以生产性为基础的这个"同质性"的社会的总的目标，即我们不仅应把自己培养成为具有一定劳动技能的人，还须把自己投身于社会认同的功利性的事业中去。而巴塔耶认为，作家或诗人却是试图或敢于违反这一规则的人，他们大都不仅不愿意服从这个同质社会的生产性原则，反而把自己用于非功利性的目标，自愿或者被迫成为这个社会无法整合的"异质性"的部分，即与生产性的目标相左的非功利性的耗尽密切相关的事物，如"人群，军人，贵族和贫苦的阶层，不同类型的暴力个体或者至少所有的那些拒绝规则的人（疯子、带头大哥、诗人，等等）"[1]。换句话说，与那些用于花费的东西一样，作家或诗人也成了我们这个社会中的"被诅咒的部分"，他们注定了是要受这个社会所"诅咒"的人，同时也是我们这个社会注定要牺牲的"财富"，或要"损耗"的人。当然，这里的"损耗"并不是要让作家或诗人死于非命，而是其主动或被动地成为正常的生产性社会所无法吸收的异质性存在，从而脱离了有用性规则所控制和限定的范围。而作家或诗人对他们所生活的社会的生产性的规则的反感乃至批评，不仅是他们的作品重要的素材内容，也成了他们生活中的一个重要的内容。如上文提到的卡夫卡与父亲的冲突就有这个原因在内。巴塔耶指出，卡夫卡的父亲实际上代表了一种成人世界的，即世俗世界的，同时也是生产性世界的道德法则，那就是希望儿子从事功利性的职业，即"有用"的职业，并获得世俗认可的成功，而这样的成功在当时只能是来自商业、法律和军事领域。卡夫卡虽然取得了法学博士的学位并在保险公司从事法律工作，却一直心猿意马，把自己的精力放在了舞文弄墨上，并将文学作为自己唯一的职业。因此，他反而把自己保险公司的职业变成了"副

---

1 Georges Bataille, *La Structure psychologique du fascisme*, *Œuvres complètes*, Tome 1, 1970, p.346.

第四章 巴塔耶的文艺思想:孩童、献祭与共通

业",且时时想放弃这一岗位。而他的这种任性的、非功利性的,甚至在常人看来是不务正业的行为,自然会与作为"常人"的父亲对他的期望发生矛盾。终其一生,卡夫卡本人都生活在与父亲的巨大的冲突之中。

巴塔耶认为,这一幕同样也发生在诗人波德莱尔身上,而且表现得更为突出。因为波德莱尔不仅"不事生产",他还在生活中放浪形骸,恣意消耗金钱。更重要的是,他自己也明确地意识到了他所生活的资本主义社会所推崇的生产性的价值观对个人的控制和约束。他认为人们为了摆脱时间带给生命的压力,除了工作和享乐别无他法。两者相互对立,且引发的后果也不一样,因为,前者增强人的力量,后者则消耗人的力量。所以,前者往往被认为是向上的、倾向于上帝或善的活动,后者则被视作向下的、倾向于撒旦或恶的活动,而我们不得不在这两种活动之间进行选择。巴塔耶指出,波德莱尔的这种看法很有见地,他是从经济上也即生产与消耗的关系上出发来进行思考得出的结论,是很有道理的。他对生产与消耗的经验则是历史的经验在其身上的一种体现。不过,虽然波德莱尔认识到了这一点,他自己也的确常常屈服于工作法则,决定去赚钱,可在生活中他却并没有及时付诸实施,而是时常延宕对生产性的工作的追求和依赖。之所以如此,是因为在波德莱尔的内心深处,他并不认同这个生产性的同质社会的道德法则,而宁愿成为异质性的存在。正如他本人所言:"我好像总是很讨厌这种事,即做一个有用的人。"[1] 在这里,波德莱尔所谓"有用的人",即是符合生产

---

[1] Georges Bataille, *La Littérature et le mal*, 1957, p.42.

性的道德规范的人,或者说是能够从事生产性工作的人。而对这样的人的鄙弃,则表明了他更愿意做一个没有"用"的人,即耗尽性的人,乃至成为被父亲所"诅咒"的人。

其实,不只是作家和诗人具有这样的耗尽性的特点,作为社会异质性存在的艺术家也不例外。如梵高在放弃做一名在一般人看起来前途无量的画商而从事几乎毫无致富希望的绘画时,就受到自己的父母乃至同事的非议,即使他本人,也很难对这种思想视而不见或安之若素,在他辞职开始画画之后的人生中也因接受弟弟提奥的供养始终内疚不已。其原因也是他自己所乐意为之的耗尽性的生活与当时的社会所奉行的生产性的道德法则的冲突。当然,这与其作品日后得到承认并得以卖出天价并不矛盾。因为从某种意义上来说,那时,他的作品已与他本人无关。

巴塔耶也认为作家、诗人、艺术家等,不仅在生活方式上具有耗尽性的特点,他们在具体的工作中也有耗尽性的特点。他们在工作时无不竭尽所能,勤奋异常。这就是晚明文人张潮在其《幽梦影》中所谓的"能闲世人之所忙者,方能忙世人之所闲"。巴塔耶的这个观点也受到了尼采的影响,后者曾谈到天才或艺术家的一个最大的特点就是"挥霍无度":

> 天才——在创作中和行动中——必然是个挥霍无度者:耗尽精力,是他的伟大之处……自我保存的本能仿佛被弃置;汹涌而来的力,其巨大的挤压禁止他保持任何这样的小心和谨慎。有人称之为"牺牲";有人赞扬他这方面的"英雄主义",即他面对自己的安康漠不关心,而献身于一种观念,一件伟大的事业,一个祖国:一切都是误解……他汹涌而出,泛滥无边,

消耗自己,损伤自身——带来的厄运后果严重,而且不由自主,就像一条河流,不由自主地决堤奔腾。[1]

显然,尼采对天才及艺术家的这种评价与巴塔耶对文学家所具有的耗尽性的评价是相似的。正是因为作家或诗人对耗尽性的认可,他们也常常有意或无意地以此为自己的文学立场,对社会现实进行批评。如巴塔耶在对19世纪欧洲的浪漫主义文学的分析中就指出,作家们实际上批评的是资本主义的那种生产性的实质,而希望挽留的是封建社会的那种以耗尽为荣的体制和文化。这个观点也与他的耗尽思想密切相关。

三 精神追求的至尊性

作家或诗人所具有的孩童性,给予其通达圣性的动物世界的可能,令其天真而任性,勇于或乐于以自己所认可的方式生活,而他们的生活方式所具有的耗尽性特点,又使其能够既经验世俗世界,又不被其所困,而这恰好让他们最终得以获得"至尊性",并呈现出至尊的面貌。简单地说,在巴塔耶看来,作家或诗人就是拥有至尊性的人,甚至,他们就是至尊。

至尊性是巴塔耶的一个重要的概念,它虽然与这个词所蕴含的"国王""主人"等义相关,但更重要地指的是拥有国王或主人地位的人所具有的那种可以反对"奴役和屈从的方面",即其所具有的不可剥夺的自主性,它发源于原始部落,在封建社会成

---

[1] 尼采:《一个不合时宜者的漫游》,见《偶像的黄昏》,卫茂平译,2007年,第170页。

型,王权和教权就是借此形成。虽然它是一种等级制度或形成了等级制度,但它更是一种谁也无法垄断的"价值"或品性,人人可以享有。据此,巴塔耶声明,"但是,进一步说:在本质上,至尊性属于那些占有和从来没有完全丧失被归于诸神和'显贵'的价值的所有的人"[1]。同时,巴塔耶指出,至尊性的最重要的要素是其所具的"超越有用性的消耗"[2],其次,是至尊性中所特有的对"奇迹"的向往。而这两个要素既是至尊性的重要组成部分,也是获得或者实现至尊性的重要途径。

所谓"超越有用性的消耗",就是对生产性法则的鄙视,指对资源或财富的消费并不以功利性目标为目的,即不追求物质回报的消费,是非生产性的花费。对于作家或诗人来说,他们的耗尽性的存在方式本身就已经显现出了这种至尊性的特征。如前文提到的波德莱尔和卡夫卡自己选择的生活方式和社会期望的生活方式之间的矛盾,就是此例。而这种冲突的背后其实就是到底是接受被奴役的生活还是过自主的生活的问题,所以,巴塔耶明确指出,对于一个从事文学的作家或诗人来说,最重要的就是保持自己的独立自主,即保持至尊性,"我认为,从事文学写作只能是一种至尊的作业(une opération souveraine)……从事文学写作,就是要颠覆奴性,如同颠覆所有的可以想象的间接肯定法,它说着至尊的语言,这种语言来自人的至尊的那部分,它也向至尊的人类讲话"[3]。从这种立场出发,巴塔耶批评了萨特的观点,因为他在对作家冉奈(Jean Genet)的研究中对后者所显现

1　Georges Bataille, *La Souveraineté*, *Œuvres complètes*, Tome 8, p.247.
2　同上书, p.248。
3　Georges Bataille, *La Littérature et le mal*, 1957, p.142.

第四章　巴塔耶的文艺思想：孩童、献祭与共通

的封建社会的浪费风气进行了谴责，这恰好显示了他的对生产性的"消费社会"的热衷以及对苏联式的"多产社会"的迷恋，这种思想所暴露的正是他对生产性的奴役性的社会的尊崇，以及他对作家所追求的至尊性的忽视。如萨特对封建社会的作家的生活方式是持批评态度的，"由于贵族阶级以寄生为特征，作家就选择炫耀寄生现象作为生活方式。他将成为纯粹消费的殉道者。我们已经说过，他不以为使用资产阶级的财富有什么不合适，但是使用的条件是浪费，就是说把这些财富变成非生产性的、无用的物品；不妨说他焚毁这些财富，因为火使一切变得纯洁。另一方面，由于他不是始终腰缠万贯，可他又得活下去，他就为自己设计一种奇特的生活，既挥霍又勤劳"[1]。但萨特的这种对作家的生活方式的负面的看法正是巴塔耶所要批评的观点。他直言，萨特之所以会对作家的生活状态的矛盾性感到困惑，是因为"萨特不能公正地理解无用的消耗正好是与生产相对立的，就像至尊与下属、自由与奴役是对立的一样"[2]。显然，巴塔耶对萨特的见解是不以为然的。在他眼里，对"有用性"的蔑视与消耗，即对"无用的消耗"的重视和实践，正是作家或诗人为了从奴性的生产与劳作中摆脱出来，成为至尊，获得自由状态的必经之途。

另一个比较重要的要素就是对"奇迹"的追求，巴塔耶认为"奇迹"的背后多含有神性或圣性的因素。因此，他所谓的"奇迹"，就是那些"不可能，然而却在那里"的事情，其本质则是对死亡的否定。因为死亡可以说是针对人的最大的诫命，不管是各种禁忌对人的动物性的故意隐瞒和掩盖，还是明确的"不准杀

---

[1] 萨特：《什么是文学?》，见《萨特文学论文集》，施康强等译，合肥：安徽文艺出版社，1998年，第160页。
[2] Georges Bataille, *La Littérature et le mal*, 1957, p.146.

人"的道德戒律，以及生产性社会的建立和保持，其实都是为了延续生命和逃避死亡而设置的。因此，追求"奇迹"就是对总在临近的死亡的否定，它既体验死亡，同时又在死亡中逃脱，以在瞬间获得不期而至的至尊性。因此可以说，作家或诗人就是追求"奇迹"的人，他们不仅在自己的作品中敢于探索，在生活中也同样勇于"冒险"，以触碰死亡以及建基于其上的各种禁忌的底线。如萨德侯爵不仅在自己的小说如《朱斯蒂娜》和《索多玛的120天》中对各种非正常的性行为加以描写，在个人生活中同样对各种社会禁忌进行了挑战，这也是他获罪被囚的原因之一。法国大革命期间，身陷囹圄的他刺激民众攻占了巴士底狱。

巴塔耶在谈到善和恶的区别时指出，对于人类来说，会有两种追求：一种是消极的，否定性的，希望能够追求生命的延续，即生命的长度，而这就是善；另一种则是积极的，肯定的，想追求生命的"强度"（intensité），而消耗性的至尊性就是对人生的"强度"的追求，可这却被世人当成恶。"可能就像强度确定了价值（这是唯一肯定的价值）一样，持续的时间确定了善（这是在道德中所提出的普遍的目标）。……价值自身的原则，是想要我们走得'尽可能远'（le plus loin possible）。"[1] 而若要走得"尽可能远"，则必然会触碰社会道德规范的底线，乃至触碰隐含在其背后的死亡的禁忌。但这对绝大多数人来说都是不可能做到的事，因为相对于愿意延长和保存自己生命的人，敢于挑战死亡以追求人生的"强度"的人总是很少。而在巴塔耶看来，作家或诗人就是希望把自己带到尽可能远的地方的人，即愿意和勇于挑战死亡的人。他们的任务就是把"远方的经验"带回给大家，

1　Georges Bataille, *La Littérature et le mal*, 1957, p.57.

以让更多的人能够在文学作品中走得尽可能更远一点，以分享作家或诗人的至尊的体验。为此，巴塔耶特别讲到19世纪法国历史学家和作家米什莱的一则逸事来说明这一点。米什莱在工作的时候，每当他笔端滞涩，他就会步出家门，前往一个小教堂。然而他到这个教堂里去并不是为了通过祷告来祈求灵感。因为这个教堂并不是一个干净整洁、庄严肃穆之地，相反，里面"臭气熏天"，让他感到厌恶和恐惧。但是，他进去后，反而强迫自己深深呼吸其中的难闻的味道，以"尽力接近了他所惧怕的对象"[1]，让自己"尽可能远"或深入地触碰自己所恐惧的东西。而让米什莱所恐惧和厌恶的味道一定是和生命腐烂与死亡的气息相近，或者让人想起死亡的气息。他之所以贴近并呼吸这种气息，就是为了触碰死亡，体验"奇迹"，也就是追求至尊性。

实际上，巴塔耶谈米什莱的写作逸事的目的和谈波德莱尔放荡的生活一样，其目的都是证明或者说明这些作家、诗人的耗尽性生活本身就是一种对死亡的体验和追求。或者说，他们的生活本身就包含着两面性，生产性使他们维持自己的生命长度，耗尽性使他们得以直面死亡，以及与此相关的污秽、禁忌等，即增强生命的强度，以经验至尊的愉悦。

四 总 结

综上可知，巴塔耶对作家或诗人的独特的看法，就是他认为作家不仅创作虚构的作品，还将自己也创作为作品。作家据有自

---

[1] 巴塔耶:《米什莱》，见《文学与恶》，第52页。

己的孩童性,自己在体验那个圣性世界的同时,把自己的经验传达出来。如他从卡夫卡的"孩子气"入手,解释了卡夫卡作品中的人物的特点,《城堡》中的K和《审判》中的约瑟夫·K是孩子气的、任性的,同时他们都苦于权力机构的没有效率,而巴塔耶认为,这恰是卡夫卡有意为之,因为"只有在一种条件下,才完全没有至尊的事物:那就是不要权力的效率,而权力的效率就是行动,就是把未来置于当下的时刻之上,并且优先考虑应许之地"[1]。显然,文学是表现"恶"的,而这种"恶"是"超道德",这也是与尼采相近的观点。在巴塔耶看来,这种"恶"其实就是人的动物性,是不可消逝与无法抹杀的孩童性,它表面上是对现有道德的挑衅,其实是对死亡的品味与否定。作为永远保持孩童性的作家或诗人,他们有权利不承担成人世界的责任,并可以背离外部世界的"意志"要求,以耗尽性的方式存身,并可以在作品中公开暴露自己的无法压抑的动物性,以唤醒沉睡在读者内心中的动物性,共同迎接"奇迹"的到来,以分享至尊性。因为,"再一次被如此承认的孩子气是人的荣光,而不是人的耻辱"[2]。

---

1 Georges Bataille, *La Littérature et le mal*, 1957, p.116.
2 Georges Bataille, *L'Expérience intérieure*, 1954, p.57.

第三节
文学与恶

作为以文学写作为志业的作家或诗人，何为文学，即何为文学的本质，总是一个绕不过去的问题。因为对这个问题的回答，既牵涉作家或诗人对文学的基本看法，也牵涉其价值观，同时也是他们之所以从事文学创作的最为根本的理由。那么，本身就是作家、诗人的巴塔耶，他又是如何看待文学的本质的？

一 恶、动物性与越界

巴塔耶直言，这就是"恶"（le mal）。他于1957年出版的评论艾米莉·勃朗特、波德莱尔、卡夫卡、萨德、冉奈等作家和诗人的集子的名字就叫"文学与恶"。在他看来，文学与"恶"不可分割，并且，文学得以成立的最大理由，就是它是表现"恶"的，或者它本身就是"恶"。

> 文学是本质，或者什么都不是。恶——一种尖锐形式的恶——是文学的表达，我认为，对于我们来说，恶是至尊的价值。

但这个概念并不会造成道德的缺席,它要求一种"超道德"。[1]

可以说,这就是巴塔耶对文学本质的比较明确的表述。但究竟何为"恶"?这里,巴塔耶特地用大写的"恶"(Le Mal)来强调他所说的"恶"的重要性以及与常规意义上的恶的差异。其次,何为道德,而他所言的"超道德"显然是受到尼采的影响,二者有何不同,也是需要解决的问题。

显然,若要真正理解巴塔耶对于文学本质的说法,首先就得对他的"恶"的概念有所把握。谈到恶,其前提,就是要了解巴塔耶对世界的划分理论,因为他的恶的概念正是从其中推导出的。

在巴塔耶的理论框架中,他所言的"恶"具有特殊的含义,它更多指的就是人的那种不可抹灭的动物性,以及为了实现向这种动物性的回归而做出的举动。因此,文学也就是对被世俗世界所压抑的人与生俱来的动物性的一种发现和再现,就是对现有的道德规范所形成的禁忌,即对善的一种否定。而巴塔耶认为,这种对因动物性而产生的禁忌的否定就是"越界",其目的在于在这一过程中重新返回圣性的动物性之中。而文学,其实就是对这种越界的描述,即对动物性的"恶"的凸显的一种表达。

可见,巴塔耶所说的"超道德",与以批评犹太基督教的奴隶道德的尼采所提倡的"超越善恶"的"主人道德"有别。因为犹太基督教的教化作用,使那种来自古希腊和罗马的贵族的主人道德被视为"恶",而犹太基督教那种强调服从的奴隶道德,则

---

[1] Georges Bataille, *La Littérature et le mal*, 1957, p.9.

被视为"善"。尼采认为这是一种对真正的善恶的颠倒,因此,他所要"超越"的恰是这种"善""恶"之别:

> 人们扪心自问,谁究竟是"恶"人,这儿说的是这种怨恨道德意义上的"恶"。最严格的回答是,正是另一种道德上的"善人",高尚的人,有权势的人,统治的人,他们是"恶",只是因为他们被充满怨恨的毒眼改变了颜色,改变了意义,改变了外形……他们是这样的人:一方面受到风俗、敬仰、礼仪、感激,甚至互相监视、彼此嫉妒的严格限制;另一方面,他们在相互关系方面又表现出极大的互相体谅、自我克制、温柔、忠诚、自豪和友情——来到外部世界,即涉及陌生的事物、陌生的人的时候,他们不比脱笼的野兽好多少。他们在那里享受摆脱一切社会强制的自由,在野蛮状态中缓和由和睦社团中的长期封闭和禁锢所造成的紧张,并且恢复了无拘无束的野兽心态。他们变成了纵情欢闹的巨禽猛兽,在一系列残暴的凶杀、纵火、强奸、暴力以后,他们或许还会扬扬得意、心安理得地扬长而去,仿佛只是完成了一场大学生的闹剧而已,甚至还以为诗人们为此可以长时间地吟诗颂歌了。这些高贵种族的本性无异于野兽,无异于威武地、贪婪地渴求战利品和胜利的金发猛兽。[1]

当然,尼采所着意的"恶"也是对流行的道德的一种违反,因为道德是对习俗的一种服从,习俗是由传统和社会所形成的,是群体性生活的产物,因此,其推崇集体的利益和长远的利益,

---

[1] 尼采:《论道德的谱系 善恶之彼岸》,第23页。

以否定现在与个人的利益、需求，这也就是最大的善，而恶却与此相反，是那种注重个人的、违背群体性生活习惯的东西。相较而言，巴塔耶所说的"超道德"强调的则是对其所言的动物性的一种回归，而人所具有的动物性在最初本来是无道德可言的，巴塔耶通过文学对这种"恶"的推崇，其实就是对一种更为"高超"（hyper）、更为本质的道德的呼唤。不过，尼采把拥有"主人道德"的人比作一种任性的具有"野兽心态"的"金发猛兽"，其"本性无异于野兽"，应该对巴塔耶的至尊或至尊性所具有的那种动物性也不无影响。

对于文学来说，其当然只能通过对禁忌的越界来完成。因此，巴塔耶指出《呼啸山庄》的价值所在，"艾米莉·勃朗特和凯瑟琳·恩肖两人都显示了越界和赎罪，她们的行动属于超道德范畴，而不属于道德范畴。《呼啸山庄》的主旨是对道德挑战，而这一挑战起源于超道德观念"[1]。换句话说，《呼啸山庄》的成功即在于它是一本"越界"之书，是动物性的"恶"对道德的挑战和颠覆，其所说的超道德就是对动物性的"恶"的赞同和追求，其所针对的就是反对这种"恶"的日常道德，即所存在的各种禁忌。

为了更加清楚地阐发自己的这个观点，巴塔耶也对波德莱尔、卡夫卡、萨德等进行了研究，并指出了他们一个非常重要的共同点：他们虽是成人，却始终具有一种难以置信的"孩童性"。他们无论是在生活中，还是在创作中都秉持一种未成年人的立场，来认识和表现世界。因为孩童是天真质朴的，还没有被

---

[1] 巴塔耶：《艾米莉·勃朗特》，见《文学与恶》，第9页。（译文略有改动，将原译文中的"违反"修改为"越界"。）

"人化",所以更多地表现出动物性的特点,所以,巴塔耶指出,"文学,我想要逐步证明,它其实是被重新找回的童年"。[1] 他认为,文学本质上是作家或诗人对自己并未丧失的孩童性的一种表达。同时,他也强调了文学所具有的越界的特点:

> 人不同于兽,在于他们遵守禁忌,但禁忌是模糊的。他们遵守禁忌,但也需要违反。对禁忌越界不是由于他们愚昧无知;越界要求坚定的勇气。越界所必需的勇气是人的成就,尤其是文学的成就。文学的优先行动是一种挑衅。真正的文学是富于反抗精神的。真正的作家敢于违抗当时社会的基本法则。文学怀疑规律和谨言慎行的原则。[2]

可以说,巴塔耶的这句话比较好地解释了文学的本质与恶、动物性以及越界的关系。

二 耗尽与耗尽的虚构性

除了对文学的本质特征"恶"进行强调外,巴塔耶指出,文学和艺术还具有一个特征,那就是它们都体现了某种"耗尽"的性质。要理解这一点,则需要联系到他的"花费"的概念。巴塔耶认为,人类社会对财富的消费可分为两种类型:一种是着眼于生产的需要的消费,这种消费实际上是一种投资,它的目的是创

---

[1] Georges Bataille, *La Littérature et le mal*, 1957, p.10.
[2] 巴塔耶:《文学与恶》,第177页。(译文略有改动,将原译文中的"对抗禁忌"修改为"对禁忌越界",后两处"违抗"修改为"越界"。)

造和回收更多的财富,是生产性的;另一种类型的消费纯粹就是为"消费而消费",即把财富投入不可回收的领域中,如节日的庆典、大型的竞赛、奢华的葬礼、金碧辉煌的宫殿,以及壮观的纪念碑的建造等,这些都是非生产性的消费。因为,在这些活动中,财富并未得到增殖,反而再也无法回收。巴塔耶所说的"花费"就是这种用于非生产性事物的消费,其并不以追求物质利益的回报为目标。而在花费背后起作用的就是"损耗原则",即命中注定要损耗或丧失的东西。后来,巴塔耶将其花费思想予以丰富,指出这种命中注定要丧失的部分为"被诅咒的部分",将这部分财富有意予以非生产性的使用的行为,称是耗尽。

从这个观点出发,巴塔耶把人们的生活分成了两个部分,即生产的部分和耗尽的部分。人们在平时辛勤劳动,进行物质生产,以追求生命的延续,对将来进行筹划,而在节庆时则沉醉享乐,进行耗尽,获得生命在当下的快乐。巴塔耶认为,文学其实就是后者,实质是一种耗尽性的存在,或者干脆就是耗尽。因此,我们也可以将文学理解为一种变相的节庆。换句话说,只要我们打开一本小说,或者去观赏一部电影或者一场戏剧,就展开了一个耗尽行为。因为,我们阅读或欣赏文艺作品本身并不会创造出另外的实用的价值,我们同样是将我们本可以用于生产性活动的能量乃至金钱投入不会创造出任何物质利益的活动中去了。当然,这是从读者或欣赏者的角度对文学、艺术的耗尽性的理解。显然,从经济角度对文学进行研究,巴塔耶并非第一人,但是他从自己独创的耗尽的立场入手对19世纪浪漫主义的兴起予以分析,还是颇为新颖的。如他认为浪漫主义文学之所以出现,是因为作家或诗人对资本主义的反对,而且,与之几乎同时出现的工人运动也与其有同构性,其原因即在于资本主义社会是一个生产性的社会,它追求财富的积蓄和未来的发展,却并不像封建社会那样醉心于非生产性的事业和现时享乐,所以,工人运动也好,浪漫主义文学也好,其努力的方向是一致的:

> 从未来的观点看,把人从劳动的奴隶状态下解放出来。浪漫主义立刻为否定和废除把人降低到只有实用价值的做法提供了具体的形式。传统文学只表达社会和统治阶级所接受的非实用价值(军事的、宗教的、爱情的),浪漫主义则表达现代国家和资产阶级所否定的价值。[1]

这当然是巴塔耶从宏观上对文学的耗尽性的研究,但从中也可以看出,他对浪漫主义文学自身所带有的耗尽性的"恶"的肯定,因为其批评的正是19世纪资本主义社会的"善",即生产与积蓄。而正是这种强大的支配一切的"有用性"法则,把人降级为物。这也表明了巴塔耶的文学思想所具有的批判性,它也因之成为巴塔耶批判现代性的思想的有机组成部分。

不过,巴塔耶对文学的研究并未停留在这种宏观的层面,他认为,若从花费或耗尽的观点对文学艺术进行考察,"艺术的生产"则可划分为两种类型:一种是"实在的花费"的艺术,如建筑、音乐、舞蹈等,它们的生产本身就是一种财富的耗尽,如巴塔耶喜欢例举的凡尔赛宫殿,还有我国的故宫、颐和园以及圆明园等,其辉煌富丽,奢华壮观,无论是对财富还是空间的浪费,

---

[1] 巴塔耶:《波德莱尔》,见《文学与恶》,第38页。

都远超于其实用价值。还有那些纯粹的明显"无用"的纪念碑性建筑,如欧洲的凯旋门、我国的牌坊等,简直就是对财富的一种挥霍。而用于装饰的绘画和雕塑亦属此类。同样,音乐与舞蹈的生产亦为直接的耗尽。另外一种是则是"象征性花费"的艺术,其代表就是文学和戏剧,"它们通过悲剧性的损耗(失势或死亡)的象征的再现来引起焦虑和恐惧"。[1] 总而言之,巴塔耶此处所言的文学中的"损耗",是具有悲剧性的,具体到文学作品中,或是主人公的"失势",如名誉与地位的丧失,或是主人公的死亡等。如巴塔耶自己的小说《眼睛的故事》中斗牛士格拉内罗被牛角挑死就是一例。因此,巴塔耶认为,一部小说之所以吸引我们,就在于主人公在其中遭遇的危险,甚至死亡。如若主人公在小说中一帆风顺,则作品的魅力就会降低。在此基础上,巴塔耶进一步指出,文学、宗教与献祭具有内在的同质性。文学是宗教的一种代用品,它其实就是一种准宗教的"献祭"(le sacrifice)活动:

> 文学尤其继承了献祭:这种对毁灭、迷失自己并从正面观照死亡的憧憬,首先在宗教仪式中找到了满足,阅读小说也可得到这种满足;宗教仪式在某种意义上是一部小说,一个以血淋淋的方式描绘的故事。献祭的虚构不亚于小说:它不是真正的危险或有罪的处死,不是一桩罪行,而是罪行的表演,是一场游戏。它从根本上来讲是叙述一桩罪行,其中的祭师和

---

[1] Georges Bataille, "La Notion de dépense", *La Part maudite*, Paris: Les Éditions Minuit, 2007, p.30.

牺牲者为在场的人表演终曲。[1]

显然,巴塔耶认为献祭是一桩罪行的"表演"或"再现",是一场"游戏"(jeu);文学同样是某种罪行的表演或再现,是场游戏。而正是这个特点,使文学获得了存在的可能性和价值,那就是它可以成为现实生活中的耗尽的"虚构"或"虚拟",或曰对各种"损耗"的"虚构"。借助于文学的这种虚构性,人们得以在小说或戏剧中而不是现实生活中亲身体验人的命运可能出现的悲剧性的"失势或死亡"。日本学者汤浅博雄也对巴塔耶指出的这种文学所具有的耗尽的虚构性的特点进行了阐释,"正如献牲=祝祭那样,戏剧与文学把人类向着圣性事物的显现,向着至高的(至尊)连续性敞开了。观众或者读者被吸引进入主人公的危难、艰难、辛苦、考验之中,有着恰如被置于'消解自己'的危急关头一般的体验。只不过,这并不是'真正消解',而仅仅是拟态'消解'"[2]。文学艺术会让人着迷,或者会成为人们生活的不可或缺的一部分,就是因为具有这种独特的耗尽的"拟态"或虚构性,它可以让读者直观人的失势与跌落,自己却不至于因此而跌落与失势,它甚至既让读者接近人的死亡而又不必真正经历死亡。这就是其魔力和存在的意义。

三 交流或共通的至尊性

在肯定了文学的本质是对"恶"的表现,其所具有的耗尽的

---

[1] 巴塔耶:《色情史》,第88页。
[2] 汤浅博雄:《巴塔耶:消尽》,第260页。

特点,及在形式上具有的耗尽的虚构性的前提下,巴塔耶对于文学的功能也提出了自己的看法。他认为,文学最大的功能就是它的"交流"的作用:

> 文学就是交流。交流要求诚实性:从这种共谋的视角看,严格的道德是在对恶的认知中被赋予的,这个认知建立了强烈的交流的基础。[1]

显然,如果从字面上看,巴塔耶的这个观点也无非是老生常谈,因为文学本来就在人与人之间起着交流情感和思想的作用,它甚至因此而出现。但是,在巴塔耶的思想里,"交流",只是"la communication"的一个方面的意思,巴塔耶所使用这个词,还有一层更深的意思,那就是其所具有的圣性或神性的色彩。因为其词根"commun"原指基督教中纪念使徒的一种仪式,有很强的宗教意味,在此仪式中,人们不是为了某种世俗的目的或"有用的"目的,而是为了一种圣性或神性的目的,这是一种"无用的"目的,打破了彼此间的隔离而走到一起,进行一种情感的交流,并因之达到一种相互"共通"的效果,成为一个"共同体"或"共通体"。因此,这个词所表达的不仅是一种交流性,还有一种"共通性"。甚至,巴塔耶进一步认为:

> 我同时可以肯定:存在者就是共通——所有生命的、存在的,"一切东西"的普遍的再现,都可以从这一点来重新考虑。[2]

---

[1] 巴塔耶:《原序》,见《文学与恶》,第2页。
[2] Georger Bataille, *L'Expérience intérieure*, 1954, p.115.

第四章　巴塔耶的文艺思想：孩童、献祭与共通　　　　　　　　　　311

在巴塔耶眼中，文学固然是交流或共通，可交流或共通的是什么样的东西，这种交流或共通又有什么样的特点，他在这些上的见解与很多作家的意见不同。这也是他强调"交流要求诚实性"的原因之一，因为交流的前提就是对"恶"的认知，人们也必须诚实地面对自己对恶的真正的认知，而非局限于所谓的流行道德。对于巴塔耶所谓的"恶"，本文已有分析，然而若要分析巴塔耶对文学的功能的认识，还需对他的至尊性思想有所了解。

前文已经述及，巴塔耶认为文学的本质就是对"恶"的表现，而"恶"就是"动物性"，人正是通过对动物性的否定而脱离动物世界并成为人的，为了进一步远离并对动物性进行否定，在世俗世界围绕动物性形成了各种禁忌，这些禁忌大都与身体的需要有关，如排泄、性，还有死亡等，而其中最大的禁忌就是对死亡的规避。正是为了逃避和遮蔽死亡的临近，人们试图通过生产性的措施来延长和保存自己的生命，由此形成了同质性的社会，建基于其上的各种以理性面目出现的法则，包括道德规范、工作伦理等，逐渐形成束缚人的枷锁，而人也随之异化为物。但是人生来是有着永不消失的否定性的存在，为了证明或显现自己是人，他不惜再次否定由自己所创立的各种禁忌，即通过越界来亲近原有的动物性，以唤醒人的存在意识。巴塔耶的"至尊性"就是以此为背景建立起来的。他所说的至尊性，就是借这个词的词根所具有的"国王"或"至高"的意思，"我所说的至尊性，……是在人的生命中，反对奴役和屈从的那一面"[1]。而且，他认为至尊性虽与国王有关，但它是一种品质，人人可以得

---

[1] Georges Bataille, *La Souveraineté*, *Œuvres complètes*, Tome 8, p.247.

而享之。巴塔耶指出,至尊性具有两个要素:其一,至尊性首先是一种"超越有用性的消耗";其二,至尊性本质上是对"奇迹"的追求,也就是对其所具有的神性或圣性的追求。据此,可以比较具体地理解至尊性,它通过无用的花费,即耗尽,对有用性占统治地位的世俗世界进行否定,以追求奇迹,而所谓奇迹即成为现实的不可能,其背后则蕴含着人们对神性和圣性的向往与追求。或者反过来讲,人们是因为要追求奇迹,追求神性或圣性,才进行"超越有用性的消耗"的。巴塔耶认为,人性所渴求的这种奇迹,在文学和艺术中得到了实现,这也正是文学和艺术等存在的理由,因为人天生就拥有对神性的向往,以及对现实生活的超越,所以,他才会引用福音书的话来说,"经上记着说:'人活着,不是单靠食物,乃是靠 神口里所出的一切话'"[1]。在巴塔耶眼中,文学、戏剧、音乐、艺术等就是"食物"之外的"神口里所出的一切话",即赖以让人真正得以存在的东西。当然,巴塔耶着重强调的还是交流或共通与"恶"的密切的关系:

> 所有的"交流或共通"都参与了自杀,参与了犯罪。
> 葬礼般的恐惧与其相伴,厌恶是它的标志。
> 而在这种观点下,恶——显得像是一种生命的源泉。[2]

实际上,巴塔耶在此强调的是人可以为了神性或圣性的事物而否定"粮食"带给人的生命的延续和保存,其本质上是对生命的依赖的超越,同时也是对死亡的蔑视和否定,因为至尊性的首

---

[1] Georges Bataille, *La Souveraineté*, *Œuvres complètes*, Tome 8, p.249.

[2] Georges Bataille, *Sur Nietzsche*, p.60.

第四章 巴塔耶的文艺思想:孩童、献祭与共通

要的因素就是对维持生命的有用性原则的摒弃。而巴塔耶通过对文学的交流或共通来强调这一点——人们通过文学交流的就是至尊性,就是"恶"以及对"恶"的亲近、返回与再现,或曰对死亡的挑战与体验。他谈到瓦格纳的《特里斯坦和伊索尔德》(*Tristan Und Isolde*)时指出,使这对恋人痛苦不堪的正是他们之间的那种带有"恶"的不可扼制的爱,但这种爱的"恶"却又使他们难舍难分,直至勇敢地渴求和追求死亡,而这就是该剧的价值之所在:

> 同样地,如果没有爱,特里斯坦和伊索尔德两个恋人所传达的东西,在一种孤独中,会被认为是保留下来的某种庸俗的消遣吗?两个苍白的存在,如果被剥夺了神奇的因素;如果不考虑让他们都心痛欲裂的爱,他们将毫无价值。[1]

巴塔耶这里谈到的"神奇的因素""心痛欲裂的爱"其实都是特里斯坦和伊索尔德之间的那种带有"恶"的爱。这种"恶"就是不可压抑的动物性,而他们的爱其实就是一种向动物性回归的圣性的爱,这种爱是致命的,正是这种爱使他们双双走向死亡。尼采也谈过这部作品,他认为《特里斯坦和伊索尔德》是瓦格纳的"登峰造极之作",他同样谈到这部戏剧的"诱惑力","但是我今天还在寻找一部作品,像《特里斯坦》那样具有相同惊险的诱惑力,具有相同无限的恐惧和无限的甜蜜"。[2] 而那种"无限的恐惧和无限的甜蜜",就可看成一种共通的体验。

---

[1] Georges Bataille, *L'Expérience intérieure*, 1954, p.112.
[2] 尼采:《我为什么这么聪明》,见《瞧,这个人:尼采自传》,黄敬甫等译,北京:团结出版社,2006年,第47页。

虽然，从至尊性所具有的瞬间性和内在性来说，它又是不可交流或共通的，但是因为文学或艺术的虚构性的特点，人们就可以通过文学来交流至尊性，以达到共通。因此，文学作品既是至尊性的交流，同时也是至尊性的共通：

> 在这样的情况下，这种作品不完全是作品，而是代用品，是在文学作品所追求的具有重大意义的这种交流或共通方面只走了一半的路程。文学作品就是交流或共通。它出自至尊的作家之手，超越孤立的个人，面向至尊的人类。如果是这样的话，作家就是自己否定自己，就是为了作品自己否定自己的特点，同时也就是为了阅读否定阅读者的特点。文学创作——如果文学创作具有诗歌的性质，便是如此——就是这种独立自主的行动，使交流或共通在这种情况下脱离作品，同时也脱离阅读，作为固定的时刻——或作为一连串的时刻——存在下去。[1]

也就是说，文学把倏忽即逝的至尊性具体化了，它不仅成为读者体验至尊性的媒介，同时也成为作者自己体验至尊性的媒介，在作品中，主体和客体的融合成为可能和现实，从而获得至尊性的交流与共通。这就是巴塔耶心目中文学的真正的功能和作用，"戏剧、文学、音乐、美术最本质之处所要传达的，是消解自己的危急关头的经验，是至高的瞬间的经验"[2]。正是基于这

---

[1] 巴塔耶：《冉奈》，见《文学与恶》，第157页。（译文略有改动，将原译文中三处"沟通"修改为"交流或共通"，两处"独立自主"修改为"至尊"。）
[2] 汤浅博雄：《巴塔耶：消尽》，第284页。

第四章 巴塔耶的文艺思想:孩童、献祭与共通

一点,巴塔耶虽然对萨特的文学观并不赞成,但他对萨特评论马拉美的一句话却赞赏不已,萨特认为在马拉美的诗歌中有一种魔力,在其中,"读者和作者同时消失,彼此使对方消失,以便最后只有圣言存在"[1]。萨特所说的"圣言",就是巴塔耶所想用至尊性表达的那种圣性的东西。

四 总 结

综上可知,巴塔耶的文学观还是比较复杂的,他认为"以动物性为恶"是文学的本质,而文学就是对建立在其上的禁忌的一种越界行为,通过越界,人可以在没有风险的前提下体验风险,以获得至尊性。当然,如果把他的这些关于文学的看法还原到他的思想体系中去,理解他的文学观并不困难。但由于他的思想背景与人类学、经济学,还有强调"内在经验"的精神分析学有关,并且受到尼采等人的影响,所以他有关文学的思想多少让人觉得有些独特、陌生,甚至怪异,但正是这种陌生或者怪异,为我们更深入地理解文学提供了一种新的可能。从这个角度讲,萨特对巴塔耶的文学观的批评就有失偏颇,如他认为"乔治·巴塔耶对不可能的事物的诸般解释抵不上超现实主义最不经意的一句俏皮话,他关于花费的理论不过是过去的盛大庆典的微弱回响"[2]就有些失之简单。同样,布勒东的批评也有情绪化的成分在内,因此,他看待巴塔耶在文学理论上的贡献时也不尽客观。

---

1 巴塔耶:《冉奈》,见《文学与恶》,第157页。
2 萨特:《什么是文学?》,见《萨特文学论文集》,第219页。

第四节
艺术与梵高

在梵高受到哲学家关注的绘画作品中,最著名的大概就是那幅《农鞋》了,先是海德格尔借其阐发自己的艺术真理观,随后艺术史家梅耶·夏皮罗通过对其指谬,把这双海德格尔寄托了无限深情的"农鞋"还原为梵高自己穿的"城鞋",从中披露出"艺术乃艺术家自身体验的投射",而非海德格尔一厢情愿认为的"艺术是所谓存在者的真理的发生"。其后,雅克·德里达、弗雷德里克·詹明信也曾围绕这幅著名的绘画作品展开讨论,并分别在与他人的辩驳中阐述了自己的艺术观。这幅画也在无意中成为检验哲学家对艺术的看法的一块试金石。但是,这并不是说梵高的这幅画有多少神奇,以至可以千变万化,之所以出现人言人殊的情况,主要还是因为每个人对艺术的理解不同,所以,当他们面对同一个画家的同一幅艺术作品时,才会产生迥然不同的观点。

同样,巴塔耶也很早就对梵高的绘画进行了批评,但是,在他写于1930年的研究梵高的绘画的《献祭的毁损和文森特·梵高被切除的耳朵》(*La Mutilation sacrificielle et l'oreille coupée de Vincent Van Gogh*)一文中,他并没有像上述诸位一样对那双鞋子大发感慨,而是运用精神分析和文化人类学的方法,从受梵

第四章　巴塔耶的文艺思想:孩童、献祭与共通　　317

高影响的一个精神病患者的自残案例与太阳的关联入手,联想到梵高的绘画中对太阳的变形以及梵高的自残,同时,他通过对梵高创作的与太阳、向日葵有关的作品,以及对高更的扶手椅和自己的椅子的细致分析,指出了梵高绘画的目的:向太阳献祭的本质。他借此也表达了自己的艺术思想。下面,就让我们来看看巴塔耶是如何讨论梵高的作品的,以及他所认同的艺术观。

一　艺术与献祭

在《献祭的毁损和文森特·梵高被切除的耳朵》这篇文章中,巴塔耶有个基本的观点:本质上,艺术是艺术家的一种献祭活动,其献祭的对象就是普照大地的太阳,它赐予我们光和热,使万物得以生长,并赋予我们的生命以基本的意义,艺术就是我们向太阳献祭的一种独特的表现形式。为了说明献祭与太阳之间的关系,巴塔耶首先引述了巴黎的一个精神病患者的案例。这件事情发生在1923年12月的一天早晨,一个名叫加斯顿的刺绣设计师在大街上行走时,他盯着太阳看了一下,忽然感觉到自己从太阳的射线中接收到了命令,让他把手指扯掉。他立即先用牙齿咬,接着又用手扭,把自己左手食指的末端完全扯断,他的自残行为随后被警察发现,并被送到医院。不管从哪个方面看,他的这种举动都让人感到残忍、惊讶和困惑,但是,他并非一名普通患者,工作之余,他还是个画家,更重要的是,他曾读过梵高的传记,并受到他的影响。

因此,由于这二者之间的联系,人们很容易认为加斯顿是受到梵高传记的暗示才自残的,但巴塔耶并不完全这样看,他指出，加斯顿被梵高影响不假，但梵高的传记或者艺术批评，即文学本身的力量，还没有强大到足以让这个业余画家做出如此可怕的举动的程度，驱使加斯顿扯断自己手指的是一种更为本质的冲动，它和当初驱使梵高用剃刀切除自己的耳朵的冲动是一样的，这种冲动来自一种对人类而言几乎可以说是本能的、强烈的呼唤，那就是古已有之的一种向太阳献祭的神圣的冲动传统。

巴塔耶指出，梵高的这种向太阳献祭的活动，不仅表现在切割耳朵这样在现代人看起来比较极端、残酷和非正常的行为中，其实，向太阳献祭始终是他的作品中一个异常重要的主题，其最为直接的表现就是非常集中地描绘太阳。

> 这一点相对比较容易确定，即梵高的生命是被他与太阳所保持的令人震撼的关系所支配的，然而这个问题还没有被人提出来。这个耳朵被切除的人的太阳画因让人困惑而广为人知，也让人感到奇特不已：只有从它们被看成画家的人格（或者，就如有人所期望的某种疾病）的自我表达的那一刻起，它们才变得可以让人理解。[1]

巴塔耶认为，人们之所以不能理解梵高绘画中的太阳，或者，为了能够理解而把这种现象看成画家的"人格"，甚或是他本人的一种"病态"的表现，其原因在于没能理解梵高的绘画实际上是向太阳的一种献祭。他的太阳画绝大多数是基于1888年圣诞节前夜自残后绘制的，即向太阳直接献祭后出现的。梵高与

---

[1] Georges Bataille, *La Mutilation sacrificielle et l'oreille coupée de Vincent Van Gogh*, *Œuvres complètes*, Tome 1, Paris: Gallimard, 1970, p.259.

第四章　巴塔耶的文艺思想：孩童、献祭与共通　　　　　　　　　　319

太阳的关系在画上的表现十分有趣，他对太阳的描绘最早出现在巴黎时期的两幅素描上；其后在阿尔时期则出现在三幅以播种者为题的背景中，而在这三幅画里，太阳都是以日落的形式出现的；随着他割耳并入住圣雷米精神病院，画面上的太阳也逐渐由日落变为升起，并发出耀眼的光芒，直到成为整个画面的中心；可在他于1890年1月离开医院到其自杀，太阳则几乎完全消失。由此可见，梵高的精神状态与太阳之间有一种密切的联系。

梵高这种对太阳的痴迷并非仅仅是一种精神状态变化的产物，实际上，它是支持梵高绘画生涯的一种根本力量。巴塔耶进一步指出，这些太阳画只是梵高的绘画中表现比较明显的太阳崇拜，实际上，梵高在巴黎时就已开始创作，并从1888年8月起在阿尔所热衷描绘的向日葵就是向太阳献祭的一种变体。这是因为，向日葵本身的形态就像一个正在放射着光芒的太阳；在人们的意识中，它也与太阳密切相关，如在法语中，向日葵和太阳是同一个词"soleil"，在英文中则为"sunflower"，也是"太阳花"的意思，我们汉语也习惯将其称为"向日葵"，可以说，这个词非常形象地表达了这层意思；此外，它本身就是向太阳献祭的产物，因为它始终面向太阳。梵高在绘画中对向日葵的这种极度的痴迷也是意图向太阳献祭的一种表现。

当然，献祭之物不只局限于耳朵或手指，切除身体的某一部分一直是献祭的一个方法，如在世界很多地方施行的割礼仪式就是一种献祭行为，相较而言，切除手指的献祭行为虽不普遍，但也并不少。除此之外，巴塔耶还从文化人类学的角度分析了神话传说中的向太阳献祭的各种行为。如，寻求太阳并在太阳的光辉中死去的伊卡洛斯就是以自己为祭品；从太阳车上盗取天火的普罗米修斯，他后来被宙斯缚在悬崖上，作为惩罚，每天都会有一只鹰前来啄食他的肝脏，巴塔耶指出，这只鹰就是上帝的化身，就是太阳，普罗米修斯向这只鹰奉献自己的肝脏，其实就是向太阳献祭。同样，梵高的被切除的耳朵、加斯顿的手指就是向太阳献祭的祭品，就是普罗米修斯的肝脏。而实际上，巴塔耶没有提到，梵高也曾毁损过自己的手掌。1881年，爱上表姐遭拒后，他把一只手放在燃烧的蜡烛上烤，这也可以说是他最早的无意识的献祭行为。并且，他对光，对太阳的追求从未停止，1885年9月，梵高在圣雷米给弟弟提奥的信中直言："我多么渴望见到强烈的阳光，因为我认为一个人不了解光线就无从理解德拉克洛瓦作品的基本手法和技巧的要点。在北方，我感受到的色彩是遮掩在雾霭中的。这儿的一切是非常真实的。"[1]这种对阳光和光线的渴望并不仅仅是出于提高绘画技巧的需要，更根本的还是一种对太阳的痴迷。德国当代艺术家安塞尔姆·基弗因受到梵高的影响，其也有大量的以向日葵为主题的作品，但他的向日葵大都枯萎肃杀，如《夜之秩序》(*The Orders of the Night*, 1996)，还有笼罩有希特勒纳粹时代的阴影的《灰烬之花》(*Ash Flower*, 1983—1997)等。如果从巴塔耶的观点来看，基弗的向日葵之所以失去了生命的光彩，就是因为德国的这一段可怕、惨痛的历史，让其失去了向具有神性的太阳献祭的可能，而屈服于世俗的政治性，这也是他的向日葵绘画的非常重要的主题。中国的画家许江也以向日葵作为自己重要的绘画对象，其中向日葵、神性的太阳与世俗的政治性的纠葛同样也成为其主题。

---

1 罗纳德·皮克凡塞：《凡高在阿尔》，张敢编译，见《世界美术》，1990年第4期，第12页。

海德格尔也称作品的建立是一种"奉献和赞美",甚至是对神的献祭,不过其奉献的对象是它所建立和保守的世界与大地,而非太阳。"作品回归之处,作品在这种自身回归中让其出现的东西,我们曾称之为大地。大地是涌现着、庇护着的东西。大地是无所迫促的无碍无累、不屈不挠的东西。立于大地之上并在大地之中,历史性的人类建立了他们在世界之中的栖居。由于建立了一个世界,作品制造大地。在这里,我们应该从这个词的严格意义上来思考制造。作品把大地本身挪入一个世界的敞开领域中,并使之保持于其中。作品让大地成为大地。"[1]套用海德格尔的话来说,梵高的工作就是"让太阳成为太阳"。

从这点来看,海德格尔对大地的强调与巴塔耶对太阳的强调有异曲同工之处。这或许是他们一个选择梵高的与"大地"有接触的"农鞋"进行发挥,另一个选择梵高与太阳有直接和间接的联系的"向日葵"进行论述的原因。

二 艺术与花费

在指出艺术与太阳,或者说与献祭的关系之后,巴塔耶又分析了艺术的另一个特征:艺术是一种"花费"行为。当然,这首先是因为艺术是一种献祭。另外,巴塔耶还认为,献祭的原则就是毁损,就是对有用的人或物的毁坏。除了前文述及的那个扯断自己手指的业余画家加斯顿外,巴塔耶在文中还列举了一个女精神病患者的自残行为,处于幻觉中的她在一个火人(也即上帝的

---

[1] 海德格尔:《艺术作品的本源》,见《林中路》,孙周兴译,上海:上海译文出版社,1997年,第30页。

化身）的"把你的耳朵给我，劈开你的脑袋"的命令下，先是用头撞墙，接着想扯掉自己的耳朵，最后她用手挖出了自己的眼珠。而这种对身体的自残，或曰毁损行为就是一种特殊的"花费"。

巴塔耶把人们日常的消费分为两种，一种是生产性的消费，即为了维持人类社会的存活与发展而必需的消费，另一种是非生产性的消费，如奢侈、战争、纪念碑的建造、大型的竞赛、祭仪、游戏、景观、艺术乃至不正常的性行为等，而"花费"这个词就是他用来指这些非生产性的消费的模式，也即花费是无条件的，它是一种纯粹的消耗，这种消耗并不以生产为目的，它是不求回报的，支配其的核心就是"损耗原则"。梵高的自残其实就是损耗的一种形式，相对于他的完整的身体来说，切除下来的耳朵就此便被永远地损耗或丧失了。当然，精神病患者的自残只是比较极端的例子，如那个女精神病人挖出自己眼珠的暴烈行为，但这并不是说，清醒的人就不会做出类似的举动，巴塔耶指出，在某些宗教的生肉献祭中，就有自残的现象存在，他们用棍棒或斧头砍砸彼此的脑袋，或者把自己投掷在刀剑上等，其内在的原理其实是一样的。

从花费的观点出发，巴塔耶把艺术产品分为两种类型：一种是由"真正的花费"所构成的，如建筑、音乐、舞蹈等，这也是真正的丧失；另一种是"象征性的花费"在起作用，如文学和戏剧等，"它们通过悲剧性的损耗（失势或死亡）的象征的再现来引起焦虑和恐惧"[1]。这其中，诗歌是最典型的，因为诗歌正是

---

[1] Georges Bataille,"La Notion de dépense",*La Part maudite*,2007,p.30.

第四章 巴塔耶的文艺思想：孩童、献祭与共通

用缺失的形式来表达其创造的，这是一种典型的花费，也是一种献祭。在这一前提下，巴塔耶特别指出，如果雕塑与绘画不是用于庆典和景观的话，也是可以通过象征性的花费的原则，即"悲剧性的损耗（失势或死亡）的象征的再现"来解释的。如在《献祭的毁损和文森特·梵高被切除的耳朵》中，巴塔耶除了讨论梵高那些以太阳和向日葵为主题的直接向太阳献祭的作品之外，还仔细分析了梵高在阿尔自残时期所作的两张以椅子为主题的画，其中的一幅画作于1888年12月，以高更的扶手椅为对象，另一幅则是作于1888年12月至1889年间，以梵高自己的椅子为对象。这两幅画以最为明显的方式呈现了某种缺失，画中的两把椅子都是空的，并没有人坐在上面。这无疑是一种孤独的象征，也是梵高的孤独情绪的显现，但椅子主人的不在场只是表面的缺失，巴塔耶认为，它们其实是两个画家的"男性人格"的投射。因为梵高自己的椅子是把很普通和简陋的椅子，上面只有一个未点燃的烟斗和灰白色的烟袋；而高更的椅子则是一把漂亮的扶手椅，上面是一支燃烧的蜡烛和两本用明亮的彩色纸张做封面的小说。其中，熄灭的烟斗和燃烧的蜡烛对立；廉价俗气的烟袋与明亮的小说对立；梵高椅子后靠墙的箱子里的一朵凋谢的向日葵，与高更椅子一侧的墙上的一盏光芒四射的煤气灯对立；还有前者的地面是单调的铁锈色的砖石，而后者的地面却铺有色彩斑斓的地毯，从这些相互对立的元素中可以看出，在梵高的心目中，高更是作为自己的理想存在的，他比自己更为高大、完美、丰富、灿烂和辉煌。相对高更的椅子来说，梵高自己的椅子却是暗淡的、贫乏的、缺失的。即使是分开看各自的椅子，也一样可以看到这种对立，或者说这种"悲剧性的损耗"的存在，如梵高的椅

子那幅画中没有燃烧的烟斗和凋谢的向日葵,高更的椅子那幅画中摇摇欲坠的蜡烛和墙上的煤气灯之间的对立等,都可以看作一种"失势或死亡"的象征性再现。

当然,这种花费行为不仅存在于艺术创作中,在艺术的欣赏中也同样存在。巴塔耶曾指出文学是宗教的继承者,特别是从献祭的角度看来,文学可作为宗教的献祭的替代品,"文学尤其继承了献祭:这种对毁灭、迷失自己并从下面观照死亡的憧憬,首先在宗教仪式中得到了满足,阅读小说也可以得到这种满足:宗教仪式在某种意义上是一部小说,一个以血淋淋的方式描绘的故事"[1]。显然,巴塔耶在此处对阅读文学所得到的"满足"的判断,同样可以用于"阅读"艺术作品之上,"阅读"梵高的那些以太阳和向日葵为主题的绘画,我们同样能够感觉到里面的那种"献祭"的意味,即指向疯狂,指向毁灭、死亡的冲动。而巴塔耶对梵高的两幅"椅子画"所做的细致的分析,更加凸显了那种由于象征性的花费所呈现出的"损耗"感,这种强烈的"损耗"感,正是我们生命的一种不可挽回的花费。

以此与海德格尔的艺术思想相对照,同样可以发现其中的差异,海德格尔强调的是梵高的"农鞋"里所体现出的有用性、可靠性,是那种器具的器具性存在,所以,"农鞋"才成为他的思想投注的对象,而巴塔耶突出的则是梵高的那些与太阳、向日葵有关的绘画作品中所体现出的"无用性",即象征性花费给人们带来的那种强烈的"损耗感",以及从中折射出的"失势或死亡"意识,因此,他才舍"有用"的鞋子而取"无用"的太阳和

---

[1] 巴塔耶:《色情史》,第88页。

向日葵。即使是看起来"有用"的椅子,他所着眼的,所论述的也不是它的"可使用性"。

三 艺术与呕吐,以及异质性的解放

巴塔耶在谈到加斯顿扯掉的手指、梵高的被切除的耳朵、那个女精神病人挖出的眼珠,以及普罗米修斯的被不断吞食的肝脏时,使用了"呕吐"这个词,他认为这些虽然有不同之处,但其实都是一种"排泄"活动。与社会习惯的占有性的"吞吃"行为相反,这几个事例的共同点都是把自己所有的东西"呕吐"出来,排泄出来。断指和切掉的耳朵,被挖出的眼珠,与呕吐出的食物本质上并无区别。

前文已经述及,艺术作为一种献祭活动,通过毁坏和花费行为所追求的正是某种损耗或丧失,但这种损耗或丧失,在巴塔耶看来,同样也表现为某种呕吐和排泄活动。

> 这样的行为通过这个事实被赋予其特征,它拥有解放的异质性的元素和打破人的习惯性的同质性的势力:它将以同样的一种呕吐的方式反对它的对立面,反对对食物的共有的摄入。献祭在其关键的阶段中,只是对被一个人或者一个团体占用的东西的抛弃。[1]

从而,巴塔耶指出了艺术的另一个重要的功能,那就是,艺

---

[1] Georges Bataille, *La Mutilation sacrificielle et l'oreille coupée de Vincent Van Gogh*, *Œuvres complètes*, Tome 1, p.269.

术所要打破和拒绝的正是以生产,以吞吃和保存为目标的"人的习惯性的同质性"的世界,去解放那些被压抑的"异质性的因素",从而在瞬间获得至尊性。

这是由于,巴塔耶认为,相对于以生产为基础建立起来的世俗社会的同质性因素,存在着一个圣性的世界,它是以非生产性的花费为基础的,与其有关的一切事物共同构成了异质性的要素,而"暴力,过度,狂热,精神错乱,在不同程度上构成了异质性要素的特征:作为个人或人群,是主动的,他们在对社会的同质性的法律的破坏中被生产了出来"[1]。这一点,最明显地表现在巴塔耶在文中所列举的自残的主人公的命运上,不管是受梵高影响的业余画家加斯通,还是梵高本人,以及那位把自己的眼珠挖出的女病人,自残后的结局都是被送进精神病院,因为他们的行为是同质社会所无法同化和归约的,同质化的世俗社会要求对人的生命进行保存和延续,这是对死亡的逃避,但自残是疯狂的,它蔑视生命,是对死亡的一种挑战,它是不能被接受的,因为它不仅让人恐惧,还给人带来死亡的气息,是对同质社会的一种威胁和破坏。而艺术正是要把这些异质性的因素从同质性的世界中绽放出来,并呈现于人们面前。在这种异质性因素绽放的过程中,那种与世俗世界对立的非生产性的圣性世界方才得以向我们神奇地敞开,与此同时,那些出于生产性的目的而不得不加于我们身上的奴隶状态,也在这一刻陡然消退和崩解。

巴塔耶曾言,献祭所要真正摧毁的就是我们所生活的世俗世界加于事物上的物性,将其从物的链条上抽出,以生产圣性的事

---

[1] Georges Bataille, *La Structure psychologique du fascisme*, *Œuvres complètes*, Tome 1, 1970, p.347.

第四章 巴塔耶的文艺思想:孩童、献祭与共通

物;作为一种献祭行为的艺术则同样通过把我们——既包括作者,也包括读者——从有用性的世界抽出,从而摆脱物性,使我们恢复到一种"任性"状态。正是从这个角度出发,丹尼斯·霍勒(Denis Hollier)在对巴塔耶的这篇文章进行解读时也指出,在巴塔耶看来,绘画不仅是通过"对人的身体的再生产的否定"形成的,也不仅是在它所提供的画像中"对身体进行了变形"形成的,而且从一开始起,它就是一种"对加诸身体之上的毁损的再生产",因此,"有必要把自残看成一种绘画行为,甚至,这种绘画行为是出类拔萃的"[1]。换句话说,巴塔耶认为,梵高不仅在绘画中解放了自己,在现实生活中,他同样也解放了自己。而这种解放,是以异质性的形式"呕吐"并释放出来的,就在这种对异质性因素的"呕吐"的瞬间,艺术家获得了至尊性,这就是艺术的目标。

当然,这也就是巴塔耶眼中的艺术的真理:

> 艺术、建筑、音乐、绘画或诗歌所传达的东西,如果不是对一种令人惊奇的、悬置的时刻的期望,不是对一种奇迹的时刻的期望,那是什么呢?"经上记着说:'人活着,不是单靠食物,乃是靠 神口里所出的一切话'",他靠神性的东西而活。这种表达拥有对其而言如此清晰的证据,以至必须把它看作一个基础。"人活着不能单靠食物"是一个真理,它绝不会离开脑海,如果它存在的话,这条真理要算在别的那些之前。[2]

---

[1] Denis Hollier, *Against Architecture: The Writing of Georges Bataille*, Cambridge: The MIT Press, 1992, p.80.
[2] Georges Bataille, *La Souveraineté*, *Œuvres complètes*, Tome 8, p.249.

至尊性就是对有用性的超越，就是对奇迹的追求，对神性和圣性的向往。而艺术就是通往这一时刻的桥梁，正是通过艺术，人才可以拥有这动人心弦的一刻、神奇的一刻，以摆脱对食物的向往和因之产生的束缚，回归人之为人的那种至尊状态。

四 总 结

综上所述，可以发现，在巴塔耶解读梵高的绘画所展现的对艺术的看法中，以下几个方面最具有其个人理论特点：艺术与献祭的关系；由献祭所引发的艺术与花费或损耗的关系；艺术与圣性世界的关联和对其的释放；以及艺术对至尊性的追求等。这些共同组成了他的艺术理论。总之，在他看来，我们所寄生的世俗世界是被物化的有用性的世界，是一个奴性的世界，它的存在及其产生的种种"思想"使我们丧失了我们之所以为人的那种"兽性"或"动物性"，他在批评达利的绘画《忧伤的游戏》中，就直言思想对人的束缚，他举了毕加索为例，"在毕加索绘画的时候，他对形式的扰乱导致了对思想的扰乱，换句话说，那在其他情形下会导致思想的直接心智运动，流产了，我们无法否认，鲜花是催欲剂，一阵笑声就可传遍并鼓动整个人群，而那同样顽固的流产是兽性的人与思想针锋相对的尖锐而富有煽动性的'不要做奴隶'的号角声。思想对人跟缰绳对马具有同样屈辱的力量；我可以喷鼻和喘气；但我的头还是为思想控制和牵引，它使所有人变得如同畜生，俯首帖耳，忽左忽右地前进——这种思想采取的形式，主要是装饰有国家纹章的一张纸。即便考虑到人们所能使用的诡计，人类生活还是或多或少接近于一个训练中的士兵服从命令的情形。但是突然的巨变，疯狂的大规模的群众性爆发、暴乱、革命时的大屠杀——所有这些都显示出那不可避免的反作用所能达到的剧烈程度"[1]。而艺术就是他所说的那种鲜花和笑声，就是"突然的巨变"，就是我们与这个使我们成为奴隶的世界对抗的一个重要的武器。

巴塔耶这种解读梵高绘画的方法，无疑也蕴涵了自己的思想观点，但在基本方法上，还是与海德格尔，与批评海德格尔的詹明信是不一样的——虽然与海德格尔相反，后者从梵高的同一幅作品中看出的不是母亲一般的坚实牢靠的大地，却是衰败与贫瘠笼罩下的痛苦的乡村生活；梵高的作品中灿烂的阳光和向日葵也并不是向上帝祭献的感恩之作，它是一种对惨痛现实的弥补，是一种"乌托邦式的观物态度"。也就是说，在詹明信看来，艺术就是一种对现实进行补偿的理想罢了。不过，詹明信并没有坚持自己的这个见解，他坦承，他的解释和海德格尔一样的，"上述两种解说模式都可算是'阐释'读法的例子，因为它们都先把作品视为静态的客体看待，然后掌握这个线索、那个症状，以追寻更宏观大体的现实，继而用这个现实来代替作品本身，并奉之为最终的真理"[2]。巴塔耶对梵高的解读因为引入了文化人类学和精神分析学的方法，遵循的是另外一套法则，相对来说，他的解释更加接近于夏皮罗，即对艺术的解读更加注重艺术家本人的主体性，也就是夏皮罗所言的"作品中艺术家的在场"，"梵高也具有超凡的再现才华；他能以一种卓尔不群的力量将事物的形式与

---

[1] 巴塔耶：《忧伤的游戏》，谈瀛洲译，《译文》2002年第4辑，上海译文出版社，2002年，第13页。
[2] 詹明信：《后现代主义，或晚期资本主义的文化逻辑》，见《晚期资本主义的文化逻辑》，陈清侨译，北京：生活·读书·新知三联书店，1997年，第437页。

品质挪移到画布上去;但这些都是他深有感触的事物,在这里,就是他自己的鞋子——它们与他的身体不可分离,也在重新激起他自我意识时而无以忘怀。它们同样是被客观地重现于眼前的,仿佛赋予了他种种感触,同时又是对其自身的幻想。他将自己的旧鞋孤零零地置于画布上,让它们朝向观者;他是以自画像的角度来描绘鞋子的,它们是人踩在大地上的装束的一部分,也由此能让人在找出走动时的紧张、疲惫、压力与沉重——站立在大地上的身体的负担"[1]。夏皮罗对梵高绘画的这种体验,自然是与"自欺欺人"的哲学家海德格尔不同的,而相信在他看来,巴塔耶对梵高绘画的品评也应该是合理的,因为后者在梵高的作品面前,对其体验的既不是很少,也不是太多。

---

1 梅耶·夏皮罗:《描绘个人物品的静物画:关于海德格尔和凡高的札记》,丁宁译,《世界美术》,2000年第3期,第65页。

第五章

巴塔耶及其他：
启蒙、罗兰·巴特与鲍德里亚

第五章　巴塔耶及其他:启蒙、罗兰·巴特与鲍德里亚

第一节
超越启蒙,敢于非知

不管是作为作家还是思想家,巴塔耶都被很多同时代人认为是一个"不合时宜"的人,因为他的理论更多的是着眼于对已经消逝的价值的辩护,而不是对正当其时的观点进行褒扬。如萨特就曾直言"乔治·巴塔耶对不可能的事物的诸般解释抵不上超现实主义最不经意的一句俏皮话,他关于花费的理论不过是过去的盛大庆典的微弱回响"[1]。超现实主义创始人布勒东对他的批评也的确毫不留情,"巴塔耶先生的不幸就在于他好发议论,无疑他之发议论,就像那'鼻尖上停着一只苍蝇的'人物一样,这就使他不很像活人,而像一位死人"[2]。布勒东这么说意在指责巴塔耶的理论早已过时且来自过去,有如出自"死人"之口。布勒东还刻薄地借马克思的《德谟克利特的自然哲学和伊壁鸠鲁的自然哲学的差别》一文中所批评的"头发哲学家""手指哲学家""脚趾哲学家"与"粪便哲学家"等来指称巴塔耶。而有意选择"朝后看"的巴塔耶,却并非如布勒东所嘲讽的是个不用大

---

[1] 萨特:《什么是文学?》,见《萨特文学论文集》,第219页。
[2] 布勒东:《超现实主义第二次宣言》,见柳鸣九主编:《未来主义　超现实主义　魔幻现实主义》,第329页。

脑思考的"手指哲学家"或"脚趾哲学家",相反,其思想的一个重点就是对启蒙运动所产生的理性世界的批判。在他的代表性著作中,"《被诅咒的部分》考虑的是花费的经济和宗教形式,《色情史》提出的是人的欲望的内在生活的历史,《至尊性》聚焦的是死亡的自我的政治学"[1],但其出发点,可以说都是建立在对理性的批判的基础上的。所以,虽然巴塔耶并没有专文谈启蒙,但他对启蒙的批判却是念兹在兹,而他也撰文对笛卡尔、黑格尔等人的与启蒙有关的思想进行了探讨。更重要的是,巴塔耶对"承载着近代主导思想——'理性与科学'的'知'"[2]进行了探讨并予以批评。

众所周知,康德在《答复这个问题:"什么是启蒙运动?"》这篇有关启蒙的名文中曾对罗马诗人贺拉斯的诗句"敢于求知"(Sapere aude/dare to know)推崇备至,他在文章的第一段就斩钉截铁地说:"Sapere aude!要有勇气运用你自己的理智,这就是启蒙运动的口号!"[3]这也正是启蒙运动的精神。可是,巴塔耶对康德的这一启蒙律令却非全然赞成,虽然他也希望人能够运用自己的理智去"求知",但实质背道而驰,因为他所追求的"知"恰恰是"非知"。而在我看来,巴塔耶对启蒙的批判或者思考,因此也可概括为"敢于非知"。这么讲有两重意思:一是巴塔耶敢于对"知"进行"非",即批判;二是他敢于对于"非知"即"知"之外的领域做出探寻。下面就从巴塔耶对于非"知"与"非知"这两个方面的论述来具体分析其对启蒙的态度

---

1 Stuart Kendall, *Georges Bataille*, p.196.
2 汤浅博雄:《巴塔耶:消尽》,第99页。
3 康德:《答复这个问题:"什么是启蒙运动?"》(1784),见《历史理性批判文集》,何兆武译,北京:商务印书馆,1990年,第22页。

第五章 巴塔耶及其他:启蒙、罗兰·巴特与鲍德里亚

和认识。

一 "知"与"非知",至尊性

"知"与"非知"是巴塔耶的两个比较重要的理论概念,它们既相互联系又相互对立。作为一对概念,它们分别对应于巴塔耶思想体系中的生产与花费、同质性与异质性、世俗与圣性、性与色情、奴役性与至尊性等概念,但又与这些概念的侧重点不同。并且巴塔耶关于"知"与"非知"的看法亦不等同于一般的认识论。

首先,是巴塔耶对"知"的理解。他认为,"知"即认知,是我们改造世界及认识自身的手段,就是知道去怎样做,怎样应付世界和我们自己。它不仅包括我们日常所说的各种知识,还包括获得知识即"求知"的过程与思考方式。如从人类早期的应用简单工具的劳动到近代以来的运用复杂理性的科学,都是"知"的表现,只不过程度不同而已。巴塔耶指出,"知"在人类的发展过程中具有核心作用,正是因为对"知"的发现和求索,历史才得以展开,人类也才得以成为人类。巴塔耶将人类最初的状况设想为与别的动物无异,人如动物一样沉浸于世界之中,"就像水在水中"[1],彼此难辨。而在这个动物世界中,人类所追求的是快乐的即时满足,既无自我意识,亦无时间观念和死亡意识。这就是所谓的"动物性"。但是,随着人类进行劳动与使用工具,逐渐摆脱了曾置身其中的"动物世界",获得了自我意识,因而

---

1 Georges Bataille, *Théorie de la religion*, *Œuvres complètes*, Tome 7, 1976, p.295.

将自己与浑然忘我的动物区分开来，进入了"世俗世界"，即实践世界。在此一阶段，人类不仅拥有了自我意识和主客体之分，也有了时间观念，产生了对死亡的恐惧，还因此拥有了所谓的"人性"。为了摆脱对死亡的恐惧，他们一方面竭力忘却或者掩盖自己来自动物并且本身就是动物的事实，将自身的动物性予以压抑和改装，建立了各种道德及禁忌；另一方面，他们为了延续自己的生命，又设法将保障生命的生产活动置于社会的中心位置，以追求有用性。这两者又共同构成了"人性"的基本内容和社会的价值趋向。与此同时，这一阶段也是人们对"知"的认识和运用逐步得心应手的过程，至启蒙时代后更是达到高潮。在社会取得巨大进步的同时，对理性的张扬与科学的推崇也到了登峰造极的地步，成为衡量一切行为与是非的标准。而巴塔耶认为，如果没有人类对"知"的孜孜以求，这一切将不可能发生，由此可见"知"及背后理性的力量。

其次，是巴塔耶对"非知"的看法。他将"非知"当作"知"的对立面来寻求，自言对"非知"的思考意在离开"知"，不再受制于"知"的控制。与"知"相较，"非知"不是对一种行为和思想方式的描述，而更接近于巴塔耶所言的"内在经验"。它是"知"的突然停止，意识的瞬间空白，犹如人的不期而至的哭泣与笑。在眼泪和笑声中，在某个点上，人的思维忽然中止，与外界的联系就此中断，只剩下内在的一种强烈的情感的战栗，这是一种"神意感应的状态"。而无论是眼泪，还是笑声，对"知"来说，都是"无用"的，因为就在这一瞬间，它们逸出了"知"的框架，不再有任何指向，脱离了有用性的驱使。巴塔耶认为，这种陡然爆发的哭泣与笑，即这种"非知"状态，

第五章 巴塔耶及其他:启蒙、罗兰·巴特与鲍德里亚

就是"至尊性"的状态。因为,"笑或哭的目标,对圣性的感受或恐惧的目标,厌恶的目标,死亡意识的目标……总是虚无,以备代替对某个给定的目标的期望。它总是虚无,但突然表现为一种至高的、神奇的、至尊的回应。我把没有混杂的至尊性界定为:非知的奇迹领域"[1]。至尊性是巴塔耶思想中最为核心的概念,但他特别指出,虽然至尊性与国际法定义的所谓"主权"(souveraineté)是同一个词,但他所说的至尊性却与此无关,他之所以选用这个词,是因为这个词有"君王、主人"及"最高的、独立自主的"意思,其中包含那种反对奴役和屈从状态的意思。简单地讲,巴塔耶通过至尊性强调的是它的那种"唯我独尊"的状态。在这种状态下,人们得以摆脱现实所有的束缚,而获得对自我的尊崇与满足。它的根本的要素就是"超越有用性的消耗、神性、奇迹与圣性"[2]。巴塔耶有意背离"知"以探索"非知",所追求的就是这种至尊性。他称在常人看来,自己是在他们所认为错误的"求知"道路上去寻求"知识",殊不知这样做的目的就是摆脱人们心目中习以为常的那种"知",去寻找"非知",因为各种各样的"知"实际上都是为了某种目的而生产出来的,他所要追求的正是"弃圣绝智",并由此开启了至尊性的大门。

显然,在巴塔耶看来,相对于"知"的社会性,"非知"所具更多的还是个体性。"知"使人从无知到有知,从动物变成人,最终被规约为社会的一分子;而"非知"通过对"知"的否定,却使人脱离"知"的制约,重又回到了自身那种无知无觉的动物

---

[1] Georges Bataille, *La Souveraineté*, *Œuvres complètes*, Tome 8, p.252.
[2] 同上书, p.248。

性状态,不再为现实的各种事物纠缠和操心,在瞬间获得至尊性。两者之间也由此产生了一种张力,形成了一种既矛盾又依赖的关系。"知"的结束就是"非知"的开始,就如巴塔耶在《非知》一文开篇所言,"活着是为了能够死亡,受苦是为了享乐,享乐是为了受苦,说是为了什么都不说。'非'就是对非知的激情的那种意识的中项——或者作为这种意识的终结点或者作为它的终点的否定"[1]。但不管是"终结点"也好,还是"终点的否定"也好,均是经由"非"知,即否定现有的理性的"知"才通向"非知"即至尊性的。

二 非"知":对生产性的同质社会的批判

巴塔耶对"知"的批判主要集中在其所具有的"筹划"的本质。他所针对的就是笛卡尔,因为"在笛卡尔心中,知对筹划是必需的"[2]。如笛卡尔的《谈谈方法》第一个标题就是"普遍科学的筹划"。在巴塔耶看来,"筹划"就是人们在日常生活与工作中所不得不遵循的某种不言自明的法则,这种法则预设了当下的生活及工作,却为将来的目标服务。去"求知",就是去"筹划",去为了将来而生产。"求知总是去努力,去工作,它总是一种奴性的操作,无限期地被回收,无限期地被重复。知识从来不是至尊的:为了成为至尊的,它必须发生在瞬间。但是瞬间居留

---

[1] Georges Bataille, "Nonknowledge", *The Unfinished System of Nonknowledge*, Trans. by Michelle Kendall and Stuart Kendall, Minneapolis: University of Minnesota Press, 2001, p.196.

[2] Georges Bataille, "Descartes", see *L'Expérience intérieure*, Paris: Gallimard, 2012, p.125.

第五章 巴塔耶及其他:启蒙、罗兰·巴特与鲍德里亚

在所有的知识之外,或者在其下或在其上。"[1]这里,巴塔耶强调的是至尊性是某种瞬间的状态,而"求知"即"筹划"在时间上就是为了将来的一种长期的安排,它有意忽视或推迟了那个至尊性的瞬间的到来。并且,工作本身就是一种有目的的操作,它必然是一种屈从的或被奴役的过程。

启蒙运动高扬的理性与科学就是这种"筹划"最典型的表现,它们都是为了未来而舍弃当下或者推迟对当下的享有。正是此,建构了我们所寄身的这个所谓的实践世界,这个世界以理性为基础,依据我们的"筹划"而在时间中渐次展开,它是我们的作品,却并不完整,因为它不仅取消了我们的过去,还取消了当下这个最重要的时刻,只给了我们一个看不见的将来。而这个看不见的将来就是一个标准的"筹划",它通过知识所建立的"理性世界"把人们当下的存在变成一场苦役,驱使人们将自我的实现寄希望于当下的生产活动中,却失去了人之为人存在于当下的真正的意义。

不过,巴塔耶通过"筹划"对"知"的批判,最终指向的还是对启蒙之后产生的生产性的同质社会的批判。因为"知"对这个以生产为主要特征的社会的建立起到了关键的作用。巴塔耶认为,出于保存和延续自我的需要,人们把生产提到了首要位置,"社会同质性的基础是生产。同质的社会是生产社会,也就是说是个有用的社会"[2]。以生产为中介,以"有用"为标准,以资源的增殖为目标,同时以维护这一系统正常运行的行为规范为道

---

[1] Georges Bataille, *La Souveraineté*, *Œuvres complètes*, Tome 8, p.253.
[2] Georges Bataille, *La Structure psychologique du fascisme*, *Œuvres* complètes, Tome 1, 1970, p.340.

德，以统帅这一切的理性为出发点，共同构成了一个"同质性"的生产社会。而启蒙运动不仅不是对这种现象的批判，反而在通过科学技术提高生产率扩大生产的同时又加强了这种社会的同质性。对此，霍克海默和阿多诺有过深刻的评价，"启蒙的实质，就是要求从两种可能性中选择一种，并且不可避免地要选择对生产的统治权。人们总是要进行选择，要么使自然界受自己的支配，要么使自己从属于自然界。随着资产阶级商品经济的发展，神话中朦胧的地平线，被推论出来的理性的阳光照亮了，在强烈的阳光照耀下，新的野蛮状态的种子得到了发展壮大"[1]。在这里，理性其实就是"生产的理性"，而这个以生产为理性的同质性社会却将人规约为可以交换的、不得不接受奴役的劳动力，人因此更加像"人"，但失去了与生俱来的那种动物性，被生产所支配，在变得更加"文明"的同时，却失去了人之为人的特质。

　　巴塔耶批评的正是这一点。他认为，启蒙之后的生产性的同质社会在形式上表现为资本主义社会和共产主义社会两种类型，但他对两者都进行了批评。他指出二者虽然形式不同，但对人的价值贬损是一致的。作为生产性的同质社会，它们都奉行生产至上的法则，注重的是能量的积蓄而非耗尽，是同样的功利性社会。因此它们也都剥夺了人获得和享有至尊性的可能。"资本主义革命是一种否定至尊性的革命。在资产阶级的统治下，花费把自己隐藏在了门后。财富的'古代'的景观不再提供给公众享受。共产主义革命通过它对所有人的平等和它的生产资料的过度的合理化的坚持，促进了至尊性的退却，在它之后，所有的花费

---

[1] 霍克海默、阿尔多诺:《启蒙辩证法》，洪佩郁、蔺月峰译，重庆:重庆出版社，1990年，第28页。

都是生产性的花费，都要被国家认可。巴塔耶用他的花费的尼采式道德观，反对这种共产主义的梦想，在其中至尊性只有作为一个死去的自我才可以重申它的权利。"[1] 显然，巴塔耶对这两种社会类型都不赞同。当然，其本质，还是他对"知"的不信任。在他眼中，人们都被"知"所奴役，而每种"知"的背后所要求的都是对"一种生活方式的接受"[2]，即对生产性的同质性社会的认可。

三 "非知"：对花费性的异质因素的向往

有鉴于此，巴塔耶在对以生产为导向的同质性社会批评的同时，也对黑格尔、笛卡尔等人的思想进行了批评。在此基础上，他主张对花费性的异质性因素网开一面，以满足人对至尊性的追求和实现。

首先，巴塔耶认为黑格尔对劳动即"知"的作用的认识有其合理性，因为正是通过劳动，人才脱离了动物世界进入实践世界，所以对劳动及对"知"的尊崇有其合理性。但是，黑格尔的问题是就此将劳动作为人的唯一属性，而将劳动之外的"诗歌、笑、入迷"等与劳动无关，或者与"知"无关的"非知"排除在外，这就将人的存在贬抑为"知"或者劳动的存在了。"当然，就像别人一样，我的存在是从未知到有知（把未知与有知相对比）。……知绝不会与我自身分开：我就是它，它就是我所是的

---

[1] Stuart Kendall, *Georges Bataille*, p.197.
[2] Georges Bataille, "Nonknowledge and Rebellion", *The Unfinished System of Nonknowledge*, p.129.

存在。但这种存在是不可还原的：这种还原需要知成为存在的目标，而不是存在成为知的目标。"[1] 巴塔耶认为黑格尔的问题就在于此，他将人与"知"或劳动画等号，把"人的完成"视作对知识或劳动的完全认同，所以巴塔耶不无讽刺地说，黑格尔本人就有可能只是劳动和"知"。但实际上，人却不是"知"或"劳动"所能完全化约的，因为诗歌、笑、入迷、虚无这些东西总是存在，并且常常会不期而至地出现，让人在瞬间滑向"非知"。显然，"知成为存在的目标"是不可能的。

其次，如前所述，巴塔耶也对笛卡尔的理性思想进行了批评。因为笛卡尔的理性的"筹划"所带来的并非全然是快乐，因为，一旦"筹划"变为现实，其结果便不再令人满足，而只会让人觉得索然寡味。但是，这只是问题的一个方面，更重要的是，巴塔耶认为人们在发扬笛卡尔理性的光芒的同时，却忽视了笛卡尔的思想中所葆有的真正的最有价值的东西，"笛卡尔的直觉建立了推论性知识。而很可能随着推论性知识的确立，由笛卡尔的筹划所创作的'普遍科学'，加上如今它占据了那么多的位置，就会忽视起初发现它的直觉（它自己正想要，如果可能，避免成为超过它所不是的存在）"[2]。而这种"直觉"恰是非理性的。也就是说，即使是理性的笛卡尔，也一样曾经沉浸于或离不开非理性。巴塔耶对这一点的刻意强调，正是出于他对"非知"的推崇，因为"非知"就是非理性，就是"直觉"。这也正是他所发现的人重新恢复为人以获得至尊性的道路，那就是对"非知"的渴望。

---

[1] Georges Bataille, "Hegel", *L'Expérience intérieure*, 2012, p.129.
[2] Georges Bataille, "Descartes", *L'Expérience intérieure*, 2012, p.124.

第五章　巴塔耶及其他:启蒙、罗兰·巴特与鲍德里亚

在由生产导向所支配的同质性社会中,也一样有不可规约的行为,巴塔耶认为"花费"即为其中最主要的形式。花费是非生产性的消费,其目的并不是增殖和取得回报,而是有意的损耗、无条件的消费。花费有各种各样的表现,如"奢侈、哀悼、战争、崇拜、纪念碑式的建筑、竞赛、景观、艺术、反常的性活动(也就是说,离开了生殖的目标)"[1]。这些活动的取向都与生产导向相反,同时也是同质性的社会所无法规约的。巴塔耶以此为标准,把社会中具有花费性质的人的行为与事物都归于社会的"异质性"因素:

> 确切地说,在构成宗教或巫术的共同领域的圣性事物之外,异质的世界包括了非生产性的花费的所有的结果(圣性事物自身形成了这个整体的一部分)。这等于说:同质社会抛弃的所有的东西,或者是作为废物,或者是作为超验的至高的价值。这些东西有人的身体的排泄物和某种类似的物质(污秽、寄生虫等);身体的各部分;带有暗示性的色情含义的人、字词或行为;各种各样的无意识的过程,如梦和神经症;同质社会不能吸收的大量的社会形式或要素:人群,军人,贵族和贫苦的阶层,不同类型的暴力个体或者至少所有的那些拒绝规则的人(疯子、带头大哥、诗人,等等)。[2]

而这些"要素"或曰这些花费,既无法被同质性的社会所吸

---

[1] Georges Bataille,"La notion de dépense", *La part maudite*, p.28.

[2] Georges Bataille, *La Structure psychologique du fascisme*, *Œuvres complètes*, Tome 1, 1970, p.346.

纳，纳入生产的轨道以赋予其意义，更与理性的"知"的"筹划"相悖，但它们可以以此摆脱生产性的同质社会的奴役，从对未来的期许中回到当下，走向"非知"状态，即获得被生产性的同质社会所窒息和绞杀的至尊性。因此，巴塔耶对这些异质性因素不仅不持反对态度，相反将其作为一种重拾至尊性的"机会"来称赞。他认为只要我们放弃眼前这个实践世界，就会与另一个更强大也是更本质的世界亲近起来，"每次我们放弃求知的意志，我们就会有触及更大强度的世界的可能性"。[1]而那个"更大强度的世界"就是圣性的世界，至尊性的世界。它是人对那个曾经的"动物世界"的强势复归，也是对人们不得不存身于其中的生产性的同质社会——"世俗世界"——的控诉。他所向往的就是用"非知"来反抗"知"，以挽回在"知"中丧失已久的真正的"人性"，彰显人对神性或奇迹的向往。这是巴塔耶所强调以"笑"为标志的"非知"的意义，这是"令人心碎的笑"——巴塔耶的笑声是一种在筹划的、工作的主人哲学中的爆发。从未知到可知，它的运动是朝向屈从于绝对知识的科学。巴塔耶笑了。（这笑声的）目标是至尊性，是从理性话语的呆滞的言辞中解放出来并沉浸于"非知"之夜。[2]

四 总 结

综上可知，巴塔耶对启蒙的认知和批判并非"无理取闹"，

---

[1] Georges Bataille,"The Consequences of Nonknowledge", *The Unfinished System of Nonknowledge*, p.115.
[2] Michele H. Richman, *Reading Georges Bataille: Beyond the Gift*, p.67.

第五章 巴塔耶及其他:启蒙、罗兰·巴特与鲍德里亚

而是有其理论的必然。美国学者道格拉斯·凯尔纳在《后现代理论:批判性的质疑》一书中就对巴塔耶此举给出了中肯的评价,"巴塔耶对启蒙理性和西方文化的现实原则的攻击,也深刻地影响了福柯。巴塔耶拥护那些能够颠覆和扰乱工具理性及资产阶级文化规范的异质性领域,以及宗教热忱、性事和'迷狂经验'所具有的那种狂乱的、爆炸性的力量。与理性主义的政治经济学观点和哲学观点相反,巴塔耶试图超越功利主义生产与需要,颂扬一种将消费、浪费和挥霍视为解放之途的'一般经济学'。巴塔耶对自主的哲学主体的猛烈攻击以及对逾越性经验的拥护,深刻地影响了福柯和其他后现代理论家。在其所有著作中,福柯对荷尔德林、阿尔托及其他那些敢于颠覆现代理性之霸权与规范的人物均给予了肯定,而且他经常对疯子、罪犯、唯美主义者及各种类型的边缘人抱以同情"[1]。而从巴塔耶对福柯等人的影响上,也可看出他的理论所具有的合理性。虽然他的观点还是受到更多的人批判,但他对启蒙的思考给人打开了理解启蒙的另一个向度。福柯在《什么是启蒙?》中对此亦有很好的概括,"批判,就是分析界限并且反思它。但是,如果康德的问题在于去知道知识应该放弃逾越的界限,在我看来,今天,批判的问题应该回到肯定性的问题:在我们被给予的如普遍、必然、义务之中,什么是独特的、偶然的和受制于任意限制的部分。总之,这就是把在必然的界限的形式中实施的批判转向可能的逾越的实践形式的批判"[2]。而福柯描述或期待的正是巴塔耶所做的工作,他越过了

---

[1] 道格拉斯·凯尔纳、斯蒂文·贝斯特:《后现代理论:批判性的质疑》,张志斌译,北京:中央编译出版社,2001年,第46页。

[2] Michel Foucault,"Qu'est-ce que les Lumières?", *Dits et écrits*, Tome Ⅲ, Paris: Gallimard, 1994, p.574.

康德没有逾越的"知"的界限，向前更进了一步，触及了"非知"的领域，同时，在逾越之后又回过头来对"知"进行了更为深入的思考。巴塔耶对启蒙及理性的思考也深深地影响了福柯。后者所提出的"康德之后启蒙该怎么办"的问题其实巴塔耶已经提出，而且他也已经做出了自己的解答。

当然，巴塔耶对启蒙的批判也并不会让康德难过，因为这正是康德所乐意看到的启蒙的结果。他曾言，"现代尤为批判之时代，一切事物皆须受批判"[1]。在此，他指的是所有的事物都得接受理性的考验，而巴塔耶对启蒙所做的思考和批判使他的这一断语成为事实。从这个角度看，巴塔耶在批评康德的"敢于求知"的同时，也受惠于康德的此一思想，他所解决的不过是理性自身的烦恼而已。

---

[1] 康德：《纯粹理性批判》，蓝公武译，北京：商务印书馆，1960年，第4页。

第二节
是罗兰·巴特,还是巴塔耶·巴特?

1975年,巴特在《罗兰·巴特自述》的"阶段"一节中根据"互文文本"(intertexte,或译关联文本、文本间性)、"类别"与"作品"三个因素把自己的思想发展和写作历程做了划分,即"社会神话学"、"符号学"、"文本性"与"道德观"四个阶段。而《文本的快乐》(Le Plaisir du texte,1973)与《罗兰·巴特自述》就是第四个阶段的"作品",其"类别"则为对"道德观"的研究,如同尼采在《道德谱系学》等书中所言的道德并非常人眼中的道德一样,巴特亦直言自己的这个"道德观甚至应该被理解为道德规范的反义词",他指出,"这是处在言语活动状态的躯体(corps)的思想"。但对于"互文文本"和"作品"的关系,他有意模糊其间的联系,"关联文本不一定是一种影响领域;它更是外在形象、隐喻、思想词语的一种音乐;它是如同美人鱼那样的能指"[1]。

巴特在此把"互文文本"比作"美人鱼"(sirène,即海妖塞壬),是因为"美人鱼"的能指是滑动的,它既是"美人",又是"鱼",但实际上是同一种东西,又让人觉得似是而非。换句话

---

[1] 罗兰·巴特:《阶段》,见《罗兰·巴特自述》,怀宇译,天津:百花文艺出版社,2001年,第124页。

说,他所谓的"互文文本"与"作品"之间的关系有时并没有直接的对应关系。不过,既然尼采被巴特列为"互文文本",那可否说《文本的快乐》的"美人鱼"是尼采呢?从表面上看,似乎也是尼采。在这本书里,巴特的确也提起过尼采,但我认为他并不是那条"美人鱼"。因为,巴特虽然把尼采作为这个阶段的互文文本的对象,却把他的名字放在了括号里,即"(尼采)",而非像之前提到别的互文文本时直书其名,如"文本性"阶段互文对象是索莱尔斯、克里斯蒂娃、德里达、拉康等,这更增加了其不确定性。巴特在这本书里与其说是和尼采对话,不如说他是在对巴塔耶的幽灵倾诉。不夸张地说,在他编织的这个文本中,巴塔耶是其中最为醒目的"纹理"。而且,有意思的是,巴塔耶本人也可以说是一条"美人鱼",他是尼采的狂热信徒,其思想也深受尼采的影响,可他却又不是尼采。因此,巴特在与巴塔耶这条"美人鱼"对话的同时也完成了与尼采的对话。而巴特与尼采的对话并不始于《文本的快乐》,作为巴塔耶的读者,他曾为其《眼睛的故事》写过评论《眼睛的隐喻》(1963),他的名作《S/Z》(1970)之所以选择巴尔扎克的《萨拉辛》作为分析对象,也与巴塔耶的启示有关[1],之后他在《文本的出口》(1973)一文中通过对巴塔耶《大脚趾》的分析,不仅探讨了巴塔耶和尼采的关系,还对巴塔耶的思想进行了比较系统的研究。他也从不讳言巴塔耶对自己的影响,他在《自述》的"阶段"前一节"巴塔耶,恐惧"中说:

---

[1] 罗兰·巴特:《萨拉辛》,见《S/Z》,屠友祥译,上海:上海人民出版社,2000年,第78页。

第五章　巴塔耶及其他:启蒙、罗兰•巴特与鲍德里亚

> 总之,巴塔耶与我没什么关系:我该用笑,用崇拜,用诗,用暴力来做什么呢? 我要用"圣性""不可能"来说些什么呢?
> 然而,我只要把所有这些语言(陌生的)与我身上可称为恐惧的一种局促不安叠合在一起,巴塔耶就足可重新获得我。那么,他所写的这一切,也都可以描述我:它很贴切。[1]

这段不无矛盾的话是巴特在完成《文本的快乐》两年后写下的,"笑""崇拜""诗""暴力",这些都是巴塔耶理论的关键词,"圣性"与"不可能",特别是"圣性",更是巴塔耶思想的核心概念。巴特本不认为自己的思想与其有关,但是当他把巴塔耶那些似乎有点"陌生"的"语言"与自己所感受到的那种"局促不安"联系起来时,他却忽然意识到,巴塔耶的写作所要表达的正是自己所感受到的"恐惧"。而在《文本的快乐》的题记里,他特地引用了霍布斯的一句话:"我唯一的激情就是恐惧",也突出了他对"恐惧"的重视。这也给了我们以巴塔耶的眼光重新审视该书的理由。

一　作家的"过剩"

1967年,巴特发表了《作家之死》(英文版于1967年发表)。犹如尼采宣称"上帝死了"一样,他也宣称那个作为上帝化身创造出作品并赋予其以意义的大写的"作家"已经死亡,取而代之的是小写的"抄写员",作家创世般的写作也变成了抄写

---

[1] Roland Barthes, *Par Roland Barthes*, *Œuvres complètes*, Tome 4, Paris: Seuil, 2002, p.718.

员从业已存在的由无数文本构成的巨大的词典中寻章摘句的不起眼的行为。可巴特把作家赶下神坛后却又用给予写作以未来的名义把读者捧上了神坛,用他的话来说,就是"读者的诞生不得不以作家的死亡为代价"。[1]巴特让读者把作品"文本化"并赋予其意义,而他也因此名声大噪。但在《文本的快乐》中,巴特却又让本已死去的作家"复活",并赋予作家与文本以更为深沉的意义,而这种意义的来源就是巴塔耶的思想。这点在巴特于《文本的快乐》的"交换"中提出的一连串问题里体现得最为充分:

> 为什么在一个文本中,整个的就是一场词语的盛宴呢?语言的奢侈是过剩的财富、无用的花费、无条件的损耗吗?一部快乐的伟大的作品(例如普鲁斯特的作品)也具有与埃及的金字塔相同性质的经济学吗?今天的作家是乞丐、修道士与和尚的残余的替代品吗?他们都是非生产性的,却被供养。与佛教的僧尼相似,文学的社团不管它提出什么样的借口,也还是由商业社会赡养的,这不是为了作家所生产的东西(他什么也不生产),而是为了他所消耗的东西吗?过剩,却绝非无用?[2]

如果把这段话从《文本的快乐》中抽取出来,它无疑更像是巴塔耶的而不是巴特的文字。这段话虽然只有寥寥数语,但浓缩了巴塔耶提出的"花费"及其后完善的"普遍经济学"的基本思想,由此也可看出巴特对巴塔耶的思想的熟稔。而我觉得,最有

1　Roland Barthes, *La Mort de l'auteur*, *Œuvres complètes*, Tome 3, Paris: Seuil, 2002, p.45.
2　Roland Barthes, *Le Plaisir du texte*, Paris: Seuil, 1973, p.40.

第五章 巴塔耶及其他:启蒙、罗兰·巴特与鲍德里亚

资格回答巴特这几个问题的人也只有巴塔耶,因为巴特以反问语气所表达的对文本和作家的看法其实就是对他的相关思想的具体运用。在普遍经济学中,巴塔耶认为在一个有机体或系统中总是存在着比维持系统正常运行所需的能量更多的能量,即总是存在着某种"过剩"。它最初可用于有机体或系统的增长,但在遇到增长的极限后,则会在压力之下想方设法进行"扩展",继之则会"浪费或奢侈"。而后者就是巴塔耶所说的"花费",即用于非生产性的消费,它遵循"损耗原则","也就是说无条件花费的原则"[1],把那些"过剩"不计回报地"损耗"掉。所以,在巴塔耶看来,埃及的金字塔就是一种花费,因为金字塔是"无用的"或者不能带来物质回报的,本质上它也是一种吸收"过剩"的方法。与此类似的还有人的献祭、崇拜、景观、艺术、不以生殖为目标的性活动、建筑豪华的宫殿和高耸的教堂、举办大型的竞赛,乃至发动战争等。

巴特在这里把文本看作一种"词语的盛宴"或"语言的奢侈",显然是受了巴塔耶思想的启发。因为根据他的普遍经济学的理论推理,相对于我们日常生活所需,我们的语言总是处在"过剩"的状态,如果不能及时把其消耗掉,则会导致我们个人生活乃至社会系统的紊乱或崩溃,因此这部分"过剩"的语言必须予以"无条件"的"损耗",即不得不花费掉。并且,对这种"过剩"的语言的消耗不能以获得某种实际的功效为目的,故它必须是"无用"的和非功利性的。文学则充当了吸收这一"过剩"的金字塔,因此,它也可谓是一种语言的"损耗"。正是有

---

[1] Georges Bataille, "La Notion de dépense", *La Part maudite*, 1967, p.28.

了巴塔耶的这个理论作为前提，巴特才会认为普鲁斯特的作品的性质与建造金字塔的经济学的原理是一样的。而普鲁斯特的《追忆似水年华》也确实堪称一部文学的金字塔，作为一部小说，它的冗长或所消耗的"词语"（或语言）的数量直至今日仍让人叹为观止，以至于其同时代的作家法朗士说出了"人生太短，普鲁斯特太长"的名言。当然，巴特的这种思考也给我们提供了一个理解当下文学衰落问题的新角度，虽然文学在历史上是花费我们语言"过剩"的主要工具，但随着技术的进步，吸收我们语言"过剩"的手段也开始多样化、迅捷化和即刻化，已不再由文学独力承担。特别是近年来由于电脑及互联网的普及，社交网站的兴起，如微博和微信的繁荣，使得人们对"过剩"的语言的花费变得更加个人化和便利化，文学这种"古典"的花费形式因其固有的局限性，如不够便利且花费的"速度"过慢等，自然不可避免地被大家冷落了。

正是鉴于文学所具有的这种花费语言"过剩"的功能，巴特也对作家有了新的认识。他把作家看成过去的乞丐、修道士与和尚的替代品，把文学的社团也看作与佛教的僧尼一样需要被供养的群体。因为他们具有共同性，即只消费而不生产，对于以生产为主的社会来说，他们其实就是一种"过剩"。虽然作家创作文学作品，可其却是非生产性的，并不直接创造物质的回报。这与巴塔耶的"异质性"思想是一致的，他认为社会是以生产为基础构成的"同质性"的社会，而异质性就是这个同质性社会无法吸收的因素，"确切地说，除了构成宗教或巫术的公共领域的圣性的事物之外，圣性的世界包括了非生产性花费的结果的集合（圣

第五章　巴塔耶及其他：启蒙、罗兰·巴特与鲍德里亚

性的事物自身也形成了这个集合的一部分）"[1]。这其中就有僧侣、乞丐、贵族、战士、诗人、疯子等，这些人以自身的"过剩"或"无用"损耗了我们这个社会的某种"过剩"。巴特认为对作家们来说，他们除了以自身的存在损耗社会的过剩之外，还有个重要的"无用之用"，那就是对我们"语言"的过剩进行损耗，因而他们也具有了更加深远的存在的价值，不再像过去那样只是微不足道的文本的制作人或抄写员。而巴特进一步强调文本存在的意义也在于此，"这正是作为一种夸富宴的文本的无用之用"[2]。夸富宴也是巴塔耶用来阐述自己的花费和普遍经济学思想的最重要的例子，与最早从"礼物"的角度来考察北美印第安人在冬季举办的带有炫耀和浪费性质的夸富宴的莫斯不同，巴塔耶更重视其消耗过剩财富的功能，把它当成古代社会的一种重要的花费形式。巴特也正是从这个角度出发把文本比作夸富宴的，因为人们在夸富宴中，肆意挥霍自己过剩的财富，与大家在文本中尽情耗费自己过剩的语言性质是一样的。巴特还指出，现代性或现代社会虽然竭力想中断文本的这种"无用"与"有用"之间的"交换"，但最终却对此无能为力，这恰好证明了他的这个观点的正确性，而文本也在这种"集体经济学"中重新找到了自己的位置，作家也因之得以"复活"。显然，巴特的"集体经济学"就是巴塔耶的普遍经济学在文学世界的翻版。

1　Georges Bataille, *La Structure psychologique du fascisme*, *Œuvres complètes*, Tome 1, 2007, p.346.
2　Roland Barthes, *Le Plaisir du texte*, p.40.

二 文本的"身体性"与"色情化"

对于"文本"的讨论,巴特在这本书中的一句话已成为名言:"文本的意思是织物"。[1] 但同时,巴特又批评了那种把文本当成一个业已完成的"产品"或"面纱",并认为在其背后有着某种"意义(真理)"的传统的做法,他强调应以"生成的观念"来看待文本这种织物。而写作的"主体"犹如蜘蛛,在吐丝缀网之后,自己也"损耗"在蛛网深处,从而不能赋予或失去了赋予文本以"意义(真理)"的可能。据我看来,巴特的这个观点实际上只是过去"作家之死"的一种翻版,即文本完成之际,也是作家消失之时。而巴特之所以要指出文本的织物特点,其实是对它所具有的不可分性的强调,因为织物的"纹理"或"结构"是浑然一体的,如果对其条分缕析,织物就会丧失其完整性而不成为其自身。这才是他指出"文本的意思是织物"的重点。

巴特虽然在这里用织物点明了文本的这一不可分析的特性,但他更为中意的则是阿拉伯学者的说法,他们把文本比作"确实的身体"(le corps certain)。[2] 巴特对此说赞赏不已,因为"身体"的肉身性质比织物更能表达他对文本的看法,和织物相比,它不仅更不可分,而且还拥有生命,一旦将其分离,它失去的也不仅仅是部分"纹理",更重要的还有其生命,如此一来,文本也就荡然无存。这也是巴特更愿意把文本比作身体的原因。因为他明确指出,文本并不是解剖学和生理学家眼里的身体,也即

---

[1] Roland Barthes, *Le Plaisir du texte*, p.100.
[2] 同上书,p.29。

第五章 巴塔耶及其他:启蒙、罗兰·巴特与鲍德里亚

"科学"的身体,这也是语法学家、批评家等以雕词琢句为业的人眼里的身体,一具机械的可以分解的"身体"。而真正的文本则是一个有机的拥有生命的"确实的身体",它并不是一种纯粹的无生命的"结构",因此它是不可解析的。

有意思的是,巴特在1971年写的《从作品到文本》中,还搬出了巴塔耶来对自己的这个关于文本的看法进行注解。巴特先是借用了拉康对"现实"(réalité)和"真实"(réel)所进行的区分,指出前者是"显示"(montrer)出来的,后者是"证明"(démontrer)出来的。然后,巴特对"作品"和文本也进行了类似的区别,如作品是可以看见的,它存在于图书馆、文件和考试提纲等有形空间的"现实"的"作品",是可以"显示"出来并拿在手上的,而文本是一种"真实"的"话语"(discours),它是通过赞成或反对某种规则的言谈,只能在语言中把握和"证明"。因而,文本具有"穿越性"(la traversée),可以"穿越"很多相同或不同的作品,它是一种所指的延迟和能指的游戏。为了更好地说明这一问题,巴特以巴塔耶写作身份的复杂性和作品体裁的多维性来描述了他心目中的理想的文本:"同样,文本并不止步于(好的)文学;它不可能被容纳在一个有等级的,甚至是一个单维的体裁里。相反(或准确地说),建构文本的是就老的分类而言的颠覆性力量。你如何对乔治·巴塔耶这样的作家分类,小说家、诗人、散文家、经济学家、哲学家、神秘主义者?答案是如此困难,以致文学指南通常选择遗忘巴塔耶,事实上,他写的那些文本也许自始至终就是一个单一且相同的文本。"[1]

---

[1] Roland Barthes, *De L'oeuvre au texte*, *Œuvres complètes*, Tome 3, p.910.

而在巴特看来，不仅巴塔耶的那些门类多样的写作是"单一且相同的文本"或围绕同一个文本展开，他自身也是个"单一且相同的文本"。因为不管他具有多少种可能的身份，他自己却只有一个不可分割的"确实的身体"。在此基础上，巴特又进一步指出，文本这个"确实的身体"并非纯粹的生理性的身体，他在"身体"一节中写道：

> 文本具有一种人的形式吗？它是身体的一个形象或一个易位构词吗？是的，但它是我们的色情的身体。正如身体的快乐不可还原为生理的需求，文本的快乐也不能还原为语法学家眼里的功能（现象文本）。[1]

巴特在这里肯定了文本的身体性，或者其与身体的同一性，更关键的是他在这里还明确了这个身体是"色情"的，并且，他以身体的快乐不仅是生理的快乐为由推导出文本的快乐也不能止于语法学家对文本的功能化认识，即克里斯蒂娃所言的只与文本的语法和语义等表层结构相关的"现象文本"（phéno-textuel），而应更深入地探讨文本超越生理和"现象"的那一面，也就是其所具有的"色情"的性质。而巴特对于身体或文本的这种"色情化"的处理和强调，也与巴塔耶的色情理论相关。不过，巴塔耶对色情的理解比较复杂。他认为，首先，"色情"与"性"有关，但并不等于性，因为人类和动物的性都与繁殖后代直接联系在一起，是生产性的，而他所说的色情则是非生产性的，不以生殖为

---

[1] Roland Barthes, *Le Plaisir du texte*, p.30.

目的,其目的是把身体"过剩"的能量损耗掉,故它是一种花费行为。其次,色情又和性的"禁忌"有关,却是对这种禁忌的一种"越界"。人类的禁忌主要围绕着死亡和性展开,因为死亡和性让人想起自身的与生俱来的同时又始终无法摆脱的"动物性"或兽性,而设法掩盖这一点正是人拥有"人性"的必要的途径,这也是禁忌的意义所在。但人虽然可以通过禁忌暂时摆脱或节制自己的动物性,却无法禁绝自己对"动物性"的回归,这种对人性的否定,对禁忌的越界,就是对圣性的回归。因此,巴塔耶认为,色情是人之所以为人的关键因素,是因为它是"赋予人类生命的活动的基础(基础,乃是最简单的形式)"。[1]

而从巴塔耶的色情理论来看巴特把文本比作"色情的身体"的说法,一方面可看出,巴特突出了文本所具有的"身体性",不管它是"可读的文本"还是"可写的文本",它都是有机的、不可分的、与动物性相关的、充满诱惑的;另一方面也可看出,巴特之所以要把文本"色情化",其目的就是让人通过对文本的花费或越界行为来回归自己的动物性,即圣性。所以,巴特才会说自己谈论文本的快乐是对他的"身体"固有的理念的寻求,而非对"我"的理念的寻求。

三 读者的"乐"与"圣性"的"恐惧"

在《文本的快乐》的第一节"肯定"里,巴特一开始就介绍了培根笔下的"作伪者"对一个事物既不做辩解也不做阐释的做

---

[1] 巴塔耶:《色情史》,第7页。

法。而且，为了说明其从不否认什么的特点，巴特还引用了尼采在《快乐的科学》中所说的自己将矢志做一个"肯定者"的那句话，"我顾左右而言他，往后，这将是我独有的否定方式"[1]。显然，巴特是希望以此来表明自己对于"文本的快乐"的肯定态度或者他自己的相似的写作方式。这也是他试图接近自己的描述对象的一种方式。因为培根在谈到"作伪与掩饰"的坏处时，也谈到了其益处，"因此西班牙人有句成语：'撒一个谎以便发现一件真事。'这是一句很好、很精明的成语。这话的意思犹云，除了作伪并无发现真情之术也"[2]。我认为，这就是巴特引出培根的"作伪者"的原因。当然，这也是他引用尼采的原因，因为尼采的"顾左右而言他"并不是真的为了"否定"，而正是为了让自己成为一名"肯定者"。

简单地说，在本书中，巴特已决意成为一名对"文本的快乐"予以肯定的"肯定者"，但他是通过"作伪者"的那种既不辩解也不阐释的方式来完成的，而这一点最典型的表现在他对文本的"快乐"和"享乐"的论述上，这一对貌似"对立"的概念也是巴特书中最重要的思想。可巴特虽然在文中不时对两者进行描述，却游移不定，含糊其词，并不给出清晰的定义，有时还故意把两者予以混用。而在其后发表的《文本的快乐》的"增补"部分中，他在谈到这两个概念时，甚至说两者的"对立"，"有点儿是愚弄人的东西；我提出某种类似专业用语的小玩意儿，我亲切地提供某类表层材料让人概括，引证：给！给！将你的解读给

---

[1] 罗兰·巴特：《文之悦》，屠友祥译，上海：上海人民出版社，2009年，第2页。
[2] 培根：《培根论说文集》，水天同译，北京：商务印书馆，1983年，第23页。

第五章 巴塔耶及其他:启蒙、罗兰·巴特与鲍德里亚

我,还我"[1]。也就是说,巴特在借这本书讨论文本的快乐时,也希望这本书本身成为犹如"色情的身体"一般的不可分析的文本,同时也是一个让人"快乐"的文本,或他之前所说的"可写的文本"。而对我来说,在文本的快乐和享乐的问题上,从他所给予的"表层材料"中,经过研究之后,可以还给他的依然是透过巴塔耶这副"有色眼镜"看到的东西。

在我看来,巴特对于文本的快乐和享乐的描述,犹如用手中的笔剥去穿在文本这具"色情的身体"上的"织物",而每剥去一层,就更接近他想要表达的思想一步。当然,犹如巴特指出的脱衣舞女在脱去最后那条三角裤迎来色情高峰的同时也让人迎来了一个"恐惧的景观"一样,巴特在把这具穿着各式衣服的文本的"身体"剥光后,也不免让人"恐惧"了一下,因为在那最后一块遮羞布下所掩盖的不是别人,正是巴塔耶。所以,虽然他在文中经常想起或提到巴塔耶,却并没有直接把自己的关于快乐和享乐的看法与巴塔耶的思想画等号,而总是像"絮语"的"恋人"一般吞吞吐吐,欲言又止。现在,就让我们来一层层剥去巴特的"织物",看他是如何欲盖弥彰地谈论巴塔耶的。在"解理"一节,巴特第一次对快乐和享乐做了比较详细的区别,或对其"纹理"进行了"解读":

> 快乐的文本:它是满意的,充满的,是满足感的赠予;它来自文化,且不与其分离,它与一种阅读的舒适的实践捆绑在一起。

---

[1] 罗兰·巴特:《文之悦》,第84页。

> 享乐的文本：它处于损耗的状态，它让人沮丧（也许到了某种烦恼状态），它动摇了读者的心理的、文化的、历史的基础，动摇了他的记忆、价值、趣味的坚定性，它把与语言的关系置于危机之中。[1]

从巴特的这段话里，可以知道文本给人带来快乐也好，享乐也好，都是相对于"阅读"或"读者"说的。概而言之，是针对读者的阅读"实践"来说的，它更多的是读者的一种阅读体验。快乐的阅读或使人快乐的文本，它让人感到的是自我的愉悦和满足，而且，这种快乐与文化有关，或者说还停留在文化之内，自我可以把握和理解。但享乐的阅读或使人享乐的文本，它让人感到的是自我的烦恼不安，以及自我的"损耗"或"丧失"，它让读者已有的一切与文化相关的"基础"受到震动，包括与语言的关系。从而使人不再受所谓的"真理"——不管是资本主义的小资产阶级文化还是受马克思影响的左翼文化——的束缚。而巴特在此所说的享乐的体验，与巴塔耶所说的对"圣性"的体验如出一辙。巴塔耶认为，"圣性"与"献祭"有关，献祭就是"圣性事物的生产"[2]，它把某些事物从追求有用性的"世俗世界"中抽取出来，通过有意的"损耗"，让其获得圣性，从而瞬间回到"圣性世界"之中。而在这个所谓的圣性世界里，主客体的界限忽然消失不见，只剩下一种"神意感应的状态"，它既让人感到痛苦，也让人感到欣喜若狂，它是笑和醉，也是迷失和恐惧，但是难以言传，同时也超出了文化可以知解的范围。这就是巴塔耶

---

[1] Roland Barthes, *Le Plaisir du texte*, p.26.
[2] Georges Bataille, "La notion de dépense", *La Part maudite*, 1967, p.29.

第五章　巴塔耶及其他:启蒙、罗兰·巴特与鲍德里亚

所谓的"内在经验",它超越了日常生活的理性算计和清明的文化的藩篱,进入一种"非知"状态,从而获得了一种"总体性"或"至尊性"。这也是巴特把享乐置于"损耗状态"的原因,其实,这就是巴塔耶的"圣性"的状态。但与快乐给人带来的欣快状态不同,在享乐的这种状态中,痛苦与快乐是交织为一的,它让现成的一切都不再有坚实的基础,因而让人觉得"沮丧"和"烦恼"。当然,巴特更愿意用恐惧来描述这种体验,如前文所述,他不仅在本书中援引了霍布斯的"我唯一的激情就是恐惧"作为题记,还在"恐惧"一节中,指出恐惧和享乐二者是"接近的",甚至不无"同一性"。与享乐类似,恐惧也是不可言喻的。而事实上,巴塔耶也对霍布斯的恐惧情有独钟,但是,他把"恐惧"看作"圣性"的一种非常重要的特征,更多的指的是一种献祭状态下的情感体验,或者是人在面对人身上被理性所压抑的那种"动物性"或"兽性"和死亡的来临时的一种临界的体验。巴塔耶曾以情人间的拥抱来描述这种体验:

> 这个时刻来了,这时我在拥抱中的注意力以我拥抱的人的兽性为目标。于是我充满了恐惧。如果我拥抱的人在这个发生在客体和主体身上的融合中取得了总体性的意义,我就获得了恐惧的经验,没有这种经验的可能性,我就无法体会总体性的活动。在人身上有恐惧:这种恐惧是令人厌恶的兽性,在人的总体性形成的时刻,我发现了这种兽性的存在。但是我感到的恐惧离我并不遥远,感到的厌恶也不令我恶心。我甚至可以更加天真地想象,更进一步,我还可以宣称,这种恐惧,这种厌恶,我不曾体验到。但相反,我可以对此充满渴望;

非但没有回避,我还可以坚决地尽情体验这种令我更加痛苦的恐惧,这种变成享乐的厌恶。[1]

这也是巴特在《自述》中谈到巴塔耶时把"巴塔耶,恐惧"作为标题的原因。其实,巴特对恐惧的理解也在很大程度上来自巴塔耶,在"恐惧"一节,他这样写道:

"我写作是为了不成为疯子",巴塔耶说这句话的意思是,他写作疯狂;但是他可以说:"我是为了不恐惧而写作吗?"谁可以描写恐惧呢(这并不意味着讲述恐惧)? 恐惧不追逐,也不限制和完成写作:通过这种矛盾的最大的顽固性,二者的共存-分离合一了。[2]

巴特借助巴塔耶对写作和疯狂的论述指出恐惧与写作的关系,即写作其实就是写作"疯狂",或者说写作恐惧,它也是一种对恐惧的体验和享乐。霍布斯的恐惧本质上是人对无法自我保全的恐惧,即对死亡的恐惧,而霍布斯更是把恐惧作为人的存在的一种本真状态,上升到了本体论高度,故言"可以指靠的激情是畏惧"。[3] 巴特认为巴塔耶成功地把这种恐惧转化成了一种写作或文本所要传达的经验,这也是他觉得巴塔耶的写作与自己所感到的那种"局促不安"的恐惧相吻合的原因,所以,巴特才会由衷认为巴塔耶"他所写的一切都可以描述我"。

---

[1] 巴塔耶:《色情史》,第98页。
[2] Roland Barthes, *Le Plaisir du texte*, p.78.
[3] 霍布斯:《利维坦》,黎思复等译,北京:商务印书馆,1986年,第107页。

第五章　巴塔耶及其他:启蒙、罗兰·巴特与鲍德里亚

而巴特对快乐和享乐的描述也很容易让人联想起尼采的日神精神与酒神精神。快乐与日神精神接近,它是欣快的,可以理解的,是理性的;而享乐则更多地与酒神精神有关,它是醉的,迷狂的,非理性的。这两者虽有差别,却并非截然对立,而是相互转化和共生,是同一种生命本能或精神状态的两种类型。巴特认为快乐和享乐的概念也同样如此,它们有时对立,有时却可转化,后者可以看成前者的强化,而前者也可看作后者的削弱,而巴特之所以要将用快乐和享乐两个不同的词来表示,是因为"法语里没有可以同时涵盖快乐(满意,le contentement)和享乐(晕厥,l'évanouissement)的词"[1]。不过,在法文里让巴特感到棘手的问题,在中文里却可以较好地得以解决,那就是"乐"这个词,它既可以表示让人"满意"的快乐,也可以表示让人"晕厥"的享乐,同时它也可以表达一般性的乐与具体的乐。巴特之所以在这里如此细致地探讨"乐"的语言表达问题,是因为他想把语言作为区分快乐和享乐的一个界限。在"表述"这节中,巴特还特别从精神分析的角度探讨了这两者与语言的关系的区别,快乐是可以"表达"的,享乐是"不可表达"的,是在"言说之间"的。他还引用了拉康的观点,"即享乐在言说者中是被禁言的,或者像这样,它只能在字里行间被表述"[2]。并且,他还引用了莱克莱尔的相似的说法,享乐会使所有的文字和可能的表述消散。巴特借拉康和西格·莱克莱尔的话所要强调的就是语言对快乐和享乐的区分作用。与快乐仍可用语言表达,或存在于语言的界限内不同,享乐则是对语言的"超越",它无法用语言表达,只能存在于语言的界限之外,只能在"言说之间"

---

[1] Roland Barthes, *Le Plaisir du texte*, p.33.
[2] 同上书, p.36。

或"字里行间"捕捉到其身影。而这就是巴塔耶所说的越界,它是对现有的"人性"的否定和对动物性的向往,是一种圣性,它同时也是对未知边界的探索,是一种超越可能的"不可能"。巴特把享乐作为一种对语言的超越,也是对现有文化和社会性的超越,所要表述的就是这样一种越界的状态。

四 总 结

综上所述,可见巴特在《文本的快乐》中借助巴塔耶的思想,以文本为中心,重新审视了之前自己关于作家和读者的看法,对其间的关系做出了新的评价和阐释。他首先让已经"死去"的作家"复活",赋予其对文本乃至社会的新的意义,即作为一种"过剩"所具有的"无用之用":生产文本以对过剩的语言进行损耗。其次,他又指出了文本的"身体性",特别是将其予以"色情化",以对其所具有的诱惑性或禁忌进行探讨。再次,他强调文本的快乐和享乐所带给人的"圣性"的"恐惧",以描述阅读文本这一行为所含有的越界色彩。而这些都是他与巴塔耶这条"美人鱼"对话的结果:

> 在我们的语言中仍然有太多的英雄气概;最突出的——我想到了巴塔耶的语言——是某种表达的亢奋和归根结底的某种潜伏的英雄气概。文本的快乐(文本的享乐)却是相反的,就像作战勇气的突然抹消,作家的笔尖的短暂脱落,(勇敢的)心的停跳。[1]

---

[1] Roland Barthes, *Le Plaisir du texte*, p.50.

从这段话可以看出，巴特似乎是以否定巴塔耶的面目出现的，但他否定的只是巴塔耶的语言或表达，而不是他在其中所展示的思想。巴特在此描述了文本的快乐或享乐带给人的一种让认识突然"暂停"或"悬置"的感觉，而且他认为文本的"乐"是一种"真正的悬置"。但他这样做并不是为了证明其所具有的现象学的认识功能，而是为了向巴塔耶的思想靠拢，因为巴塔耶的笑、醉、不可能，所描述的就是这种"暂停"或"悬置"状态。如在笑中，人的思维与判断突然被中止，由知坠入了非知，由可能踏入了不可能等。故巴特指出文本的"乐"会让一个战士的作战勇气忽然丧失，作家的写作能力短暂消失，甚至还会让一直在跳动的心一下子停跳。而"乐"也就是在把所有已经承认的价值予以"冻结"后，得以把文本的"所指价值"转化为无所指的"能指的奢华的地位"[1]，以此让读者或阅读获得一种"圣性"的体验。所以，巴特才会如此推崇文本的"乐"，"因为它是非定位的"，是一种"漂移"，或者是"中性的事物"[2]，即一种无所指的状态。这就是巴特所说的文本的"乐"的"悬置之力"。

而巴塔耶就是在《文本的快乐》中给巴特带来"悬置之力"的人，正是与巴塔耶的对话，才使他得以对文本的"乐"进行描述和把握。因此，在巴特的这本书里，巴塔耶的影子可谓无所不在，我认为，就是因为巴塔耶这个男性的阿里阿德涅的存在，才使得巴特这本由"断片"组成的享乐的迷宫有了一个可以追寻的线索，才不至于让我们迷失其间。

---

[1] Roland Barthes, *Le Plaisir du texte*, p.103.
[2] 同上书，p.39。

第三节
鲍德里亚的大写的"花费"

对于鲍德里亚（1929—2007）来说，巴塔耶的思想对他早期有关"消费社会"的理论的形成起了关键性的影响，这一点不仅表现在他在早期的代表性著作如《物体系》（*Le Système des objets：la consommation des signes*，1968）、《消费社会》（*La Société de consommation*，1970）、《符号政治经济学批判》（*Pour une critique de l'économie politique du signe*，1972）等书中频繁征引巴塔耶的著作来阐述和证明自己的观点，还表现在他在具体理论中对巴塔耶思想的吸收和改造。如他的"物/消费"（objet/consommation）理论，就深度吸取了巴塔耶对莫斯的"礼物"进行改写后所形成的"礼物/花费"（don/dépense）的思想，而不是像他所表述的那样是直接吸取了莫斯的相关观点的结果。他不仅提出了"物/礼物"（objet/don）与"消费/花费"（consommation/dépense）之间的对应关系，还借鉴"礼物"在建构原始社会组织中所起的作用，把"物"放在现代社会的建构中来予以考察，试图将其作为现代社会的"礼物"来处理，所以，他在《物体系》的开篇就强调了自己对于"物"的特别的态度，"我们分析的对象不是只以功能决定的物品，也不是为分析之便而进行分类之物，而是人类究竟透过何种程序和物产生关联，以

第五章 巴塔耶及其他:启蒙、罗兰·巴特与鲍德里亚

及由此而来的人的行为及人际关系系统"[1]。他对"消费"的定义同样也是通过在与巴塔耶的"花费"概念的对比和易容中谨慎地完成的。

而鲍德里亚在《消费社会》里同样对巴塔耶的思想紧追不舍,加拿大学者理查德·J.莱恩(Richard J. Lane)对此指出,"鲍德里亚认为巴塔耶是一个能够超越黑格尔和马克思的思想家……之后,我们将看到鲍德里亚是如何在《消费社会》中使用了'耗费'或'浪费'(waste; dépense)的概念,以及夸富宴是如何与'象征交换'的观念相联系的"[2]。的确,鲍德里亚在论述自己的这些观点时,有很多都是在与巴塔耶相关思想的对话与辩驳中形成的。因此,巴塔耶是鲍德里亚批判现代资本主义社会的思想的起点,甚至可以说,没有巴塔耶就没有鲍德里亚。当然,这其中并不排除他的老师列斐伏尔、罗兰·巴特等人对他的影响。而巴塔耶对鲍德里亚的影响最重要的就是他的"花费"以及建立在此基础上的"普遍经济学"的思想,这主要表现在鲍德里亚对"花费"所进行的四个方面的"大写"上:首先是他对"浪费"的正名;其次是他对现代的"浪费"即"消费"的认识;再次就是他对花费所做的"符号价值"及"象征价值"的转换;最后则是他以此为基础把巴塔耶的"普遍经济学"改写为自己的"普遍政治经济学"或"符号经济学"。

---

1 尚·布希亚:《物体系》,林志明译,上海:上海人民出版社,2001年,第2页。
2 理查德·J.莱恩:《导读鲍德里亚》,柏愔等译,重庆:重庆大学出版社,2016年,第16页。

一 "浪费"与"花费"

对鲍德里亚来说，他所受到巴塔耶"花费"的思想的一个最为根本的影响，就是对"浪费"（gaspillage）的重新认识和对其价值所做的"重新评估"，像巴塔耶一样，他不仅不把财富或资源的浪费看作一种负面的现象，反过来还把浪费视作人之为人的最重要的品质，以及人类社会得以运作的最重要的积极性的因素。

因为长期以来，人们都把对物资的浪费视作灾难，认为这是非理性的行为，并且在道德上视作邪恶之举。鲍德里亚对此予以了精到的概括："简而言之，浪费始终被视为一种疯狂、精神错乱、本能的官能障碍，因为它使得人们焚毁储备物资，并通过非理性之举殃及生存条件。"[1] 而之所以人们会有对浪费的鄙弃，是因为对资源的保有其实就是对人的"生存条件"的有效保障，也是人珍视自身生命的表现。如人们在日常生活中过分奢侈，衣饰过于奢华，饮食讲究排场，驾驶排气量大的豪车，居住在面积惊人的豪宅等；企业的过量生产所导致的产品的积压和倾销，甚至最终不得不主动销毁，如很多世界奢侈品时尚品牌经常把生产的过季的崭新的服饰、香水、手表等回购焚毁，以维持品牌的高端形象，这些都是浪费的表现。

巴塔耶颠覆了人们对浪费的习惯性的认知。他认为，这只是一种"物质有用性原则"，即"有用性"的原则，涉及物资的保

---

[1] 让·波德里亚：《消费社会》，刘成富、全志钢译，南京：南京大学出版社，2001年，第25页。

第五章　巴塔耶及其他：启蒙、罗兰·巴特与鲍德里亚

存和与此密切相关的人类生命的保存及延续，但这只是人类活动的一个方面，也就是生产的方面，人类活动还有另外一个方面，那就是所谓的"非生产性的花费"，如奢侈、战争、宗教仪式、豪华的纪念碑、游戏、景观等，其所遵循的却是"丧失原则"。它是一种"无条件的花费"，也就是说，这种"花费"对资源的浪费，既是必需的、不得不如此的，也是不求回报的、是注定要"丧失"的。[1]例如国家节庆日时的游行、阅兵等仪式，与之相伴的燃放烟花等，可在瞬间将巨额金钱消耗殆尽；还有埃及的金字塔、我国的秦始皇陵等帝王陵墓的建造等，以及现代的奥运会、世界杯足球赛等，都消耗大量的财富，却没有物质的回报或并不是为了追求物质的回报。也就是说，花钱做这些事情本来就不是为了赚钱，就是准备"丧失"掉这笔钱。

不过，在这种"丧失"的背后，却有着更深一层的社会价值存在，巴塔耶借鉴了莫斯在《礼物》里对北美印第安人部落的"夸富宴"的研究所得出的结论，那就是夸富宴作为一种部落间交换的"礼物"，在表面无偿给出自己的财富的同时，却获得了"高贵、荣誉、等级制中的位置"。[2]而鲍德里亚接受了巴塔耶的有关花费的观点，对浪费进行了肯定。他认为人们即使在物质"稀有"（la rareté）时代，也会浪费，不管是尚处于原始社会的印第安人的夸富宴，还是封建的贵族阶级的奢侈等，在表面的"非理性"的后面都有其不为人知的"合理性"的一面。"但浪费远远不是非理性的残渣。它具有积极的作用，在高级社会的功用性中代替了理性用途，甚至能作为核心功能——花费的增加

1　Georges Bataille,"La Notion de dépense",*La Part maudite*,1967, p.28.
2　同上书,p.34。

（le surcroît de dépense），多余，以及在非功利性仪式中的'没有意义的花费'（dépense pour rien）竟成了价值、差别和意义的生产之地——不仅出现在个人方面，而且出现在社会方面"[1]。

鲍德里亚认为，这种浪费对个人和社会来说，都是必要的，因为人只有在浪费时，"才会感到不仅是生存而且是生活"[2]（se sentent non seulement exister mais vivre）。而对社会来说，浪费的意义就更为重大了，因为对于社会的过剩的财富的"浪费"，不仅可以表现个人的地位，同时更确定着社会的结构。鲍德里亚的观点和巴塔耶相同，所以，他在此直接引用了巴塔耶独创的建立在花费基础上的"耗尽"的概念，即将社会的过剩能量用于非生产性的耗费以维持社会结构平衡的做法，指出建立在浪费意义上的消费最后常可以发展成为对社会财富的"耗尽"，即对社会维持生存之外的过剩能量进行肆意的挥霍与毁坏，如北美的印第安人的"夸富宴"一样，通过竞争性的对所拥有的物质财富的毁坏殆尽来"巩固社会组织"[3]（sceller l'organisation sociale）。即这样的浪费或者"耗尽"有着某种无目的的合目的性，那就是此举可以使得过剩的社会财富即超过社会系统容纳的能量不至于得不到及时的释放而引发社会结构的崩溃，这就是鲍德里亚之所以像巴塔耶那样肯定浪费的更深层的意义。

---

[1] 让·波德里亚:《消费社会》，第26页。（译文有改动，参照：Jean Baudrillard, *La Société de consommation*, Paris: Gallimard, 1996, p.49, 将原译文的"支出的增加"修改为"花费的增加"、"仪式中多余的'白花钱'"修改为"在非功利性仪式中的'没有意义的花费'"。改动处括注了法语原文。）

[2] 让·波德里亚:《消费社会》，第25页。

[3] 同上。

二 "消费"与"花费"

如同巴塔耶赋予"花费"一词以特殊含义一样,鲍德里亚也赋予了"消费"一词以特别的用途,那就是将其看作我们这个现代社会,即工业文明的时代特有的一种"浪费"的"形态":

> 消费并不是这种和主动的生产相对的被动的吸收和占有,好像这样我们就可以依据一种天真的行为(及异化)图式来权衡其得失。我们在一开始便必须明白地提出,消费是一种(建立)关系的主动模式(而且这不只是"人"和物品间的关系,也是"人"和集体和世界间的关系),它是一种系统性活动的模式,也是一种全面性的回应,在它之上,建立了我们文化体系的整体。[1]

也就是说"消费"不仅是为了满足人们的"需要",它还有着更为广泛的作用,它与"生产"一样,并非一种"被动的模式",相反,它是一种"主动"的行为,其根本目的是建立自身与他人以及社会的"关系"。鲍德里亚认为,这种独特的消费的产生,是技术进步和工业发达之后产生的"物"的"丰盛"所致。

> 物既非动物也非植物,但是它给人一种大量繁衍与热带

---

[1] 尚·布希亚:《物体系》,第222页。

丛林的感觉。……我们必须尽快如实地把所见到的和所体验的描述出来——千万不要忘记在奢华与丰盛之中,它是人类活动的产物。制约它的不是自然生态规律,而是交换价值规律。[1]

这里的"物"(objet),不仅是指各种物质财富,还有各种服务和各种大众媒体所制造的各种信息,同时,它们也是一种"客体"(objet)的存在,而众多的"物"的堆积,就形成了所谓的"丰盛社会"。为了消解这种工业社会造成的物的丰盛所带来的"危害",消费应运而生。而且,最为关键的是,这种消费,或者说人与物或客体之间的"关系"却是依据"交换价值规律"来确定的,这就是消费的本质,这也是鲍德里亚把这个"丰盛社会"称为"消费社会"的原因。

显然,鲍德里亚所提出的这种现代社会的消费与巴塔耶的花费不同,而其中最为本质的区别就是花费是非生产性的,消费却是生产性的。鲍德里亚指出,我们这个工业社会的消费中产生的浪费与原始社会的"节庆"、封建社会的贵族的"挥霍",还有19世纪的资产阶级的"奢侈"中造成的浪费是不一样的。之前的这些阶段都可以称为"匮乏"社会的浪费,它们所产生的浪费样式虽多,却都可以用"夸富宴"来概括。因为它们与夸富宴的浪费本质相同,都是不求物质回报的,是毁坏性的,可我们当下这个丰盛社会的消费所造成的浪费却是为了物质的再生产及支配我们这个社会存在的"生产秩序的再生产":

---

[1] 让·波德里亚:《消费社会》,第2页。

第五章 巴塔耶及其他:启蒙、罗兰·巴特与鲍德里亚

这种浪费与赠送礼物的宗教节日里的象征性的芳香毫不搭界,它是一种堕落的政治经济体制中绝望的、生死攸关的解决办法。这种最高层次的"消费"与个人对商品如饥似渴的渴望一样属于消费社会的一部分。两者共同保证了生产秩序的再生产。我们应该把作为花费象征行为、节日仪式和受到歌颂的社会化形式的个体或集体浪费与它在我们这个社会中阴暗丑恶的官僚表现区分开来,因为在这个社会中,浪费式消费已变成一种日常义务,一种类似于间接赋税的通常无形的强制性指令、一种对经济秩序束缚的不自觉的参与。[1]

显然,在鲍德里亚看来,与夸富宴的花费式的浪费相反,消费的浪费只是为了更好地维护其所在的这个社会的"生产秩序"罢了,这是一种有目的的强制性的"生产"性的浪费。因此,与之相比,我们这个消费社会里的浪费更具有"景观性",这是因为为了发动大众来进行消费,大众媒体也介入了消费之中。这也使得消费行为本身变得更加可疑,不再具有其神圣的魅力。因此,鲍德里亚还进一步指出,资本主义的消费是不可能转换为花费的,它只能不断地再生产出自身:

(资本主义)不管它的良好意愿如何(至少,在这些资本主义者中间,已有人意识到调和体系逻辑的必要性,以避免在很近的将来发生爆炸),它都不能使消费变成真正的耗费、一种节日、一种浪费。消费是为了重新生产。在消费中的花费实

---

[1] 让·波德里亚:《消费社会》,第 30 页。("象征性的芳香"(un parfum symbolique de potlatch),即"夸富宴的象征性的芳香"。)

际上是一种投资,从总体上看什么也没有浪费。甚至当焚烧咖啡树根时,当大量的财富在战争中被浪费时,这个体系也不能停止使消费导向更大的再生产,它落入到了生产、积累、获利的必然性中。……这也意味着每一个人、每个消费者都被封闭于对商品的利益操控和为自身利益的符号中。他已不再能够在休闲中真正浪费自己的时间。在他自己的层面上,他不屈不挠地再生产出政治经济学的整个体系:增殖逻辑。浪费、礼物、损耗是不可能发生的,价值规律是不可动摇的。[1]

所以,鲍德里亚认为,资本主义命中注定是要崩溃的。这与巴塔耶的看法稍有区别。巴塔耶虽然认为资本主义者是吝啬的,但是还是存在着花费的现象,比如他在《普遍经济学》中谈到资本家有时并非自愿地把咖啡倒入大海中,这种摧毁财富的做法就是因社会财富过剩所产生的必要的花费,以维持社会的能量平衡,若非如此,则会导致社会结构的崩溃;还有因工业社会的到来,积累的能量过剩所导致的两次世界大战的爆发,也是更大规模的灾难性的花费,其实质与古典时代的花费的性质并无不同,只不过后者的表现形式更加剧烈或者带来的影响更大而已。

三 "符号/价值"和"象征/价值"

鲍德里亚敏锐地发现了消费与花费的区别,消费不像巴塔耶的花费说的是通过非生产性的浪费把人从生产性的枷锁中解脱出

---

[1] 让·鲍德里亚:《生产之镜》,仰海峰译,北京:中央编译出版社,2005年,第131—132页。

来，消费带给人的却是"再生产"的枷锁的更深的捆绑。但是，他同时也认为，消费与花费之间也有相似之处，那就是二者都具有制造"差异性"的功能。如同花费通过财富的浪费制造差异，并借助这种可见的差异，获得荣誉及社会等级中的优越位置；消费的浪费也制造了差异，同时似乎也让人获得了声望及优越感。从这点来说，消费似乎也可以算是一种花费。

但是，在鲍德里亚看来，这是一种假象。消费制造的差异是与花费制造的差异不同，因为消费的差异是通过工业化生产出来的，这种工业化的差异表面上千差万别，实际上却是千篇一律，同时，差异的生产还需要借助大众媒体的"拟像"（simulacre）来完成，所以，与花费的个人化和现场化的本真性相比，消费就变成了对花费的一种东施效颦：

> 浪费性的花费，这一老古董已经被转变为无数的个体对无用的消费的拙劣模仿，这些消费者陷入了生产秩序之中。花费由此从根本上改变了它的意义。仍被保留下来的事实在于，正是因为这些在花费中，在被大众媒介所左右了的消费中所激活的价值损耗（奢侈）的幽灵，才使得这种实践能够让个体获得满足、自由而富有成就感——也就是作为一种意识形态而发挥作用。甚至对那些差异性的贵族符码（code）的拟真仍旧能够担当一种整合要素，一种控制要素，并作为同一"游戏规则"的参与者。声望，而不再是那些贵族的价值萦绕在我们的工业社会之中，构成了资产阶级的文化。[1]

---

[1] 让·鲍德里亚：《符号政治经济学批判》，夏莹译，南京：南京大学出版社，2009年，第110页。

也就是说，鲍德里亚认为，消费是花费在工业时代的蜕化和变质，而它之所以还能在今天存在，就是因为其中含有花费的"幽灵"，多少还可以发挥昔日神秘的作用，让人获得代偿性的"满足"。这让人想起现在流行的"代糖"，虽然具有甜味，却并不具有真正的糖带给人的那种本真感，因为实际上"代糖"是"无糖"的。因此，消费的真正目的已经和花费不一样了，正如鲍德里亚所言，消费其实已经变成了一种"控制"和"整合"人们的"意识形态"。

鲍德里亚进一步指出，消费和花费所追求的差异性的根本的"差异"，还在于消费所追求的"符号/价值"（signe/valeur）的差异，花费所追求的是"象征/价值"（symbolique/valeur）的差异。前者是符号的交换，所制造的是表面的差异；后者是象征的交换，所创造的是根本的差异。而鲍德里亚在象征交换中所生产的"象征/价值"，正是巴塔耶的花费所强调的对多余或过剩的浪费。美国学者道格拉斯·凯尔纳也明确指出了这一点，称"波德里亚将理论建立在巴塔耶关于过剩和消耗的原则……推崇了'象征交换'"。[1]

> 这"多一点的东西"可以成为"本身的东西"，价值就是通过它得到证实的。这种象征价值的规律（cette loi de la valeur symbolique）其本质即在于超越必需的东西（que l'essentiel est toujours au-delà de l'indispensable），在花费和丧失的过程中（dans la dépense, dans la perte）最能体现出来，而且它能在

---

[1] 道格拉斯·凯尔纳：《波德里亚：批判性读本》，陈维振等译，南京：江苏人民出版社，2008年，第9页。

第五章 巴塔耶及其他:启蒙、罗兰·巴特与鲍德里亚

自我占有中进行自我检查,只要后者具备增添的、"多一点东西"的差别功能。[1]

实际上,鲍德里亚在此把巴塔耶的"至尊性"做了巧妙的改写。巴塔耶认为,至尊性不仅是人所拥有的对自己的一种"自主权",它还是人超越生产性法则的奴役的表现,并且,它只能在花费中获得,是"超越有用性的消耗"。而至尊性就是人所花费掉的能量的多余的部分,即巴塔耶所说的"被诅咒的部分",因为这部分注定是要"丧失"的部分,所以才是被"诅咒""排斥"或"下地狱"(maudite)的一部分。而鲍德里亚认为"象征/价值"就是对这种"多余"的一种"花费"或"丧失",也只有超越生存的必需时,在"花费和丧失的过程中",才能获得此种价值,这就是鲍德里亚的"象征/价值"的奥秘,即鲍德里亚的"象征/价值"其实是对巴塔耶的至尊性的改装。

而鲍德里亚多次把"休闲"作为"象征/价值"的典型表现来进行分析。他指出,休闲并不是一种真正的身体的休息,"休闲因而并非意味着一种享受自由时间、满足和功能性休息的功能。它的定义是对非生产性时间的一种消费"[2]。而这种对"非生产性时间"的浪费即花费。这实际上也是一种夸富宴,人们通过休闲来展示自己对"多余"的时间的花费,目的其实是一种"身份地位的生产":

---

[1] 让·波德里亚:《消费社会》,第27页。(译文有改动。原译文"这种想象的价值规律使得主要的东西始终在必需的东西那边,在消费和失去的过程中"修改为"这种象征价值的规律其本质即在于超越必需的东西,在花费和丧失的过程中"。改动处括注了法语版原文。)

[2] 让·波德里亚:《消费社会》,第176页。

在此，自由时间是一种交换和意义的载体。如同巴塔耶所谓"被诅咒的部分"，它让交换自身具有价值，或者在破坏中产生价值，由此，休闲成为象征性运演中的一个核心(le loisir est le lieu de cette opération[symbolique])。[1]

这就是鲍德里亚的"象征/价值"的意义所在，也是他推崇本质为花费的"象征/价值"鄙弃本质为消费的"符号/价值"的原因。

四 从"普遍经济学"到"普遍政治经济学"或"符号政治经济学"

正是因为鲍德里亚对消费和花费所具有的不同的价值的认识，他对马克思的政治经济学进行了批评，不过，他不像马克思的政治经济学以生产为基础，以交换价值和使用价值为标准来对一个社会政治经济形态进行批判，他试图提出一种"普遍政治经济学"（l'économie politique générale）或"符号政治经济学"（l'économie politique du signe）来对其进行颠覆和矫正。因为他认为不管是原始社会、封建社会、还是资本主义社会，其统治都是建基于"符号/价值"之上的，其表现就在于以符号的差异性来超越经济价值，以实现对社会的支配。而鲍德里亚的这一理论建构，其实就有着对巴塔耶的"普遍经济学"的生发。

巴塔耶的"普遍经济学"以其花费思想为基础，试图从更为"普遍"或"一般"的角度来审视人类社会的存在样式及其联

---

[1] 让·鲍德里亚：《符号政治经济学批判》，第60页。

第五章 巴塔耶及其他:启蒙、罗兰·巴特与鲍德里亚

系。他认为人类社会的存在归根到底是一种"能量"的运转,而人类可接受的能量总是超过生存所需,其过剩的部分,即"被诅咒的部分"将不得不被损耗和花费:

> 在由地球表面的能量的游戏所决定的情况下,原则上来说,活的有机体会接收到更多的能量,它对维持生命来说并不是必需的:过剩的能量(财富)可以被用于一个系统的增长(例如,一个有机体);如果系统不再增长,或者,如果过剩不能在它的增长中完全被吸收,不管情愿还是不情愿,以辉煌的还是以灾难的方式,它必定要被不求利益的损耗、花费。[1]

由此出发,巴塔耶根据人类对过剩能量的不同的处理方式,把社会划分为以消耗能量为主的"耗尽社会"和以积聚过剩能量为主的"企业社会"两种主要类型。而鲍德里亚也试图借助巴塔耶的"花费"思想,从更广阔的视野来审视人类社会的本质,他以"艺术品拍卖"为例来说明自己的理论假设的合理性:

> 在花费(dépense)中,货币改变着意义。这一在拍卖中显现出来的事实被转换为指向整个消费领域的假设。消费行为从来都不仅仅是一种购买(交换价值向使用价值的反复转换);它同时也是一种大写的"花费"(DÉPENSE)——这正是被马克思的政治经济学所忽略的方面——也就是说,消费是一种财富的显现(manifestée),它显现了财富的消耗。这种价

---

[1] Georges Bataille, *La Part maudite*, *Œuvres complètes*, Tome 7, 2002, p.29.

值在超越交换价值的层面上展现出来,并以对其的消耗为基础,赋予了物的购买、获得、分配差异性符号/价值。在此,并不像在拥有等物的经济逻辑中所认为的那样是货币的数量说明价值,而是货币依据某种差异性或者挑战性的逻辑被花费、被牺牲、被吞噬的过程说明价值。由此每一个购买行为都既是一种经济行为,也是差异性符号/价值得以产生的经济转换行为。[1]

鲍德里亚指出,如果以马克思的政治经济学为准,仅仅以使用价值和交换价值的相互转换来衡量人们在艺术拍卖中的消费行为的话,就容易造成短视,从而忽视其后存在的真正的"价值"。他认为应该以巴塔耶的"花费"来审视拍卖活动所蕴含的多方面的意义,进而把人们的消费行为看作一种"大写的'花费'"。因为人们在拍卖中为了获得艺术品,不仅有货币的投入,即财富的"消耗"或"毁坏",还意在谋求和赢得一种"差异性的符号/价值"(de valeur /signe différentielle),同时,这其实也是一种夸富宴,因为人们在拍卖中投入的金钱已经远远超越交换价值。所以,在这一花费财富的过程中,人们其实已经有如参加一场扑克牌游戏或者节日的庆典,而巴塔耶也把带有赌博意味的扑克牌游戏和节日本身当成花费的表现形式。因而在鲍德里亚看来,艺术拍卖也变成了建立或界定自身类似于之前的贵族身份和特权地位的一种花费行为。

因为在拍卖中,艺术品如绘画等已经成为一种"奢侈品"或

---

[1] 让·鲍德里亚:《符号政治经济学批判》,第102页。

"声望符号",这时货币和绘画的关系就不再是一种正常的"等价关系"了,而是变成一种类似于"贵族的成分"的东西了。所以,人们在拍卖这种奢侈收藏行为中谋求的已经不仅仅是艺术品的"经济价值"那么单纯,也不仅仅是赢得"符号/价值"那么简单,而是要最终获得"象征价值"的实现。

> 实际上(一幅画所卖的价格),它不再是什么价格,而是一种赌注。而且,对于真正的玩家来说,在游戏中所赢得的钱成了一种象征,不再为经济的目的(经济的、有用的目的被花费):它必须再放回到游戏之中,再投入进去,"烧钱"——这就是巴塔耶在《被诅咒的部分》中所谈到的。[1]

显然,鲍德里亚并不讳言自己对艺术拍卖的理解来自巴塔耶的"普遍经济学"中提出的"被诅咒的部分",也正是基于对巴塔耶的"普遍经济学"的理解和接受,他才得以提出了自己的"普遍政治经济学",也就是更为具体的"符号政治经济学":

> 它是一个广泛地将经济交换价值转换为符号/交换价值的过程。这是一个作为符号/交换价值体系的大写的"消费"(CONSOMMATION)过程。它不再是传统政治经济学所界定的消费(即在生产循环的范围内,经济交换价值向使用价值的反复转换),而是作为一种经济价值向符号/交换价值转换的消费。基于这一点,必须打破仅仅通过交换价值和使用价

---

[1] 让·鲍德里亚:《符号政治经济学批判》,第107页。

值来说明政治经济学的观念,必须作为一种大写的"一般政治经济学"(ÉCONOMIE POLITIQUE GÉNÉRALISÉE,即"普遍政治经济学")来整个地重新分析,其中符号/交换价值的生产与物质商品以及经济交换价值的生产都是通过同一种方式,并在同一过程之中。由此,对于符号生产以及文化生产的分析不能作为与物质生产相对的、外在的、隐蔽的"上层建筑";这将成为一场政治经济学的革命,符号政治经济学全面入侵了理论与实践的领域。[1]

鲍德里亚发起的这一"政治经济学的革命"的用意,就是用更为"普遍"的"符号/交换价值"来代替马克思的"经济交换价值",因为他认为经济的交换价值和使用价值的区分乃至相互关系的建立,只是在进入资本主义时期才成为可能,而马克思以此作为"普遍"的认识标准来衡量之前的封建社会和原始社会,其实是越出了这个概念产生的范围。这也是巴塔耶不认同马克思以生产力为标准对人类社会发展类型做出的划分,而以"花费"为核心理念建立自己的"普遍经济学"的原因。所以,鲍德里亚在谈到巴塔耶时,认为他所推崇的这种过度或奢侈的思想,其实"粉碎了政治经济学的客观之镜"。[2]

鲍德里亚以巴塔耶的"普遍经济学"为基础,提出以"符号/交换价值"或"符号/价值"的追求为导向的"普遍政治经济学",可谓对巴塔耶的理论的继承和创新。

---

[1] 让·鲍德里亚:《符号政治经济学批判》,第103页。
[2] 让·波德里亚:《象征交换与死亡》,第246页。

四 总　结

综上可知，鲍德里亚对巴塔耶的"花费"及"普遍经济学"思想的吸收，显然对其自身有关消费社会乃至"符号经济学"的思想的形成起了关键作用。他为"浪费"的正名，对"消费"与"花费"的区别，尤其是在此前提下对两者相对应的"符号/价值"和"象征/价值"的指认，都打下了巴塔耶的独特的思想烙印。而且，虽然他的理论体系对于消费领域，即由使用价值转换为"符号/交换价值"的差异化生产的过程，异常重视，但他内心对"花费"或"耗尽"的领域，即使用价值转换为"象征交换"的过程，情有独钟：

> 这是一个耗费（consumation）的领域，也就是说，一种使用价值（或者经济交换价值）的破坏，不再为了生产符号/价值，而是为了超越经济性的规定，重新树立起象征交换。它的显现有赠予、礼品、节日（le don, le cadeau, la fête）。[1]

而这个"象征交换"的领域，正是巴塔耶所追求的"花费"或"耗尽"的领域，也是人在持续沉沦为"物"的世界中努力赢取"至尊性"的领域。

---

[1] 让·鲍德里亚：《符号政治经济学批判》，第116页。（译文略有改动。将原译文中的"礼物、节日"修改为"赠予、礼品、节日"，并在修改处括注了法语版原文。）

参考文献

法文：

1. Georges Bataille, *Œuvres complètes*, Tome 1—12, Paris: Gallimard, 1988.
2. Georges Bataille, *Sur Nietzsche*, Paris: Gallimard, 1945.
3. Georges Bataille, *L'Expérience intérieure*, Paris: Gallimard, 1954.
4. Georges Bataille, *L'Érotisme*, Paris: Les Éditions de Minuit, 1957.
5. Georges Bataille, *La Part maudite*, Paris: Les Éditions de Minuit, 1967.
6. Georges Bataille, *Histoire de l'oeil*, Paris : Pauvert, 1967.

英文：

1. Georges Bataille, *Inner Experience*, Albany: State University of New York Press, 1988.
2. Georges Bataille, *The Bataille Reader*, Edited by Fred Botting and Scott Wilson, Malden: Blackwell Publishers, 1997.
3. Georges Bataille, *The Unfinished System of Nonknowledge*, Trans. by Michelle Kendall and Stuart Kendall, Minneapolis: University of Minnesota Press, 2001.
4. Stuart Kendall, *Georges Bataille*, London: Reaktion Books, 2007.
5. Denis Hoiller, *On Bataille*, Edited by Lesile Anne Boldt-Irons, Albany: State University of New York Press, 1995.
6. Michel Surya, *Georges Bataille: An Intellectual Biography*, Trans. by Krzysztof Fijalkowski and Michael Richardson, New

York: Verso Books, 2002.
7. Michele H. Richman, *Reading Georges Bataille: Beyond the Gift*, Baltimore: The Hopkins University, 1982.
8. Alexandre Kojève, *Introduction to the Reading of Hegel: Lecture on the "Phenomenology of Spirit"*, Assembled by Raymond Queneau, Edited by Allan Bloom, Translated by James H. Nichols Jr., New York: Cornell University Press, 1980.
9. Michel Foucault, *Aesthetics*, *Method and Epistemology*, Translated by Robert Hurley, New York: The New Press, 1998.

中文：
1. 巴塔耶：《色情、耗费与普遍经济：乔治·巴塔耶文选》，汪民安编，长春：吉林人民出版社，2003年。
2. 巴塔耶：《色情史》，刘晖译，北京：商务印书馆，2003年。
3. 巴塔耶：《文学与恶》，董澄波译，北京：北京燕山出版社，2006年。
4. 汤浅博雄：《巴塔耶：消尽》，赵汉英译，石家庄：河北教育出版社，2001年。
5. 亚里士多德：《尼各马科伦理学》，苗力田译，北京：中国人民大学出版社，2003年。
6. 亚里士多德：《政治学》，吴寿彭译，北京：商务印书馆，1965年。
7. 黑格尔：《精神现象学》（上下），贺麟、王玖兴译，北京：商务印书馆，1979年。
8. 黑格尔：《历史哲学》，王造时译，上海：上海书店出版社，2006年。
9. 黑格尔：《法哲学原理》，范扬、张企泰译，北京：商务印书馆，1961年。

10. 康德：《纯粹理性批判》，蓝公武译，北京：商务印书馆，1960年。
11. 康德：《历史理性批判文集》，何兆武译，北京：商务印书馆，1990年。
12. 马克思、恩格斯：《马克思恩格斯文集》（1—10卷），北京：人民出版社，2009年。
13. 尼采：《论道德的谱系 善恶之彼岸》，谢地坤、宋祖良等译，桂林：漓江出版社，2007年。
14. 尼采：《偶像的黄昏》，卫茂平译，上海：华东师范大学出版社，2007年。
15. 尼采：《查拉图斯特拉如是说》，孙周兴译，上海：上海人民出版社，2009年。
16. 尼采：《快乐的科学》，黄明嘉译，上海：华东师范大学出版社，2007年。
17. 尼采：《权力意志:重估一切价值的尝试》，张念东等译，北京：商务印书馆，1991年。
18. 韦伯：《经济与历史支配的类型》，见《韦伯作品集》（II），康乐等译，桂林：广西师范大学出版社，2004年。
19. 弗洛伊德：《图腾与禁忌》，邵迎生译，长春：长春出版社，2006年。
20. 维尔纳·桑巴特：《奢侈与资本主义》，王燕平等译，上海：上海人民出版社，2005年。
21. 哈贝马斯：《现代性的哲学话语》，曹卫东等译，南京：译林出版社，2005年。
22. 拉辛：《拉辛戏剧选》，齐放等译，上海：上海译文出版社，1985年。

23. 柏格森:《时间与自由意志》,吴士栋译,北京:商务印书馆,1958年。

24. 柏格森:《笑》,徐继曾译,北京:北京十月文艺出版社,2005年。

25. 马塞尔·莫斯:《礼物:古式社会中交换的形式与理由》,汲喆译,上海:上海人民出版社,2005年。

26. 科耶夫:《黑格尔导读》,姜志辉译,南京:译林出版社,2005年。

27. 科耶夫:《论僭政:色诺芬〈希耶罗〉义疏》,何地译,北京:华夏出版社,2006年。

28. 科耶夫:《科耶夫的新拉丁帝国》,邱立波编译,北京:华夏出版社,2008年。

29. 莎蒂亚·德鲁里:《亚历山大·科耶夫:后现代政治的根源》,赵琦译,北京:新星出版社,2007年。

30. 多米尼克·奥弗莱:《亚历山大·科耶夫:哲学、国家与历史的终结》,张尧均译,北京:商务印书馆,2013年。

31. 萨特:《存在与虚无》,陈宣良等译,杜小真校,北京:生活·读书·新知三联书店,1987年。

32. 萨特:《萨特文学论文集》,施康强等译,合肥:安徽文艺出版社,1998年。

33. 雷蒙·阿隆:《阶级斗争:工业社会新讲》,周以光译,南京:译林出版社,2003年。

34. 罗兰·巴特:《罗兰·巴特自述》,怀宇译,天津:百花文艺出版社,2002年。

35. 罗兰·巴特:《罗兰·巴特随笔选》,怀宇译,天津:百花文艺出版社,2005年。

36. 罗兰·巴特:《S/Z》,屠友祥译,上海:上海人民出版社,2000年。
37. 罗兰·巴特:《文之悦》,屠友祥译,上海:上海人民出版社,2009年。
38. 尚·布希亚:《物体系》,林志明译,上海:上海人民出版社,2001年。
39. 让·波德里亚:《消费社会》,刘成富、全志钢译,南京:南京大学出版社,2001年。
40. 让·波德里亚:《象征交换与死亡》,车槿山译,南京:译林出版社,2006年。
41. 让·鲍德里亚:《符号政治经济学批判》,夏莹译,南京:南京大学出版社,2009年。
42. 雅克·德里达:《书写与差异》,张宁译,北京:生活·读书·新知三联书店,2001年。
43. 凡勃伦:《有闲阶级论》,蔡受百译,北京:商务印书馆,1964年。
44. 约翰·凯恩斯:《就业、利息和货币通论》,宋韵声译,北京:华夏出版社,2005年。
45. 塞缪尔·亨廷顿:《文明的冲突与世界秩序的重建》,周琪等译,北京:新华出版社,1998年。
46. 苏珊·桑塔格:《激进意志的样式》,何宁等译,上海:上海译文出版社,2007年。
47. 弗朗西斯·福山:《历史的终结》,呼和浩特:远方出版社,1998年。
48. 张世英:《自我实现的历程:解读黑格尔〈精神现象学〉》,济南:山东人民出版社,2001年。
49. 高宣扬:《当代法国哲学导论》(上下),上海:同济大学出版社,2004年。

法汉术语对照

A

accumulation, 积蓄
acquisition, 获取
ambiguïté, 模棱两可
angoisse, 焦虑
animalité, 动物性、兽性
arbitraire, 任性
archaïque, 古式的
autonomie, 自主

B

besoin, 需要

C

calcul, 算计
chance, 机运
chose, 物

cohérence, 连贯性
communication, 交流、共通
connaissance, 知识
consommer/consommation, 消耗
consumation, 耗尽

D

déchéance, 失势
désir, 欲望
dilgnité, 显贵性
dilapider, 浪费
dissipation, 耗散
don, 礼物
donner, 赠予

E

échange, 交换
économie générale, 普遍经济学

enfant，孩童
érotisme，色情
excédent，过剩
excès，过度
expérience intérieure，内在经验
extension，扩展
exubérance，丰盈

F

fête，节庆
fiction，虚构/虚拟

G

gloire，荣光

H

hétérogénéité，异质性
hiérarchie，等级、等级制
horreur，恐惧
homogénéité，同质性
humanité，人性

I

impossible，不可能

improductif，非生产性的
interdit，禁忌
intimité，亲密性
instantanéité，瞬间性

L

luxe，奢侈

M

mal，恶
miraculeux，奇迹
moi，自我
monde animal，动物世界
monde profane，世俗世界
monde sacré，圣性世界

N

non-savoir，非知

O

objet，对象，客体
ordure，污秽
orgie，狂欢

P

part maudite,被诅咒的部分
perte,损耗
potlatch,夸富宴
pouvoir,权力
prodigalité,挥霍
projet,筹划
puissance,势力

R

rang,等级、地位
reconnaissance,承认
rien,空无

S

sacrifice,献祭
sacré,圣性
savoir,知

société de consumation,耗尽社会
société industrielle,工业社会
spectacle,景观
splendeur,光辉

T

temps profane,世俗时间
temps sacré,圣性时间
totalité,总体性
transgression,越界
travailler,劳动

U

utilité,有用性、功利性

V

volonté de chance,机运意志
volonté de puissance,权力意志

后　记

在这本书稿最终确定在南大社出版之后，我终于有了一种如释重负的感觉。

因为从开始系统阅读和研究巴塔耶到基本完成这部书稿，倏忽之间，竟然已有十几年了。这期间，我虽然也做了不少别的研究工作，可巴塔耶始终是我比较关心和无法摆脱的一个研究对象，这本书的出版，多少能为自己的巴塔耶研究做个总结，或许同时也可以让我告别巴塔耶。人生苦短，可巴塔耶占用我的时间显然过长了。

之所以知道巴塔耶，还得感谢我的老友谈瀛洲。十多年前，他在复旦英文系教书写作之余，还在上海译文出版社兼职办一本很新锐也很新潮的杂志《译文》，所以，一有时间，他就叫上我和郜元宝、王宏图等朋友，一起边喝咖啡边讨论他策划的各种栏目。他和我们聊他喜欢的唯美主义作家王尔德、于斯曼，聊萨德、巴塔耶等，免费提供他们的书给我们看，并让我们给《译文》写相关的文章。我那时正在南大读在职博士，期间还得回所任职的上海交通大学上课，所以并没有多少时间给他写稿，却也勉力看了他推荐给我们的那些熟悉和不熟悉的作家的作品，这其中就有巴塔耶的《眼睛的故事》。这篇小说给我的震撼已不必多说，当时出于困惑和好奇，我又看了谈瀛洲写的《巴塔耶：浪费与越界的精神意义》一文。这篇文章收在2001年由上海教育出版社出版的《后现代性与地理学的政治》一书里，大概是国内最早介绍巴塔耶思想的文章，而正是借助这篇文章，我才对巴塔耶那颇为离经叛道的思想有所了解并被其深深吸引。我甚至觉得，他的思想比他的小说要有意思得多。看到我被巴塔耶的思想迷住，谈瀛洲似乎也有知音之感，他毫不犹豫地把他辗转从国外买来的巴塔耶的著作的英文版悉数借给我复印，而丝毫不担心损坏那些宝贵的书，希望我从此能与他有更多的共鸣。

随后，我却因忙于做博士论文又兼出国做访问学者等，并没有立即阅读巴塔耶的作品，但他对我产生的影响从未消逝。2007年下半年，我从交大人文学院调到同济人文学院工作，在朋友郜元宝和汪堂家的鼓励下，尤其是经由堂家兄的安排，到复旦哲学系随他做博士后之后，我才下决心正式开始研究巴塔耶。堂家兄是研究法国哲学的，他也曾应谈瀛洲的邀请为《译文》写过一篇谈巴塔耶的文章，对其并不陌生，而我20世纪80年代在华中师范大学读书时就特别喜欢法国作家，如萨特、加缪等人，再加上对巴塔耶本人很感兴趣，选择巴塔耶作为我的博士后研究课题就成了很自然的一件事。就这样，到2009年夏天，当我以"巴塔耶的后现代思想"为题结束博士后的研究工作时，已基本完成了这本书的绝大部分内容。后来我以此为基础申请了国家社科基金的课题。这些年我又陆续增删，最终完成了这部比之前的研究走得更远的书稿。巴塔耶在论述自己的思想时有不少重复交叉之处，再加上这本书最初是以论文的形式写成，在对具体问题进行论述时不得不交代必要的背景，有不少篇章的内容会有重叠的地方。但为了读者阅读方便，我在修订成书时依然保留了那些重复的地方。这样读者或许可以从任何一个章节开始阅读而不觉得困难。

我之所以能够完成这本书的写作,除了堂家兄,以及复旦哲学系的孙向晨兄、吴猛兄等人的支持外,同时,也要感谢同济人文学院的同事和朋友们给我的直接帮助。为了更好地了解当代法国哲学的流变,我花一年多时间旁听了高宣扬老师给同济哲学系的研究生开设的相关课程。每当高老师用法语念念有词地在课堂上带领我们阅读福柯、德里达、拉康等人的著作时,我都觉得自己离巴塔耶的思想近了一步。而他对我更是不吝教诲,记得有次晚上十点多,我打电话问他关于科耶夫和黑格尔的一个问题时,正准备休息的他立即不厌其烦地向我解释,并问我是否理解。他还送给我一本伽利玛的七星文库版的巴塔耶精装文集,以示鼓励。我们几乎每星期都会在一起喝咖啡聊天,当然,主要还是我向他请教法国哲学。而研究梅洛-庞蒂的张尧均兄更是我法国哲学的随行顾问,我们有一个学期一起去同济的嘉定校区上课。每次一上班车,我都会向他求教自己在学习法国哲学中遇到的疑难,他每次都能给我一个满意的回答。因为巴塔耶与梅洛-庞蒂都曾在科耶夫的课堂上学习过黑格尔,有时我感觉我和尧均似乎又在无意中重演他们当年在其课堂上的某一幕。特别是尧均翻译的法国学者多米尼克·奥弗莱的《亚历山大·科耶夫:哲学、国家与历史的终结》一书,对我的研究帮助巨大。因为巴塔耶的思想来源复杂,所论甚广,我还曾向陈家琪老师请教过黑格尔的伦理问题,向冯俊老师请教过笛卡尔的我思问题,也向徐卫翔兄请教过宗教方面的问题,向刘日明兄请教过马克思有关社会主义的问题。而且,我还不止一次和陆兴华兄一起讨论罗兰·巴特、德

后　记

勒兹、朗西埃、巴迪欧等，他对这些人思想的独特的解读方式经常让我有茅塞顿开之感。还有南大哲学系的王恒兄，记得有一次我们在南大附近的咖啡馆聊天时，我曾对他谈到巴塔耶思想的散乱和碎片化的写作风格，他说，如果我的研究可以梳理清楚巴塔耶思想的内在逻辑，并将其观点系统化，那也是一项很有价值的工作，他的这句话对我鼓励很大。

还需要感谢的是同济人文学院一些对法国哲学感兴趣的博士和硕士研究生，如张璐、郑兴、张培奇、宋政超、朱麟钦、樊熙奇、赵晓文和蔡舒晓等。有一段时间，几乎是每两三周都会有一个下午，我都和他们聚在同济三好坞或综合楼的咖啡馆，或阅读巴塔耶的文章，或将我书稿的部分章节提请他们批评，而他们的意见对我总是不无启发。我的博士研究生董少校，从事艺术理论研究，在我思考巴塔耶的艺术思想时，他的观点对我也多有助益。还有李广良博士，我在和研究生一起研读黑格尔《历史哲学》的读书会上谈到巴塔耶对黑格尔思想的借鉴时，他的观点也让我耳目一新。而我今年又一次给研究生上"法国理论"课时，来听课的张艳、刘阳鹤、余航等博士也都经常与我讨论巴塔耶及相关问题，让我觉得不无收获。我觉得，他们不仅是我的学生，也是我的朋友和老师。还应该感谢的是任教于第二军医大学的杨威博士，他也同样从事巴塔耶研究，与他不间断的交流时常让我心有戚戚焉。

因为最初我对巴塔耶的研究主要依靠其著作的英文译本展开，借这次修订成书的机会，我把之前在文中所引用的巴塔耶的相关文献重新依据法文翻译了一遍，改正了英译本中的一些含糊不清和错误的地方。同时，为了避免出现同样的问题，我多次叩扰我过去在交大的同事和好友宋苏晨兄，请他帮我校正译文中可能的错误。当最后一次我们坐在交大本部的食堂里对着电脑讨论我的译文中存在的问题时，在春日明亮的阳光下和食堂里特有的喧闹声中，苏晨兄再一次展现了他的耐心和精确传神的校译，这让我在叹为观止之余，也为自己当年在交大工作时没有花时间向他好好学习法语遗憾不已。

多年前在国内很难找到巴塔耶的法文原著和研究著作，我曾向我交大的学生马伦鹏求助，他利用自己在美国攻读博士的机会，帮我购买和扫描了巴塔耶的相关著作。我也同样麻烦了正在巴黎留学的同济学生李冰。她不辞辛苦，帮我用数码相机拍摄了巴塔耶的资料，还帮我买回了巴塔耶的书。还有南大的蓝江兄，不仅慷慨地帮我复印巴塔耶的相关资料，还随时回答我对某些问题的咨询。这些都是让我感怀至今的。

我也要感谢那些勇于、乐于发表书中部分章节的学术期刊的编辑，没有他们的鼓励，我的研究必然会少了很多乐趣。

我还要感谢接纳这本书稿的南大出版社的沈卫娟女士，因为她的支持，我这本出于各种原因被拖延了多年不能问世的书稿终于有了面世的机会。南大不仅是我的母校，也是法国当代思想研究的重镇，能够在南大社出版这本书，也是我的荣幸。还要感谢责编章昕颖女士，因为她的认真细致，我得以纠正书稿中的多处错漏。同时，因研究能力有限，书中难免错漏，遗憾之余，只能期待读者批评指正。

人生如寄，岁月如梦。从知道巴塔耶到完成这本试图理解其思想的小书，数十年间，物是人非。高宣扬老师后来转到了交大工作，每次我到交大去看望他时，总觉得是在看望过去的自己。

后　记

而堂家兄也已英年早逝，每当我写作之余到附近的黄兴公园散步时，还是觉得自己可能会像过去那样碰见他，和他边聊边走，然而再难重遇他的身影。尧均也已经从同济校园搬离，住到了更远的地方。当年我们曾每周一起读柏拉图的几个人，如徐卫翔、韩潮、宗成河、汤惟杰，还有张屏瑾等朋友，也都很少见面。

巴塔耶说，人的生命就是一种走得尽可能远的体验。我想，朋友也许各自都已在自己人生的路上走得尽可能远了，或许将会走得更远。这就够了。

2019 年 12 月 5 日
于同济

此书出版,
受同济大学"欧洲研究"一流学科建设项目
"欧洲思想文化与中欧文明交流互鉴"子项目的课题资助,
特此鸣谢。

图书在版编目(CIP)数据

通向巴塔耶 / 张生著. —南京:南京大学出版社,
2020.7
ISBN 978-7-305-23027-1

Ⅰ. ①通… Ⅱ. ①张… Ⅲ. ①巴塔耶(Bataille,
Georges 1897—1962)-后现代主义-哲学思想-研究 Ⅳ.
①B565.59

中国版本图书馆 CIP 数据核字(2020)第 037230 号

出版发行	南京大学出版社
社　　址	南京市汉口路 22 号　　邮　编 210093
出版人	金鑫荣

书　　名 通向巴塔耶
著　　者 张　生
责任编辑 章昕颖

照　　排	南京紫藤制版印务中心
印　　刷	江苏凤凰扬州鑫华印刷有限公司
开　　本	880×1230　1/32　印张 12.75　字数 330 千
版　　次	2020 年 7 月第 1 版　2020 年 7 月第 1 次印刷
ISBN	978-7-305-23027-1
定　　价	62.00 元

网　　址	http://www.njupco.com
官方微博	http://weibo.com/njupco
官方微信	njupress
销售咨询	(025)83594756

* 版权所有,侵权必究
* 凡购买南大版图书,如有印装质量问题,请与所购
　图书销售部门联系调换